KB264070

야곱의 집

야곱의 현실을 우리의 방식으로 풀어 쓰다

야곱의 집

초판 1쇄 인쇄 2025년 07월 10일
초판 1쇄 발행 2025년 07월 18일

지은이 김종호
펴낸이 백유창
펴낸곳 도서출판 세움과비움
유 통 도서출판 더 테라스

신고번호 제2016-000191호
주 소 서울 마포구 양화로길 73 체리스빌딩 6층
Tel. 070-8862-5683
Fax. 02-6442-0423
E.mail seumbium@naver.com

ISBN 979-11-988250-3-2 03200

값 18,000원

도서출판 세움과비움은 도서출판 더 테라스의 기독교 , 문학 브랜드입니다.

야곱의 현실을 우리의 방식으로 풀어 쓰다

야곱의 집

야곱의 집 — 목차

4
—
5

추천사는 여러모로 부족한 사람에게 너무 큰 부담이다.
그래서 보내준 원고를 꼼꼼하게 읽으면서 열심히 살펴보았다.
야곱의 이야기를 이렇게 말할 수 있구나.
아, 놀랍다.

저자의 섬세한 관찰과 통찰력이 신비롭다.
그의 설명은 성서의 함축된 내용을 이해하기 쉽게 풀어주어
독자가 생각하지 못한 또 다른 관점을 알려준다.
하나님의 머릿속 생각을 들여다 본 저자가 독자와 둘이 앉아
옛이야기의 비밀을 알려주는 충실한 해설서 같다.
아, 그렇구나.

사상가, 저술가, 시인, 철학자, 신학자들이 나와서
내용을 강화하고 논증하니, 설명이 고급스럽고 찰지다.
땅의 학문과 야곱의 이야기가 이렇듯
조화를 이루고 보완이 되니 설교자에게 주는 중매인의 선물 같다.
서고에 두고 야곱과 관련된 이야기나 7가지 주제가 나오면 바로
손이 가고 살필 수 있겠다는 안도감이 온다.
참 좋다.

나와 사람들의 삶은 어떨까.

야곱의 이야기와 나는 너무나 닮았다.

성도들이 이 책을 읽으면서 자신이 보일 것 같다.

옛이야기가 타임머신을 타고 현대로 와서

나의 삶의 자리를 건드리고

인생의 길을 가르쳐 주는듯 하다.

내 이야기를 하네… 싶다.

지난 세월 저자를 잘 모르고 친분을 가진 것 같다.

그는 그냥 잘 아는 친구 목사가 아니라,

야곱의 최고의 달인 김종호 교수다.

내가 독자 모두에게 선물을 하고 싶을 정도의 최고의 책이

바로 이 책이다.

꼭 서고와 책상 위에 한 권 두시라 권한다. 꼭.

이종성 상록수침례교회 담임 목사 / 기독교한국침례회 증경총회장

읽고 싶은 책이고 기다렸던 책입니다. 『야곱의 집』에서 저자는 야곱의 삶을 문학 평론가가 소설을 읽듯 입체적으로 읽어냅니다. 그래서일까, 전 야곱에게 푹 빠졌습니다. 저자는 야곱이 남긴 삶의 흔적을 통해 우리는 실수해도 하나님은 실수하지 않으신다는 것을 생생하게 보여줍니다.

이 책 속엔 인생의 희로애락이 있습니다. 야곱은 누군가를 사랑하기도 했고 미워하기도 했습니다. 배우자 때문에 피곤하기도 했고, 자녀로 인해 속상하기도 했고, 속이기도 했고 속기도 했습니다. 성서는 야곱을 통해 인간의 인생을 보여줍니다. 그래서일까, 이 책을 읽고 나니 그의 인생이 장대한 서사 같습니다.

성경 인물 중 야곱만큼 서사적인 인물도 없습니다. 야곱의 인생 그림은 레전드 같으나 실제론 고난의 연속입니다. 그는 하나님을 아나 때론 거짓말하고 속이고 비굴하기까지 합니다. 그런 그의 삶이 꼭 우리네 인생 같습니다. 하지만 보잘것없는 그가 하나님의 사람으로 빚어져 가는데 그게 가슴에 콕 박힙니다.

저자가 7가지 키워드(탄생, 사랑, 결혼, 갈등, 노동, 신앙, 죽음)로 보여주는 이야기를 읽으면서 깨달은 사실이 있습니다. 야곱 뒤엔 우리가 보이고 또 우리 뒤엔 야곱과 함께하시며 사랑하고 기다려 주시고 구원의 길을 열어가시는 하나님이 보이고, 보잘것없는 야곱의 계보를 통해 예수님이 오셨다는 게 보입니다.

저자는 성서학자의 눈과 작가의 눈으로 야곱의 인생을 읽습니다. 익숙했던 이야기이나 새롭게 읽히는 것은 왜일까요? 그건 생각이 도약하는 이야기가 있어서입니다. 읽게 되면 감정이 설레고 생각이 도약하고 시선이 열리는 경험을 하게 됩니다. 완독한다면 책 속에 조금 더 머물고 싶은 아련함을 느낄 것입니다.

젊어서 빛나지 않는 사람은 없습니다. 하지만 나이가 들어서도 빛나는 사람이 되려면 젊을 때부터 좋은 책을 읽어 좋은 문장과 좋은 생각을 저금하듯 모아야 합니다. 이 책은 좋은 문장과 좋은 생각을 모아놓았기에 찾아내는 기쁨을 줍니다. 성서학자가 학문적인 연구를 바탕으로 써낸 이 책을 꼭 읽어보길 추천합니다.

이정일 목사 / 『소설 읽는 그리스도인』 저자

저자는 야곱의 집을 통해 인생의 희노애락과 동행하시는 하나님의 발자취를 탐색한다. 그들의 연약한 모습들에도 불구하고 역사하신 하나님의 은혜로운 손길은 우리에게 희망과 위로와 약속을 기대하게 한다.

김종호 교수는 탄생, 사랑, 결혼, 갈등, 노동, 신앙, 죽음이라는 7가지 주제를 중심으로 야곱과 우리 삶의 단면과 복잡성을 보여 준다. 즉 하나님의 사람은 하늘에서 고고하게 만들어지는 것이 아니라 이 땅에서 복잡한 환경과 상황 속에서 하나님의 손길로 만들어진다고 말한다.

그 여정에서 저자의 이야기 방식은 기존의 성경 강해 스타일과 달라 낯설 수 있다. 야곱의 집 이야기를 문학, 철학, 신학, 역사, 심리학 등등 다양한 학문적 관점과 교차하면서 공들인 사색의 결과물을 서술한다.

저자의 서술은 성경을 다양한 렌즈를 통해 보는 방법을 알게 되는 동시에 기독교 교양을 풍성히 쌓게 한다. 특히 문학적 상상력이 가미된 등장인물의 1인칭 내러티브는 성경 읽기에 색다른 맛을 경험 할 수 있다. 저자가 이끄는 대로 등장인물이 되어 묵상하는 과정은 재미있는 시간이 될 것이다.

야곱의 집을 통해 우리 가정의 모습을 보게 된다. 이제 우리 가정에도 역사하시고 함께 하시는 하나님의 손길을 느끼며 자신만의 인생 서사를 기록하길 기대한다.

김민철 언덕교회 목사 / 넥스트 목회교육 연구소장 / 한국코치협회 전문코치

저자는 청소년기부터 문학을 사랑했습니다. 신학을 전공하고 교수가 되었지만, 여전히 성경을 문학적으로 사색하고, 그 안에 감추어진 인문학적 진주를 발견하는 여정을 멈추지 않습니다.

왜 우리는 우리 자신을 더 깊이 이해하기 위해 성경 속으로 들어가야 할까요?
성서는 단지 오래된 고전이 아닙니다. 그것은 인간 내면의 심연을 꿰뚫는 살아 있는 이야기입니다. 수천 년을 지나면서도 빛이 바래

지 않는 삶의 진실이 담겨 있고, 오늘도 여전히 유효한 심리적 갈등과 영혼의 씨름이 고스란히 살아 숨 쉬고 있습니다.

그중에서도 야곱은 가장 인간적이고, 가장 복잡한 인물입니다. 이 책은 그 야곱을 통해 인간이 얼마나 분열되고 흔들리는 존재인지를, 동시에 하나님의 기다림 안에서 얼마나 변화되는 존재인지를 조용히, 그러나 날카롭게 보여줍니다.

이 책의 가장 큰 미덕은 성경 읽기의 상투성과 교훈주의를 벗어난다는 데 있습니다. '야곱'이라는 한 인물의 이야기를 통해 생생한 감정과 윤리적 모호함, 내면의 그림자까지도 섬세하게 조명합니다. 흔히 성서는 경건과 거룩의 모범으로만 읽히지만 이 책은 야곱을 통해 인간의 복잡성, 이기심, 갈등, 두려움을 정면으로 마주하게 합니다. 그리고 바로 그 자리에서, 하나님께서 어떻게 기다리시고 품으시는지를 드러냅니다.

무엇보다 이 책은 성경을 고대의 유물로 박제하지 않고, 오늘 우리의 삶과 맞닿은 '살아 있는 이야기'로 읽게 합니다. 저자는 야곱의 삶을 '탄생, 사랑, 결혼, 갈등, 노동, 신앙, 죽음'이라는 일곱 개의 키워드로 풀어내며 그 안에 담긴 인간의 심리와 하나님의 은밀한 손길을 새롭게 재구성합니다.

또한 이 책은 단지 학문적 해석으로만 끝나지 않습니다. 한 아버지가 딸에게 전하고픈 마음, 한 남편과 아내가 함께 써 내려간 삶의 이야기로 이어지며 '야곱'이라는 이름을 통해 우리 모두가 겪는 인생의 굴곡을 비추는 따뜻한 거울이 됩니다.

한 사람의 삶을 통해 모든 인간의 그림자와 가능성을 성찰하게 하는 책. 성서 속 야곱이 그랬듯 독자는 이 책을 통해 '하나님과 씨름하며 살아내는 인생'의 의미를 다시금 되새기게 될 것입니다.

김영한 품는 교회 담임 목사 / Next 세대 Ministry 대표

1

오랫동안 인류에게 사랑받아 온 성서는 심리학적 통찰을 위한 풍요로움으로 가득해서 오늘날까지도 여전히 우리의 상상력을 자극하며 인간의 내면세계에 대한 이해의 폭을 넓혀 준다. 위대한 문학이 인간의 조건을 세월의 빛에 퇴색되지 않도록 정확하게 묘사한다는 면에서 성서는 특별한 종류의 문학이라 할 수 있다.

"인간이 제한된 시간과 공간 속에서 왜 문학을 하는가?"라는 질문에 아르헨티나 작가 보르헤스(J. L. Borges)는 다음과 같이 말한다.

"위대한 작가는 후배 작가들의 글 속에서 희미하게 되살아나는 영생을 누린다. 작가는 누구나 앞선 작가들의 영향을 받았기에 독창적인 그 누구도 아니지만, 오히려 아무도 아니기에 죽지 않는 사람이 된다"

성서는 유구한 세월을 살아남은 이야기이다. 이야기로서의 성서는 마치 영생을 얻은 듯 세계 최대 판매 부수를 자랑하고 장수를 누리고 있다.

성서의 이야기를 통해 그 시대 살았던 이들의 심리를 이해하려면 우선 성서적으로 생각하는 법을 배워야 한다. 그렇지만 오래된 성서의 용어와 배경은 낯설게 느껴질 수 있다. 성서의 배경이 우리의 문화나 경험과 달라 비현실적이라고 생각할 수도 있다. 또한 고대 히브리 문학의 상징적인 의미를 해석하는 것이 처음에는 낯설게 느껴질 수 있다.

성서에는 많은 이야기를 이끌어가는 인물들이 등장하고, 그들은 그 시대를 살아낸 사람들이다. 그 이야기 속에는 인간의 모든 욕망과 의지가 담겨있다. 상처 받은 자와 상처 주는 자로 가득한 인간의 일생은 성서 이야기의 아름답고 처절한 서사를 이룬다.

성서의 주요 인물은 결코 낭만적이거나 환상적이지 않다. 안락한 삶을 누린 것도 아니다. 모두 아픔과 고통을 견디며 살아낸 삶 속에서 하나님을 만나고 하나님의 위대하심에 도취 된 자들이다.

기나긴 세월 속에서 하나님은 수많은 사람들을 부르시고 그들과 함께하셨지만, 하나님 마음에 합한 자는 많지 않았다. 그럼에도 하나님은 부족한 그들을 들어 쓰시고 그들의 부끄러움조차 기다려 주시며 끊임없이 용서하셨다. 그리하여 그들을 통해 우리의 살길이 열리고 감사하는 마음과 삶의 숨통이 트임을 얻게 된다.

2

이 책은 성서에 나오는 야곱의 집에서 상투적이고 이미 답이 정해져 있는 획일적 안이함에서 벗어나 다른 시점에서 조명해 보고 여러 각도에서 살펴봄으로써, 성서 읽기가 어떤 호소력을 가지고 우리에게 다가올 수 있을지 발견해 보고자 했다. 성서 이야기 그 자체가 풍부한 해석의 가능성을 품고 있는 다원적인 텍스트로서의 기능을 갖추고 있기 때문이다.

성서는 역사와 신앙의 범주 안에서 풍부하고 무한한 이야기로 넘쳐나지만, 성서 인물의 삶은 지극히 단편적으로 묘사되어 있다. 삶의 모습들에서 감정적 설명을 배제하기에 그들이 구체적으로 어떤 감정으로 하루하루를 살아갔는지 알 수 없다. 그러나 그들이 위대한 신앙의 선구자들이란 착각을 내려놓으면 그들의 삶이 경건의 교과서와 같은 삶이 아니었음을 알게 된다.

우리는 신앙의 선구자들에게 지나치게 높은 수준의 도덕적 잣대를 들이대며 신앙의 절대적 견고성을 기대하지만 유감스럽게도 그들은 인간적으로 완벽하지 않았고 우리와 다름없는 모습을 하고 있음을 보게 된다. 그러나 그들이 신앙의 역사에 위대한 기록으로 성서에 남겨진 이유를 살펴보아야 한다. 그래서 우리와 다름을 찾아야 한다.

성서 해석에 있어 단순하고 간결하면서 심오한 해석을 내놓고 싶은 것은 모든 성서학자들의 바람이다. 새로운 해설로 읽는 재미를 더하고 상상력과 예리한 통찰력으로 숨겨져 있는 상징이나 은유적 표현을 드러내 독자와 함께 즐거운 성서 이야기를 나누는 것이 그들의 목표다,

이야기 풀이에는 다양한 시각이 허용된다. 풀이의 정답이란 있을 수 없다. 이런 풀이가 맞느냐 아니냐의 문제보다는 어떤 풀이가 더 많은 통찰과 의미를 제공하는가가 관건이다. 다양한 시각으로 이야기에 접근할수록 더 많은 가능성이 보이고 더 깊은 상상력의 세계

로 들어갈 수 있다. 이것이 이야기를 수없이 되새김질하며 매번 다른 맛을 음미하는 이유다.

단지 성서의 이야기를 아는 것만으로는 충분하지 않다. 또한 감정이나 사고의 입체성 없이 반응적 거리감이나 대안에 대한 의식 없이 성서를 읽어서는 안 된다. 성서 속 인물의 삶과 그들의 생각을 정면으로 마주 보고 치열하게 고민해 보는 자신만의 이해가 필요하다. 전체적으로 조망하는 능력과 투명성이 확대될수록 맹목적으로 각인되었던 틀에서 벗어나 진정한 성서 이야기의 의미를 물을 수 있게 된다.

성서를 읽고 성서의 이야기를 이해하고 성서 인물의 삶을 공감하며 성서를 알아가는 과정은 잠에서 깨어나는 것과 같다. 잠은 살아있음의 한 형태이기는 하나, 깨어있음으로 겪는 고통스런 삶의 현장의 살아있음이 아니기 때문이다.

성서의 유구한 역사를 따라 전승된 이야기들은 고정되거나 최종적인 것이 아니다. 그 특별함은 우리 자신이 성서의 이야기를 읽을 때마다 항상 새롭게 화두가 되고, 자신이 누구이며 자신에게 가장 중요한 것이 무엇인지 끊임없이 질문하게 한다.

소설가 바버라 킹솔버(Barbara Kingsolver)는 그랜드 캐니언을 다음과 같이 묘사한다.

"캐니언을 보기 전까지는 진정으로 그랜드가 무슨 뜻인지 알지 못했다. 발밑에 끝없이 펼쳐지는 진홍의 심연을 가만히 바라보노라면 내면의 리듬인 태곳적의 영성으로 고요히 몰입하게 되어 그저 응시하게만 되고 감동의 숨이 벅차오름을 느낀다. 마치 우리 존재는 너무나 미세하여 우리가 원하는 것들은 끝내 이루어지지 않아도 상관없을 것 같다.”

광활하게 펼쳐진 거대한 세계 앞에서 인간의 존재가 아주 미세한 티끌처럼 여겨지는 새로운 시각이 열린 것이다. 시야를 넓히기 위해서는 모험이 필요하다. 모험은 용기를 요구하고, 용기 있는 자만이 누리는 풍요로움을 맛보려면 자신의 이불 밖으로 나와야 한다.

성서의 방대한 이야기와 알 수 없는 의미를 담은 글을 읽으며 막막함을 느끼는 독자들이 있겠지만 그랜드 캐니언에 가서 ‘그랜드’가 의미하는 크기가 무엇인지 보지 않고는 알 수 없는 것처럼, 성서의 이야기로 들어가지 않으면 성서의 ‘그랜드’ 함의 의미나 심오함의 깊이를 알 수 없다.

3

성서는 크신 하나님을 말씀한다. 하나님의 크심은 우주와 세상만물을 만드신 질량의 크기를 나타내기도 하지만, 인간을 향한 사랑과 은혜의 헤아릴 수 없는 크기를 말하기도 한다. 그러나 인간은 하나님의 크고 놀라우심을 찬양하기보다 위대하신 하나님을 이용하여 자신이 위대하게 되기를 갈망한다.

하나님이 당신이 만든 세상에서 하나님의 백성을 부르신 이래로, 인간들은 당연하기라도 한 듯이 정의를 굽게 하고, 가난한 자의 양한 마리를 잡아먹기를 즐기고, 그들을 학대하고 갈취하며, 하나님의 말씀이 삶으로 나타나는 순종보다는 겉치레 제사에만 관심을 가졌다. 또한 교만과 탐욕과 미움으로 수놓은 화려한 옷을 입고 세속적 성공을 하늘의 복이라 일컬으며 돈과 권력을 사모하는 삶을 살아왔다.

성서의 말씀으로 밥 벌어먹고 사는 이 땅의 수많은 삯꾼은 하나님의 위대하심에 빌붙어 사는 주제에 자신의 위대함에 도취되어 있고 세속 권력의 종노릇을 하면서 스스로 하나님의 종이라 칭한다. 주인 되신 하나님이 세상에서 이루시고자 하는 뜻을 성취해 드리는 삶보다 자신이 주인 되어 하나님을 이용하려고 한다.

인간의 삶 속에서 올바른 가치를 전달하는 것은 매우 힘든 일이지만 올바른 가치의 전달은 문명을 유지하는 핵심이다. 언제나 한 나라의 기본은 국민의 인격이고 한 가정의 기본은 가정을 이루는 구성원들 개개인의 인격이다. 우리의 삶에서 인격은 눈에 보이지 않는 규칙과 행동방식과 언어로 전달된다. 그런데 세상의 다양한 가치는 인지의 시야에서 굴절되고 반사되어 불확실한 허구보다 현실의 안주를 택해왔다.

그렇기에 성서는 우리에게 질문을 던진다. 통속이 거룩함과 섞여 그 빛이 쇠퇴하지 않고 진리를 담는 아름다운 토기 그릇의 역할을 감당할 수 있을까? 이런 새로운 시도를 담은 책이 읽는 독자들에게 설득력이 있을까? 성서 속 생소한 이미지들이 독자들의 정신으로 스며들어 긍정적인 반응을 일으킬 수 있을까? 하는 염려와 동시에 의문을 가지고 끊임없이 고민했다.

개념화 추상화로 결실을 맺는 과정인 고민과 성찰과 상상이라는 작업을 거쳐, 오랜 시간 왜곡되고 망각 되어 온 성서 속 인물의 삶을 우리들의 의식으로 불러내어 이질적이고 때론 불편한 사실까지도 편견과 오해의 시각을 벗어던지고 날 것 그대로의 삶을 들여다보고자 한다.

성서 해석의 신중한 변화를 모색하는 작업에 참여하려면 그저 눈앞의 필요한 것들만 채우려는 성급함을 내려놓아야 한다. 성서의 세계에서 성서 속 인물의 삶의 흔적들을 천천히 불러내어 그들의 내밀한 삶의 흔적이 우리 내면세계와 연결 지어지는 생생한 삶의 현장으로 이해함으로 변화되는 인간의 변화를 느껴야 한다.

4

이 책은 야곱과 주변 인물들의 삶을 탄생, 사랑, 결혼, 갈등, 노동, 신앙, 죽음이라는 7가지 키워드로 나누어 각자의 처지에서 생각해 보고, 인간이기에 어쩔 수 없었던 선택과 그로 인해 비롯된 상황과 고통을 들여다보고자 한다.

성서에 짧게 소개되는 이야기 속에서 앞뒤 맥락의 근거를 찾고 그들이 행한 일들의 결과를 통해 과정을 도출해 냈다. 여러 가지 참고 자료를 활용하였으나 하나님께서 허락하신 무한한 영감과 상상력과 창의력을 무리 없이 더하고자 노력했다.

그리하여 야곱과 그의 가족을 통해 '삶의 자리에서 함께하시는 하나님'의 발자취를 따라가 보면 그들이 어떻게 하나님과 함께할 수 있었는지, 그들의 처절한 인간다움에 포기하지 않으시는 하나님이 원하시는 모습은 무엇인지, 끊임없이 용서하고 기다려 주신 하나님이 야곱의 삶을 통해 우리에게 어떤 희망과 위로와 약속을 더하시는지 살펴볼 수 있을 것이다.

시각의 차이는 삶 전체에 영향을 미친다. 부디 나의 조잡한 해석 속에서 독자들의 생각들과 같은 합일점을 발견하길 기대한다. 남의 책에서 자기 생각을 읽는 것은 큰 기쁨일 테니 말이다.

야곱의 이야기는 인간의 무의식, 아귀와 같은 본성, 심리적 그림자를 만나는 문을 연다. 그리하여 인간 내면의 숨겨진 모습을 그의 이야기를 통해 만난다. 야곱의 다양한 모습과 그 이야기들은 일상을 넘어 내면의 진실을 건드리는 긴 여운을 남기며 우리의 주변을 맴돌게 된다.

나와 거울 보듯 닮은 너, 야곱이다.

5

이 글은 딸에게 들려주는 인생 이야기라는 마음으로 시작했다. 온 세상의 사랑과 관심 속에서 탄생한 영현이가 어느덧 성장해서 소녀가 되고 여자가 되었다. 지금까지는 내가 그늘이 되어주고 보호막 역할을 해주었지만 한 남자를 만나 떨림 속에 사랑을 하고 내 품을 떠나갔다.

늘 불안한 가운데 안타깝고 그리운 마음이었다. 그 아이가 때로는 치열한 갈등 속에서 쓴 맛을 맛보겠지만, 다시 일어서기를 바랬고, 고된 노동 속에서도 보람을 느끼는 삶을 살아가길 기도했다. 무엇보다 하나님을 향한 믿음을 잃지 않고 인생을 마무리하길 바라는 마음이었다.

야곱의 집 속에 등장하는 리브가, 드보라, 레아, 라헬, 디나의 모습에서 지혜를 엿보고 하나님의 뜻을 발견하기 바라는 마음에서 한 글자씩 적어나갔다. 내 딸이 미소를 잃어버리지 않고 행복하기 바라는 게 아버지의 마음이 아닌가.

이 작업에 아내가 함께 하면서 더 풍성한 이야기로 발전했다. 여성에 대한 세심한 묘사와 미처 생각하지 못한 상상력은 아내 김지수의 흔적이다.

그녀도 어느 아버지의 딸이었을테니까….

탄생

לדה ledah.

끊임없이 이어지는 인간의 탄생은 하나님의 계획하심을 이루어 가는 창조가
인간의 몸을 통해 재생산 되어감으로써 하나님의 뜻이 완성될 것임을 의미한다

생명의 탄생을 주관하는 하나님

생명 탄생은 남자, 여자, 아이라는 세 가지 끈으로 묶여 있고, 창조와 생식 그리고 기원에 주의를 기울인다. 창조된 남자와 여자의 몸 안에 담고 있는 것은 새로운 생명이다. 그러나 생명은 자손을 간절히 원하는 인간의 욕망 위에 존재하는 것이 아니라 하나님의 계획하심 속에 있다.

창세기는 인간들이 낳고 낳는 이야기로 가득하다. 그 중심에는 하나님의 목소리가 있다. "내가 너를 만들었다"라는 하나님의 말씀에는 "내가 너의 자손을 만들 것이다"라는 약속 이행의 공식이 덧입혀져 하나님이 창조하신 세계의 완성을 향해 나아간다. 또한 "자식을 많이 낳고 증식하라"는 하나님의 명령은 "너는 자식을 많이 낳고 증식할 것이다"와 같은 약속 이행으로 이어진다.

하나님은 인간을 성인의 모습으로 창조하셨지만, 인간의 재탄생에는 아기가 등장한다. 아기는 커다란 울음소리로 사회적 실존에 들어선 것을 알리고, 엄마의 도움으로 살아가게 된다. 이렇게 인간의 탄생은 시작부터 빚진 자의 인생이다. 한 사람의 몫을 해내며 스스로 살아갈 힘을 갖기 전까지 부모와 타인에게 생명을 기대어 살아간다.

성서의 전반에 나타나는 인간의 생식이란 서사는 인간의 몸에서 일어나는 중대한 변환에 대한 기록이다. '불임'과 '다산'이라는 난제는 여성의 몸에 일어날 변화이지만, 주도권은 여성에게 있지 않다. 몸의 젊음이나 임신 가능성도 의미 없다. 자궁을 닫았다가 여는 것은 하나님의 능력 안에 있는 일이기 때문이다. 아이를 갖고 낳는 시기는 오직 하나님이 정하시고 개입하시기에 인간의 자리는 하나님의 목소리를 믿고 귀 담아 듣느냐와 아니냐로 나뉜다.

끊임없이 이어지는 인간의 탄생은 하나님의 계획하심을 이루어가는 창조가 인간의 몸을 통해 재생산 되어감으로써 하나님의 뜻이 완성될 것임을 의미한다. 그러므로 숨 쉴 틈 없이 나열된 자손의 이름 속에는 흥분과 기쁨이 감추어져 있다.

성서 속 여자의 탄생과 재탄생의 의미

아도르노(T. Adorno)는 약육강식의 지배 논리를 남녀 간의 성적 관계로 설명한다.

"계몽의 남성적 성격은 문명이 지니는 여성 지배 계기를 의미한다.

남성이 지배하는 역사에서 여성의 이미지는 약하고 쓸모없고 공격당하기 쉬우며 무력한 존재로 남아있다. 그리하여 (여성의) 아름다움에 대한 남성의 경탄 뒤에는 언제나 호탕한 웃음과 무절제한 조롱과 호색한의 야만스러운 음탕함이 숨어있다"

남성의 이중적 여성 인식은 성서 안에서도 나타난다. 여성은 남성에게 성적 대상이자 지배 대상으로 나타나지만 반대로 조건 없는 사랑의 담지자로도 나타난다. 또한 모성애에 대한 동경과 더불어 새 생명의 생산이라는, 남성의 몸으로 구현할 수 없는 질투의 대상이기도 하다. 그러므로 성서는 남성 저자가 남성으로 인식하는 하나님의 허락 없이 여성이 임신할 수 없음을 역설한다. 이렇게 남성의 여성 지배는 지배와 복종, 폭력과 복잡한 고통의 관계를 만들어 낸다.

양성평등 운동이 본격적으로 일어난 시점은 19세기 중반이지만 여성들은 아직도 충분히 해방되지 못하고 있다. 여기서 해방은 여성을 독자적인 한 인간으로 인식하고 대우하는 것을 말한다.

기독교 전통 안에서 많은 이들이 하나님께서 이 세상을 통치하시는 세속적, 교회적 권위를 남성 중심적으로 해석하며 일반화해 왔다. 이러한 전통을 따르는 근본주의 교회들은 가부장적인 질서 속에 여성들을 가두려는 운동을 전개하였다.

성서의 여성 혐오적 본문들이 진리의 기준인 양 제시되었고, 남성 우월성과 여성의 종속성을 지속시키기 위해 노력해 왔다. 그들은 세상을 향한 분리주의적 태도를 가지고 있으며 나아가 남성 중심적, 권위주의적 구조를 형성하며 획일적 행동주의를 유발시킨다.

여성에 대한 이들의 해석은 매우 좁고 편협하여 남성에 종속된 존재로 여기고 여성의 역할을 임신과 수유, 가사 노동에 제한시킨다. 시몬 드 보봐르(Simone De Beauvoir)의 표현대로 여성을 제2의 성, 즉 제2등급의 인간으로 여긴다. 이에 동조한 남성들은 가부장적 질서에 너무 익숙한 나머지 여성의 자유와 권리를 박탈하는 것을 죄악으로 여기지도 않았다.

대표적인 예로 고린도전서 14장 34-35절이 여성에게 침묵을 강요하는 성서적 근거로 사용 되어졌다. 그러나 34절 "그들의 말하는 것을 허락함이 없나니"(고전14:34)에서 "말하다"($\lambda\alpha\lambda\epsilon\omega$)를 14장 전체의 문맥과 비교해 보면, 고린도 교회에서 행해지던 깨닫지 못하고 하는 방언과 관련된다. 당시 고린도에는 그리스에서 신탁으로 유명했던 '델피 신전'이 있었다. 이 신전의 여사제는 연기에 취한 상태로 알아듣지도 못하는 말들을 떠들어 댔는데, 그런 의미를 담은 "떠들어 댄다"는 말이 '말하다'($\lambda\alpha\lambda\epsilon\omega$)로 "이렇게 떠들지 말라"를 "입 다물고 조용히 있으라"는 의미로 오해한 것이다.

여자들이 교회에서 잠잠하고 일체 아무 말도 하지 말라는 뜻이 아니다. 혼란을 일으키지 말고 질서를 지키라는 말이지 여자들이 교회에서 하나님의 말씀을 전하거나 가르치지 말라는 것과는 상관이 없다.

근본주의자들은 전근대적 성차별 문화를 성서의 문구를 빌어 당연시함으로써 여성에 대한 폭력을 조장하고 있다. 그 결과 거룩한 신앙 공동체가 되어야 할 기독교 공동체가 윤리적 역량에서 세속적 공동체의 수준에 미달하는 현상이 발생했다. 이것은 오늘날 기독교 공동체의 성장과 성숙을 가로막고 있는 가장 큰 요인이다.

고대 근동학자인 보테로(Jean Bottero)와 랍비이자 철학자인 마르크 알랭(Marc-Alain), 카톨릭 신학자 조제프 무앙(Joseph Moingt)의 담론을 다룬 [가장 아름다운 하나님 이야기]에는 여성의 의미를 다음과 같이 설명한다.

"성서에서 '여성'을 가리킬 때 히브리어 원어는 '무엇에 반대하는'의 뜻을 가진 단어이다. 문자 그대로 의미를 옮기면, 여성은 '남성에 대립하는 도움'이다. 히브리 전통에 여성은 '남성에 대립하는' 차원에 속하며, 이는 상대적인 의미다. 남성이 다르게 존재하도록 이끄는 단절이다. 여성적인 의미는 뭔가를 낳게 하며 새롭게 하기 때문이다"

'남성에 대립하는 도움', '남성이 다르게 존재하도록 이끄는 단절', '뭔가를 낳게 하며 새롭게 하는 능력이 있는' 것이 성서가 말하는 여성이다. 여성은 남성에 비해 열등한 존재가 아니며 독립된, 대립하는 존재로서 완전한 인격체임을 말하고 있다. 이러한 존재로서의 여성은 부정적인 의미를 담고 있지 않다. 새로운 변화를 이끌고 생명을 낳는 일을 하는 창조적인 존재다. 여성에게 부정적인 이미지를 덧입힌 것은 이기적인 남성의 왜곡된 해석 때문이다.

칼 포퍼(Karl Popper)는 [열린사회와 그 적들]에서 과거의 황금 시절을 회상하는 사유 형태가 어떻게 도덕의 이름으로 생명을 죽이고 진리를 훼방하는지를 해명한 바 있다. 사회는 언제나 미래를 향하여 열려 있는데 과거에 형성된 진리를 모든 시대를 걸쳐 적용될 수 있는 만고의 진리라고 믿는 이들이 "새로운 것을 말하는 자를 모두 잡아 죽이라"라고 외치는 닫힌 사회의 무서운 억압자가 된다는 것을 입증하고 있다. 새로운 것을 받아들일 수 없는 낡은 진리는 생명과 진리를 가리키는 역할을 할 수 없기 때문이다.

포퍼의 말을 빌리면 자신이 인식한 진리를 절대적인 것으로 기준 삼고, 이를 근거로 모든 미래를 재단하려는 어리석음을 행하는 자들이 곧 인류의 열린사회를 가로막는 적들이다.

윤리 신학자 박충구 교수는 다음과 같이 말한다.

"예수님의 메시지에서 보는 바와 같이 억압받는 자를 해방 시키는 것이 그리스도인의 소명이라고 믿는다면, 여성을 주체적으로 이해하지 않고 종속적으로 이해하는 모든 가치, 제도, 관습을 제거하고 변혁 시키는 것은, 그리스도인의 당연한 의무이며, 또한 신앙 공동체가 이를 위하여 노력해야 할 윤리적 과제다"

인류가 오랜 세월 지속해 온 가부장제 역사에서 여자가 자신의 아버지와 남편의 합법적 사유 재산의 지위에서 벗어난 지 얼마 지나지 않았다.

1925년에 발표된 김동인의 단편 소설 [감자]의 주인공 복녀는 스무 살이나 많은 동리 홀아비에게 팔십 원에 팔려서 시집간다. 마지막 남은 재산 팔십 원으로 복녀를 샀던 게으른 홀아비는 아내의 노동력과 매춘에 기대어 살다가 마침내 중국인 왕서방으로부터 아내의 목숨 값 삼십 원을 받아 챙긴다. 김유정의 [소낙비]에는 열아홉 어린 아내를 동리의 부자 양반에게 빌려주고 노름 밑천 이 원을 얻어 내려 하는 남편이 등장한다.

여자의 몸과 성은 가부장제 국가의 재산이기도 했다. 고려가 원나라에 공녀를 바친 것이나 일제 강점기 종군 위안부 문제는 여자의 몸과 성을 국가 권력이 소유하고 관리한다는 차원에서 같은 맥락에 놓여있다. 주인이 누구이든 여자의 몸은 여자 자신의 것이 아니었다.

[3기니]에서 버지니아 울프(Virginia Woolf)는 "대부분의 역사를 통해 조국은 나를 노예처럼 다루어 왔다. 조국은 내가 교육받거나 재산을 소유하지 못하게 해 왔다"라고 지적한다. 그녀의 또 다른 작품 [자기만의 방]에서는 "여성은 이 모든 세기 동안 남성의 모습을 원래 크기보다 두 배로 확대 반사해 주는, 마술적이고도 매력적인 능력을 소유한 거울로 이바지해 왔다"라고 말 한다.

남성 중심의 폭력과 야만성의 배후에는 이를 가능하게 하는 제국주의적 이념을 가진 국가가 존재하고 있다. "여성은 태어나는 것이 아니라 만들어진다"라고 말한 보봐르(Simone De Beauvoir)의 말에 담겨있는 의미는 현재 진행형이다.

하나님이 여자를 창조하시어 남자에게로 이끌어 가심은 남자에게 봉사할 노예를 만들어 주심이 아니다. 동등한 인격체로서의 여성에 대한 인식을 바로잡아야 한다.

여아의 탄생

19세기 당시 신생아 가운데 4분의 1이 일 년을 넘기지 못하고 사망했다. 그 중 3분의 1도 2년을 못 넘기고 사망했다. 살아남은 아이들도 전염병과 무리한 노동에 시달리다 어른이 되어보지도 못하고 사망했다. 그러나 이조차도 태어나자마자 사망한 여아들과는 다른 문제다.

고대사회에서 여자아이는 한 사람의 역할을 해내지 못하고 식량을 축내는 잉여인간으로 취급받았다. 선천적으로 남자보다 힘이 약하고 날렵하지 못해서 외부의 침입으로부터 가족을 지키는 전쟁에 적합하지 않았다. 사냥으로 먹을 것을 조달하는 일에도 쓸모없다고 여겨졌기에 태어나자마자 죽이거나 숲에 버려지는 일이 많았다. 그 결과 남녀의 성비 차이가 극심해졌고 남자들은 이웃 부족의 여자들을 약탈해 결혼하게 되었다. 여자의 쓸모는 오직 아이를 낳는 일에만 필요할 뿐이라고 생각했기 때문이다.

지상에서 가장 정신적으로 우월하다고 자부하던 아테네 시민들에게 종말을 안겨준 말이 있다. "만약 우리가 여자 없이 아기를 가질 수만 있다면……" 이 말은 로마제국에서도 계속되었다. 동성애가 만연하던 아테네나 로마의 남자들은 아이를 낳는 여자의 몸을 질투하면서도 그 문제만 해결할 수 있다면 여자를 가까이하고 싶지 않다고 생각했다. 교육과 재산이 여자에게 발언권을 주는 일임을 알기에 남자들은 기를 쓰고 여자들의 교육받을 기회를 박탈했다. 결혼 후엔 재산이 남편에게로 흡수되도록 제도화하여 여자들은 몸도 재산도 잃고 남자의 소유물처럼 취급되도록 만들었다. 그러나 여자를 도구화하는 시각으로 바라보는 남자들의 편협한 시각이 결국 자신들의 삶을 불행하게 했고 삶을 황폐하게 만들었으며 제국을 종말에 이르게 했다.

현대에서도 여전히 여성 혐오와 차별은 계속되고 있고 여아 출산은 사회 문제가 되고 있다. 임신 17주면 태아의 성별을 확인할 수 있는 초음파 기술의 발달로 낙태 수술이 극성을 부렸던 것도 선택적 낙태를 감행하기 위함이었다. 세계의 많은 나라들은 여전히 남아 출산을 선호한다. 어차피 자신들이 좋아하는 남자아이를 낳으려면 여자의 몸이 필요한데도 말이다.

하나님은 여자가 하나님의 형상을 닮은 여아를 낳아 품에 안고 눈물 흘리며 여자아이가 살아갈 세상에 대해 근심하기를 원치 않으신다. 여자의 희생에 기대어 사는 세상이 아니라 더불어 서로의 짐을 덜어주는 책임 있는 사회가 되어야 한다.

반짝이는 기쁨으로 잊는 상처와 고통

인간의 역사는 곧 엄마의 역사이고 인간의 조건은 엄마의 조건이다. 시대, 장소, 인종을 망라해 임신과 출산에 여성 인간인 엄마가 있다. 아이를 키우는 일은 지루하고 억압적이며 양육과 보호와 책임을 떠안고 헌신을 요구받는 과정이다. 근대 초까지만 해도 높은 사망률로 인해 살아있는 아이의 살아있는 엄마 되기가 여성의 숙제였다. 불임은 마녀나 마법으로 인한 저주라고 여겨 불임여성의 생존과 신앙 모두를 위협했다.

여성의 몸은 엄마가 되기를 선택한 순간부터 생명의 위협과 더불어 육체적 정신적 고통 속에 놓인다. 유산의 위험과 입덧의 고통과 양수로 인해 불어난 몸무게와 뱃속 아이의 성장으로 인해 온몸에 가해지는 압력으로 인한 내장의 위치변화, 손발의 부종과 숨쉬기조차 힘겨운 모든 일상에 여성은 몸부림친다. 먹는 것의 금기뿐 아니라 걷고 움직이고 잠자기조차 힘겨워지는 임신 기간 발생한 몸의 변화와 아이의 성장을 위한 영양소를 모체에서 가져감으로 여러 가지 질병에 취약하게 되는 상황은 더욱 가중되는 고통이다.

만삭이 되어 출산 날이 다가오면 양수가 터져 쏟아져 내리고 젖은 발 위로 공포가 솟아오른다. 진통의 기나긴 고통 속으로 내몰려 누구도 대신해 줄 수 없는 고통 속에서 엄마가 된다는 것의 무게를 뼈저리게 온몸에 각인한다. 그 무엇도 출산의 고통을 덜어주진 못한다.

'분만은 고문대 위에서 마치 사지가 떨어져 나가는 듯하다'라고 17세기 청교도 여성이 종교적 순교자의 고난과 동일시 한 표현은 시대가 아무리 지나도 변함없이 출산하는 여성의 몸에 새겨지는 고통이다.

수술대의 형광등 불빛 아래의 출산도 다를 바 없다. 살이 찢겨 나가고 골반이 부서지는 듯한 아픔과 생사가 오가는 고통의 절정에서 살아 움직이는 통증을 온몸으로 받아내며 세상에 얼굴을 내미는 생명을 맞이한다.

출산은 안에서 밖으로의 이동이고 임신에서 모성으로의 이동이다. 모체와 분리되는 순간 극도의 통합이 극도의 분리로 이어진다. 그 잔인한 고통 속에서 여자는 엄마가 된다.

남성들은 출산의 모든 고통에 무관심하다. 호들갑을 떨기에는 지나치게 흔한 일이라 생각한다. 그러나 세상의 모든 산모가 겪는 보편적인 고통이라 해서 그 고통의 무게가 가벼워지는 것은 아니다. 생명을 건 생명의 탄생이란 엄숙한 상황임을 남성들도 무겁게 인지해야 한다.

야곱의 탄생

오래전부터 쌍둥이는 하나의 인간이 둘로 나뉜 것이라는 인식이 강해 불길한 징조로 간주 되었다. 그래서 둘 중 하나를 죽이거나 둘 모두를 제거하기도 했다. 쌍둥이에 대한 고전적 정의는 '하나인 것을 둘로 쪼개어 언젠가 그 두 조각을 붙여 서로의 신분을 확인하는 징표'로서의 의미다.

르네 지라르(Rene Girard)는 쌍둥이를 욕망의 모방적 구조를 유념하게 되는 즉시 자동적으로 적대적 형제 관계가 되도록 하고 짝 패가 일으키는 문제를 상기시키는 존재라고 해석했다.

이삭의 기도로 20년 만에 리브가는 에서와 야곱 쌍둥이를 임신한다. 쌍둥이의 탄생은 어머니의 뱃속에서부터 두 생명이 싸우며 우위를 점거하기 위한 투쟁이었다. 시작부터 요란하고 불길하고 치열한 경쟁 구도를 가진 삶을 상징한다.

아이들의 뼈가 자라고 살이 오르며 달이 지나고 날이 흐를수록, 산모는 더욱 고통에 시달렸다. 작은 뱃속에서 일어나는 전쟁이 너무 힘겨웠던 리브가가 하나님께 묻자 "큰 자가 어린 자를 섬기리라"(창25:22-23)는 답을 얻는다. 에서와 야곱의 탄생은 하나님의 선택하심이 인간의 위계질서를 뛰어넘었음을 선포한다.

자식은 부모가 지닌 특성을 물려받는 경우가 많다. 서로 사랑하지 않는 부부는 각자 자식에게서 자신의 특성을 볼 때만 만족하고 기뻐한다. 반대로 상대방의 특성을 볼 때는 싫은 감정을 느껴 괴롭다고 한다. 성서는 이삭이 리브가를 사랑함으로 많은 위로를 받았다고 전한다. 그러나 이들 부모의 편애를 보면 이삭만의 외사랑은 아니었을까 생각하게 된다. 이삭이 에서를 사랑하고, 리브가가 야곱을 사랑한 것은 피차 자신을 닮은 자식만을 편애한 것으로 보인 까닭이다.

에서와 야곱은 '원수 형제'의 전형적 삶을 답습한다. 야곱 형제에게 나타나는 원수 형제의 개념은 예레미야의 선포에서 찾아볼 수 있다. "빼앗다, 우회하다, 발뒤꿈치를 잡다, 교활하게 공격하다, 과도하게 손을 뻗는다"라는 뜻을 가진 '야곱'이, 형 에서를 속인 일을 빗대어 예레미아가 선포한다(렘9:4-6).

예레미야는 야곱을 통해 사회 전체가 폭력 속에서 분해되고 모든 관계는 원수와 같은 형제 관계와 유사해짐을 보았다. 형제 관계를 규정짓는 것은 바로 갈등의 대칭이다. "부정에는 부정으로, 속임수에는 속임수로, 서로 속고 속이니…"라는 대칭은 폭력의 상호성을 표현한다.

지라르는 이 부분을 [폭력과 성스러움]에서 "형제를 믿지 말지니, 모든 형제는 야곱과 같은 짓을 하며, 모든 친구는 모략을 퍼뜨리기 때문이니라. 부정에는 부정으로, 속임수에는 속임수로 서로 속고 속이니… "라고 말한다.

하나님은 차남인 야곱을 탄생 전에 선택하셔서 장남 에서의 것을 빼앗아 차남에게 주시기로 계획하셨다. 하나님의 간섭하심으로 역행된 위계질서로 상징되는 차남 선호 사상의 시작에 야곱의 탄생이 있다. 쌍둥이 탄생에서 유대민족의 시작을 '이스라엘'이란 이름으로 시작하려는 하나님이 계획하심이 야곱의 이야기 속에 담겨 있다.

사랑

אהבה ahavah

결혼과 출산은 쌍을 이루는 공식처럼 인류 역사를 지배해 왔다. 생식을 위한 임신과 출산을 당연시한 것은 인간이 사회적이며 문화적인 정체성을 가진 까닭이다. 대부분 사회에서 결혼은 집안과 집안 간의 이익을 위한 거래 수단이었다. 결혼으로 거래된 남녀는 결혼 당일 처음 본 사이라 할지라도 자녀를 낳기 위한 모든 수순을 당연하게 받아들였다.

결혼에 사랑이 첨가된 것은 근세에 와서 생겨난 일이다. 현대인들은 결혼과 출산이 아닌 결혼과 사랑을 한 묶음으로 이해한다. 어느덧 결혼을 위해 사랑은 필수 조건이 되었다.

사랑에 빠졌을 때 우리는 초인간적인 체험을 한다. 누군가를 사랑하는 것은 그 사람을 진정으로 알아가는 것이다. 있는 그대로 그 사람에 대해 감사하며 상대의 고유함을 인정해서 마침내 하나가 되는 것이다. 사람들은 사랑이 삶의 모든 문제들과 싸워나갈 원동력이 되며 강한 인간으로 성장시키는 바탕이 된다고 믿는다.

하나님께서 인간을 성인 남녀의 모습으로 창조하신 이유는 사랑 때문이다. 인간의 삶에서 사랑을 제외하면 무의미하다. 사랑이 인간 삶의 모든 것에 의미를 부여하기 때문이다.

파스칼(B. Pascal)은 [사랑의 열정에 관한 담론]에서 다음과 같이 말한다.

"우리가 사랑이 아닌 다른 목적을 위해 세상에 존재한다고 생각하는 사람이 과연 있겠는가? 물론 사랑 따윈 필요 없다고 자기 자신을 속일 수는 있다. 하지만 우리는 언제나 사랑을 한다. 사랑과는 전혀 상관없다고 생각하는 것들에도 사랑은 늘 비밀스럽게 보이지 않는 곳에 존재한다. 사람은 사랑 없이는 한순간도 살 수 없다"

사랑에 빠졌던 감정은 도대체 무엇이었을까? 환상이었던 것일까? 영원히 지속될 것 같았던 사랑의 황홀한 감정은 서로에게 긴밀한 관계라는 소속감을 주었다. 모든 문제는 정복될 수 있을 것만 같았고 서로의 행복을 위해서라면 무엇이든 할 수 있다고 생각했다.

그러나 사랑에 빠진 경험에서 벗어난 후부터가 문제다. 현실로 돌아온 서로는 자신을 주장하기 시작한다. 서로의 필요를 위해 나를 희생하던 시간은 사라지고 나의 필요와 관점만 중요해진다.

사람 자체가 불완전함의 근원이기에 사랑은 곧 불행의 시작이 된다. 그래서 모든 사랑은 고통스러울 수밖에 없다. 매 순간 불안과 혼돈이 발목을 잡고 뒤흔든다. 그럼에도 포기하지 않는다면 그에 맞는 값을 치러야만 한다.

그럼에도 사람들은 언젠가 상대가 나를 원하지 않고 베풀었던 따스한 온기를 거두어 간다고 할지라도 비루해진 마음에 사랑을 품고 간다. 비록 나에게 주어진 운명의 굴레가 내 살을 찢어 피로 물들여야 하는 영원의 가시밭길이라 하더라도 끝까지 살아남아 존재 이유를 증명해 내고 싶기에 사랑을 한다. 그 짧은 순간, 찰나와 같은 그 시간, 나를 온전히 버려 너를 얻기 위해 노력했던 그 사랑의 기억이 너무나 황홀했기에 사랑의 환상을 버리지 못하는 것이다. 그래서 에리히 프롬(Erich P. Fromm)은 "사랑은 배우고 익혀야 할 기술"이라고 말한다.

자신이 직접 겪은 이야기만 쓴다는 소설가 아니 에르노(Annie Ernaux)가 유부남과 나눈 열병 같은 사랑 이야기 [단순한 열정]은 이렇게 시작한다.

"작년 9월 이후로 나는 한 남자를 기다리는 일, 그 사람이 전화를 걸어주거나 내 집에 와 주기를 바라는 일 외에는 아무것도 할 수 없었다.... 그를 만나 사랑을 나눌 땐 생기를 찾지만, 그가 떠나면 쉽게 사그라진다. 떨어져 있을 때조차도.... 그녀의 일상은 오로지 그 남자와 관련된 일뿐이다"

[단순한 열정]은 이렇게 끝맺는다.

"어렸을 때 내게 사치라는 것은 모피코트나 긴 드레스 혹은 이 바닷가에 있는 저택을 의미했다. 조금 자라서는 지성적인 삶을 사는 게 사치라고 믿었다. 지금은 생각이 다르다. 한 남자, 혹은 한 여자에게 사랑의 열정을 느끼며 사는 것이 바로 사치가 아닐까?"

그녀는 사랑의 열정이 사치라고 말한다. 어리석은 남자와 미숙한 여자가 만나 사랑을 나눈다. 그렇게 살아있는 동안 누군가를 좋아할 수 있는 일처럼 멋지고 환상적인 일은 없을 것이다.

사랑은 나라는 모든 세상 속에 하나의 타자를 특정해 들이는 것. 그리하여 누군가와 더불어 불확실한 미래에 함께하기로 동의하는 것, 인간에게 허락된 삶 속에서 유한한 공허를 선택하는 것이다.

야곱의 이기적인 사랑

계산이 빠른 내가 이런 실수를 할 줄 몰랐다. 신부를 구한다는 핑계로 너무 급하게 도망치듯 집을 나섰기에 신부값을 챙기지 못했다. 외삼촌의 집이 가까워질수록 초조해졌다. 빈손으로 도착한 자신을 반길 리 없기에 딸을 주지 않을 수도 있다고 생각하니 마음이 심란했다.

밧담아람의 우물 앞에서 라헬은 피폐해진 나의 삶에 생명수와 같이 등장했다. 기쁨의 눈물이 샘처럼 솟아 나와 나의 온 마음과 영혼까지 적셨다. 지나친 기쁨과 슬픔은 맞닿아 있는 듯하다. 충만한 감동, 처음 맛본 쾌감, 압도적 환희는 이제껏 내가 알지 못했던 감정이었다. 라헬을 마주한 나는 환희에 젖어 폭발해 버릴 것만 같았다. 심장의 떨림이 멈추지 않아 두 다리로 서 있는 것조차 힘들 지경이었다. 나의 삶이 그녀를 만나기 위해 살아온 것 같은 확신에 사로잡혔다. 흘러넘치는 눈물과 감싸 안은 팔의 떨림, 인사를 건네는 입맞춤, 숨이 끊어질 듯한 울먹임이 그치지 않았다. 서로 닿아 있는 순간 외에는 아무런 가치를 갖지 못하는 것처럼 느껴졌다. 이렇게나 갖고 싶은 마음이 드는 것은 난생 처음이었다.

라헬은 수렁에 빠진 나의 삶을 빛 가운데로 인도해 줄 것만 같은 존재였다. 살아오면서 이처럼 강한 독점욕을 다시 느끼다니, 삶을 살아갈 이유를 찾은 듯 심장이 요동쳤다. 장자권을 욕심내던 때보다 더욱 강렬하게 욕망이 꿈틀대는 것을 느꼈다.

주변에 앉아있는 양치기들도, 주위 풍경들도 그녀의 어깨너머로 흐릿하게 뒷걸음치듯 멀어져가고 오직 그녀의 모습만이 눈부시게 찬란한 빛을 머금고 금방이라도 내 머리 위로 쏟아져 내릴 것만 같았다. 나는 처음 느낀 이 감정의 정체를 명확히 알았다. 누구도 이 감정을 알려주지 않았지만 분명히 알 수 있었다.

그 순간 가슴속 비어 있는 공간을 가득 채운 것은 평생을 함께할 아내를 얻겠다는 목적 하나뿐이었다. 나의 인생에 휘몰아친 추락에 날개를 달고 다시금 날아오르고 싶었다. 진창에 빠진 듯 암담한 현실과 불안한 미래의 늪에 빠져 허우적대지 않기 위해 나는 마음의 빗장을 채우고 라헬이라는 이름의 질서를 세운다.

프루스트(M. Proust)가 말했듯이 한 여성을 원한다는 것은 그녀 마음속에 들어 있는 풍경은 물론 누군가가 그녀와 함께 '보러 갈 수 있을' 풍경까지도 모두 원한다는 것을 뜻한다. 야곱이 꿈꾸는 풍경은 그녀와 함께할 수 있는 삶이다. 그 마음은 집념이 되어 재앙을 헤쳐가고 이어지는 다음 재앙을 넘어가는 연료가 되어 줄 것이다.

로미오나 줄리엣처럼 첫눈에 운명처럼 끌리는 사랑도 있지만 대부분 사람에게 사랑은 서로에게 호감을 느껴가는 지난한 과정이 필요하다. 야곱은 라헬을 보자마자 한눈에 사랑에 빠졌지만 라헬의 입장은 소개하고 있지 않다. 성서는 여자들의 감정 따윈 상관없다는 듯이 모든 것을 남성의 관점에서만 말한다.

야곱은 라헬을 보고 첫눈에 반해 확신에 찬 눈물을 흘렸다. 그가 빠진 사랑의 감정은 안도감일 것이다. 프로이트(S. Freud)가 '대상의 과대평가'라고 주장했듯, 한 사람에게 과도한 가치를 귀속시키는 것을 가리켜 보통 인물의 '이상화'라 한다. 라헬이 야곱에게만은 절대적, 초월적 가치로 보인 것이다.

그러나 아무리 이상화된 여인이라 할지라도 야곱 맘대로 취할 수 없었다. 당시 딸들은 아버지에게 속했으며 집안의 재산과 같은 취급을 받는 시대였기 때문이다. 신부값을 가져오지 않은 야곱은 신부의 가치만큼 치러야 할 대가가 있어야만 라헬을 얻을 수 있다는 현실적인 문제가 남아 있었다.

라헬에 대한 야곱의 사랑은 기쁨, 불안, 기대, 회의 등 복합적인 요소를 갖는다. 라헬만 얻을 수 있다면 어떤 대가도 치르겠다는 맹목성은 신부값으로 치른 7년을 하루 같이 보낼 수 있었던 원동력이었다.

프랑스 작가 롤랑 바르트(R. Barthes)는 [사랑의 담론]에서 '기다림은 사랑의 중요한 표상'이라고 말한다. 사랑은 일종의 중독이기 때문에 상대를 더욱더 원하게 되는 감정이다. 그것을 '사소한 지연에 종속된 상태로 연인을 기다리는 흥분과 불안'이라고 바르트는 말한다. 누군가를 사랑하는 이유는 그 사람이 실제로 자신의 이상형이기 때문이 아니라 그 사람을 기다리기 때문이다. 사랑에 빠졌기 때문에 기다린다는 것과는 반대로 외적 행동이 내적 조건을 형성한다. 그리하여 기다림은 사랑의 완성을 위한 행위라는 정당성을 얻는다. 라헬을 얻기 위해 땀 흘려 수고하고 노력하며 살아간 야곱의 7년의 세월은 꿈처럼 흘러갔다,

야곱의 세상은 야곱과 라헬 두 사람과 그 이외의 사람들로 나뉜다. 그러나 야곱의 사랑은 자신만을 위한 사랑이지 라헬을 위한 희생이나 헌신적인 사랑은 아니다. 야곱에게 라헬의 의미는 자기 삶의 증거이다. 라헬을 얻지 못한 삶은 자신의 모든 삶을 송두리째 부정당하는 것이다. 야곱은 라헬에게 바라는 것이 없다. 그녀의 아이를 바라는 것도 아니고, 그녀가 자신에게 무엇을 해주기를 원하지도 않는다. 그냥 그녀는 야곱 곁에 있기만 하면 된다. 라반의 집에서 14년의 세월을 바쳐 얻은, 자신의 노동과 정신적 고통과 노력을 들여 얻은 결실인 라헬이 야곱에겐 자기만족과 성취의 상징일 뿐이

었다.

욕망이란 자신이 갖지 못하는 것을 더 원하는 마음이고 가진 것을 더 많이 가지려는 마음이다. 만족함이 없는 마음이다. 계속해서 욕망하기 때문에 욕망의 충족이란 없다. 욕망을 욕망하는 마음이 욕망이다. 야곱은 욕망하는 자다. 장자권을, 축복을, 라헬을, 많은 소유를 끊임없이 욕망한다.

야곱이 그토록 원했던 라헬이었지만 그녀에게 끌려 다니진 않는다. 흔히 사랑의 관계에서 더 많이 사랑하는 사람이 약자라지만 야곱은 그런 의미에선 절대 약자가 아니다.

결국 야곱의 사랑은 완벽한 자기애에서 출발한다. 형의 장자권과 축복권을 탐내는 것도, 라헬을 사랑하는 것도, 요셉과 베냐민에 대한 사랑도 모두 야곱의 자기애로부터 비롯된다. 그런 야곱의 지독한 자기애는 하나님의 이스라엘에 대한 사랑과 닮아있다.

라헬을 바라는 야곱

숨이 막히고 가슴 졸이는 갑작스러운 감정의 파도는 '첫눈에 반한 사랑'이라는 욕망의 다른 이름이다. 소용돌이치는 감정에 압도당해서 앞으로 눈앞의 이 여자와 무엇을 어떻게 어떤 관계를 맺고 싶은 건지 생각조차 이성적으로 할 수 없게 되어 그저 간절히 원하는 불안한 감정에만 사로잡히는 것이다.

첫눈에 반한다는 이 유약한 유대에 대한 집착은 초조함으로 이성을 마비시켜 어떤 값이라도 치르겠다는 우를 범한다. 관계 맺기에 대한 열망으로 인해 여전히 취약한 관계 때문에 한층 더 초조해지고 고통스러워질 뿐이다.

태어날 때부터 늘 부족하고 고독하게 여겨졌던 삶이었다. 채워야 할 그 무엇 때문에 마음은 황폐했고 삶의 의욕도 없이 조용히 침잠했다. 내가 늘 허전하며 공허한 까닭은 가져야 할 그것을 갖지 못한 까닭이라고 어머니는 말씀하셨다. 어머니는 장자권과 축복이 내 것이라 강조하셨고, 그것은 이미 내게 예비 된 것으로 하늘의 그물에 걸려있는 것이라고 말씀하셨다.

나는 어머니의 도움으로 마침내 장자권과 축복을 내 것으로 만들었다. 그러나 그것으로도 만족할 만큼 채워진 것 같지 않았다. 도리어 불안과 유랑이란 삶의 행로로 밀려난 느낌이었다.

그런데 라헬을 만나고서야 모든 순간이 우리의 운명을 이어주는 시간이었음을 깨달았다. 하늘의 그물 안에 담겨있던 것들이 쏟아져 내 안으로 밀려들어옴을 느꼈다. 태어나서 처음 완벽하게 가득 채워졌다고 느낀 이 순간은 내 마음과 머릿속이 온통 라헬로 가득해 지나쳐서 넘칠까 불안해질 정도였다. 얼굴이 새빨갛게 타오르고 그녀의 손을 잡은 왼손의 떨림이 온몸으로 달려 나가는 것 같았다. 온몸이 심장이 되어 박동한다.

모든 게 라헬 당신이었다. 기나긴 시간 간절히 욕망하던 것을 그날 얻게 된 것도 당신을 만나러 오기 위해서였다. 나는 이제 당신의 사람으로 불리고 싶어 안달이 났다.

불타는 욕망으로 모략을 꾸며 얻은 장자권조차 의미를 상실한 듯 느껴질 지경이었다. 라헬을 처음 본 순간 정지해 버린 사고는 머리 끝에서부터 발끝까지 그녀를 사랑할 수밖에 없도록 설계된 운명의 톱니바퀴에 맞물린 느낌이었다.

온종일 라헬만을 생각했다. 그녀가 머릿속에서 사라지지 않아서 미칠 것 같았다. 기회만 있으면 그녀의 주변을 맴돌며 그녀와 한 번이라도 더 시선을 맞추려 했다. 수줍게 미소 짓는 그녀의 손에 들린 물건이 되고 싶고 그녀의 볼을 간지럽히는 머리카락이 되고 싶었다.

때론 그녀의 옷자락을 날리는 바람을 부러워하며 질투하는 자신에 놀라 움찔하기도 했다. 보아도보아도 채워지지 않는 그녀를 향한 갈증은 타는 목마름으로, 사랑의 고통으로 잠 못 이루게 했다. 생수와 같은 그녀의 사랑으로만 해갈될 고통이다. 매 순간 솟아오르는 뜨거운 사랑의 갈구, 언제쯤 라헬의 모든 것을 가질 수 있을까. 언제쯤 그녀를 온전히 내 곁에 둘 수 있을까. 시간은 더디 흐르지만 충만한 합일의 꿈은 너무나 달콤해서 어떤 고통도 이겨내리라 다짐한다.

라헬을 향한 사랑을 가슴에 품고 내 마음대로 다루어지지 않는 마음을 다독이며 그녀를 향한 사랑을 켜켜이 쌓아간다. 누군가에겐 한없이 어리석은 일이겠지만, 무엇이 마음속에 빛을 잃지 않고 남을 것인지는 누구도 알 수 없는 일이기에 마음 깊은 곳에 켜진 불꽃은 때로는 따뜻해 행복하게 하고 때로는 걷잡을 수 없는 불길이 되어 나를 전부 집어삼킨다.

　야곱은 자신이 원하는 여자가 자신의 곁에 머무르기만 한다면 상대가 불행하든 행복하든 관심을 두지 않는다. 그저 자기 곁에 있기만 하면 되는 것이다. 그러면서도 온전히 라헬만의 사랑을 갈구하는 것도 아니다. 라헬을 향한 야곱의 집착은 자신에겐 사랑이란 이름이었다. 사랑이, 사랑이 아닌 모습을 하고 사랑이라 이름 한 뒤틀린 관계다. 제멋대로 라헬을 소유하고 그녀와 함께할 마음의 집을 짓는다. 멋대로 기둥을 세우고 벽돌을 쌓았다. 그리고 그 안에 라헬을 가둔다.

　라헬을 자신의 것으로 만들 그날을 위해 7년을 하루 같이 버텼고 마침내 그녀를 얻은 후에도 억울한 값을 치르기 위한 7년까지도 버텨냈다. 라헬을 얻는 사람은 결국 자신이라고 다짐하며 모든 것을 감내한 지독한 시간이었다. 그녀를 떠올릴 때마다 구차하게라도 살고 싶은 욕망이 솟구쳤기에 자신의 목숨처럼 라헬을 붙들고 살아낸 것이다.

　라헬을 향한 마지막 미련을 움켜쥐고 그녀에게서 결코 떠나지 않음은 간신히 붙잡은 삶의 희망을 잃지 않기 위한 몸부림이었다. 두 눈에 그녀의 모습을 담아 두고 마음에 그녀의 체취를 품는다. 간절히 갈망하는 야곱의 시선은 오직 라헬에게만 머물렀다.

　"잠겨 죽어도 좋으니 너는 물처럼 내게 밀려오라" 〈낮은 곳으로〉에서 노래한 이정하 시인의 시처럼 야곱의 라헬을 향한 사랑에 적합한 언어도 없겠다.

라헬을 바라보며 순간 멈춘 숨, 너무 간절해서 주변의 모든 공기까지 멈춰버린 듯 느껴져 어지럽고 흐린 배경 속에서도 야곱은 오직 라헬만이 빛나는 물질처럼 느낀다. 첫눈에 반한 감각은 이후 오랜 세월이 지나 라헬이 죽음을 맞이하고 야곱이 죽을 때까지 지속된다.

움켜쥔 것을 결코 놓지 않으려는 라헬을 향한 야곱의 사랑을 진정한 사랑이라고 할 수 있을까? 라캉(Jacques Lacan)은 욕망의 대상을 '팔루스'(phallus)의 개념으로 설명한다. 욕망의 대상은 사람마다 다르다. 실제 사람은 욕망하는 대상이 그 아무것도 아님에도 온갖 환상을 불어 넣으며 살아간다.

라캉은 욕망의 탄생이 불완전한 결여와 밀접한 관련이 있음을 시사한다. 욕망의 대상을 향유하겠다는 갈망은 실제로 아무것도 아닐 수 있지만, 그 대상을 소유한다면 완벽해질 수 있다는 착각을 불러일으킨 실제가 야곱에겐 라헬이었다.

팔루스는 실제로는 아무것도 아니지만 바로 그 아무것도 아닌 것에 온갖 환상과 의미를 그려 넣어 그 환상이 충족되는 꿈, 몽상, 소망, 염원에서 향유를 그려내며 완벽한 충족을 위해 자신의 삶을 갈아 넣는 것이다.

기어이 얻어내고야 마는 사랑이 야곱의 사랑이다. 이는 라헬을 향한 야곱 자신의 욕망에 대한 갈구이다. 자기희생이나 상대에 대한 배려나 양보도 없이 오직 자기만족을 위한 사랑이다. 사랑하는 이유는 내가 너를 원하고 소유하기로 작정하였기 때문이다. 지독한 그의 집착은 장자권을 탐내던 모습과 다름없다. 기어이 얻어내야 직성이 풀리는 소유욕이 야곱의 사랑 모습이고 내가 원하는 여인만을 사랑한다는 원칙이 야곱 사랑의 공식이다.

그러나 모름지기 사랑하는 마음은 사랑하는 이를 행복하게 해주고 싶다는 목적에 귀결되어야 하지만 야곱은 라헬을 얻음으로 자기 삶이 구원받기를 원하면서도 사랑하는 그녀를 나락으로 밀고 있다. 야곱이 라헬을 원한 건 그녀를 통해 자신을 구하고 싶었기 때문이다.

자신의 잘못이 무엇인지도 모른 채로 사랑하여 결국엔 두 자매를 불행하게 만든 야곱이다. 라헬과 레아가 상처 입고, 서로에게 상처를 입히면서 불행해지는 동안 자기 잘못은 없다고 생각하고 그 잘못은 깨닫지 못한다. 사랑이라 이름 한 상처다.

라헬과 그 밖의 여자들

깜깜한 밤, 빛도 없는 어둠 속에서 상대를 보지 못하고 오직 육체적 관계만 있었다면 그것은 사랑하는 관계가 아니다. 자신이 욕망하는 라헬 외에는 그저 동물적 배설에 불과했다. 그러므로 육체적 관계로 인해 파생된 그 무엇도 야곱에겐 아무런 의미를 담지 못하기에 레아와 하녀들, 그리고 그들이 낳은 자신의 아들들에게 눈길조차 머물지 않는다.

여러 여자를 취하면서도 라헬을 향한 편협한 야곱의 사랑은 잠자리를 같이한 아내들에게 비굴한 수치심을 안긴다. 자신으로 인한 상대의 결핍에 지독하리만치 무신경하다. 오직 야곱으로만 채울 수 있는 아내들의 결핍은 결코 채울 수 없는 깨진 항아리와 같다.

그래서 레아는 자신이 야곱의 아들들을 계속해 출산하면서도 그에게 사랑받는다고 느껴 본 적이 없다. 시선이 머무는 곳에 사랑이 머무는 법이니까...

더구나 야곱은 요셉을 얻은 뒤엔 더욱 편협한 사랑을 한다. 세상의 모든 것을 차지한 것 같은 감격에 싸여 요셉 외에 모든 자식들을 버릴 만큼 파렴치한 아버지가 된다. 야곱의 사랑은 늘 자신의 감정에만 충실한 사랑이었기에 이기적이며 편협한 사랑이다. 그래서 그의 사랑은 라헬과 그 밖의 여자들로 나뉜다.

레아와 라헬은 야곱을 독점하기 위해 끊임없이 서로를 견제하고 질투한다. 야곱이 에서가 가진 것을 끊임없이 빼앗으려 하고 질투했던 것처럼 이젠 야곱 자신이 자신의 아내들이자 자매인 레아와 라헬의 질투의 원인이 된다.

질투는 자신이 가지고 있는 것을 다른 사람이 빼앗아 갈까 염려하는 두려움으로 사랑을 확인하는 계기로 작용한다. 질투하는 자를 송두리째 집어삼켜 온 마음과 몸을 지배한다. 통제 불가능한 질투는 강하고 파괴적이고 사악한 감정이 숨어있다.

고혜경은 시기와 질투를 구분한다.

"흔히 시기와 질투를 구분 없이 사용하지만, 사실은 다른 감정이다. 질투는 자기가 가진 것을 타인이 앗아갈까 염려하는 두려움이라면, 시기는 다른 사람이 가진 것에 대해 내는 욕심이다. 자기에겐 없는 것 같은데 다른 사람은 가지고 있는 것 같은 행복, 지혜, 아름다움,

부, 젊음, 친밀감 등을 부러워하는 감정이며 사실 상당 부분은 자기연
민이 차지한다"

시몬 드 보봐르의 표현대로 사랑의 관계에서 주도권을 쥐는 쪽은
남성인 반면, 여성은 자신을 포기하는 쪽을 택할 뿐이다. 사랑은 여
성으로 하여금 남성에게 복종하는 것을 감내하게 만드는 일에 지나
지 않았다. 권력과 힘의 원천은 남편 야곱의 사랑이다.

라헬과 레아가 야곱의 사랑을 바라는 것은 그녀들의 자기만족을
위한 수단이다. 그저 자신이 다른 아내들보다 더 사랑받는 여자가
되고 싶었을 뿐이고, 자기 자매에게 부러움을 사고 싶고, 자신의 사
랑받음이 상대의 질투를 유발하여 만족감을 누리고 싶었을 뿐이다.
라헬과 레아의 시기와 질투는 그녀들의 세계가 너무도 협소해, 그
대상이 남편 야곱에게 한정되어 있다는 비극에 갇혀있다.

라헬의 불안한 사랑

그의 다정함에 설레이는 마음과 거부하는 마음이 양날의 검처럼
내 안에서 치열하게 다툰다. 그의 친절은 내가 사랑하는 '사랑'의
모습과 닮아서 그의 마음도 나와 같으려나 하는 착각을 하게 된다.

야곱, 그는 나의 행복의 근원이며 불행의 원인이다. 그러나 나는
야곱을 미워하기보다 레아를 미워하기로 했다. 모든 불행의 씨앗
이 거대한 싹을 틔워 나를 삼킨다. 온통 레아에게 죄와 원망의 화살
을 돌린다. 레아가 빼앗아 간 나의 첫날밤, 남편, 아내의 자리. 이미
망쳐버린 결혼 생활은 질서를 잃은 혼란 그 자체다. 두 번째 부인이

되어버린 현실은 마치 첩이라도 되는 양 취급되고 있다. 비참한 기분이다. 세상의 질서에 끊임없이 위축되고 위협받는다.

그러나 야곱은 흔들림이 없다. 도둑 결혼 이후 그는 묘하게 내게 비협조적이다. 생각지도 않은 여러 아내를 얻은 일이 꽤 만족스러워 보이는 것은 절대 나만의 착각이 아닐 것이다. 남자들에 의해 결정지어진 운명, 아버지와 야곱에 의해 두 번째 부인으로 선택된 밤, 그와 나의 동상이몽은 무엇으로도 합일점을 찾지 못할 것이다.

서로의 마음을 확인했던 순간의 기쁨은 이미 물 건너갔고 결혼에 대한 환상은 깨져버렸다. 그는 내가 무엇을 원하는지 관심조차 없고 오직 자신이 원하는 바만 취할 뿐이다. 모든 사내들이 그렇듯이 아름답고 잘 가꿔진 여자를 아내로 들이고, 결혼이라는 제도로 묶어둔 뒤에는 소홀히 여긴다. 아내를 두고 다른 여자를 끊임없이 원하는 남자의 속성은 야곱이라고 다를 바 없음이 드러났을 뿐이다.

사랑하는데 비법 따위는 없다. 사랑처럼 유동적이고 비합리적인 감정은 없다. 내 마음대로 되지 않을 뿐만 아니라 계획대로 되지도 않는다. 관계의 실패는 대개 의사소통의 실패로 비롯된다. 같은 집에 살지만, 많은 아내로 인한 의식의 분열은 오직 한 사람을 위한 합일과 결합을 이루기 힘들게 만든다.

나의 불행은 아이를 낳지 못함에도 있다. 불임의 원인이 남편에게 있음을 주장했지만, 우리의 대화는 서로에게 원하는 답을 주지 못하고 결국 하나님을 향한 원망으로 끝맺었다. 나를 조금도 이해해 주지 않는 그와의 대화는 나를 더욱 미치게 만든다. 다른 사람들 앞에선 나만을 사랑하는 것처럼 굴기에, 사랑을 빌미로 야곱을 내 입맛대로 변화시키고 싶지만, 그 또한 헛된 꿈에 불과하다는 걸 잘 안다. 그는 내가 원하는 대로 움직여 주지 않는 남편이다. 그러나 그 사람 외엔 대안이 없다는 사실이 더 비참하다. 그저 그의 사랑을 갈구할 뿐이다.

야곱이 내게 넘긴 잠자리 배분권조차도 권력이 될 수 없었다. 남편의 품에 다른 여자를 안기는 권리를 가졌다는 것은 그에게 면죄부만 줄 뿐이고 더욱 나 자신을 비참하게 만드는 일이었다. 그토록 나만을 사랑한다면서 고민도 없이 다른 여자를 품에 안는 야곱이다. 당당하게 다른 아내들과 잠자리하고 아이를 낳은 그를 내가 온전히 소유했다고 말할 수 있을까? 그가 나만의 남자이기는 한 걸까? 분노와 목마름으로 허덕이는 삶이다. 버림받음에 대한 불안과 여전히 나만을 사랑한다는 남편에 대한 애증으로 혼란만 가중될 뿐이다.

남편과의 잠자리 쟁탈전은 아내들이 서로에게 입히는 상처로 인해 집 안에는 보이지 않는 피 냄새가 떠나지 않았다. 야곱과는 사랑의 방법이 서로 달랐기에 틈을 좁힐 수 없다. 마음을 억누르고 머리를 굴려 밀당을 해보았지만, 칼자루를 쥔 자는 언제나 야곱이다.

조급한 마음에 내 여종 빌하를 야곱의 침실에 들이민 것 또한 나의 미련한 자충수였다. 언니를 향한 미움이 남편에게 더 많은 첩을 안긴 결과가 되었다.

사랑의 척도는 남편의 애정 정도가 아니라 자녀의 수로 증명되는 듯하다. 아이를 낳지 못하는 나를 남편이 싫어하게 될 것이라는 조바심을 떨칠 수 없다. 내 존재가 야곱으로부터 인정받는 유일한 결과가 태의 열매라는 결론이 나면 우울함에 잠겨 차라리 죽고 싶어진다. 아이를 낳지 못하는 여자라는 굴레는 나 자신을 고장 난 인형같이 느끼게 하고 열매 없는 나의 빈 가슴은 그 무엇으로도 채워지지 않는다. 야곱을 닮은 아이를 낳아 그의 품에 안겨야만 한다는 조급한 불안감이 나의 삶을 지배한다.

반짝이고 화려했던 젊은 날은 멀어져만 간다. 찬란한 젊음을 잃어가는 자신에 조급해하며 더욱 아이 낳기에 집착하는 악순환이 반복될 뿐이다. 나의 내면은 메말라가고 자신감은 바닥에 떨어져 이리저리 흩날리는 낙엽 같은 삶이 되어버렸다.

헤르만 헤세(Hermann K. Hesse)는 [페터 카멘친트]에서 에르미나를 통해 말한다.

"아, 사랑이란 우리를 행복하게 만들기 위해 있는 것은 아니에요. 그것은 우리가 고통과 인내 속에서 얼마나 견딜 수 있는지를 알려 주기 위해 있는 것 같아요"

라헬의 사랑은 배반당한 사랑, 불안한 사랑, 수치심 가득한 사랑이다. 끊임없는 기다림으로 점철된 사랑, 서로의 완전한 소유를 꿈꾸었지만, 죽을 때까지 온전히 자신의 것이 되지 못한 남자를 사랑한 비운의 여인이다.

서로가 서로만을 원한다는 착각으로 비롯된 야곱과 라헬의 사랑
은 결과적으로 현실의 괴리로 인해 파괴된 사랑이기도 하다. 착각
은 상상이 현실이 되는 과정에서 무참히 깨진다. 사랑했으나 함께
나누며 키워간 사랑이 아니라 그저 대상을 바라보며 홀로 감정을
증폭시키며 키워간 사랑에 불과하다.

그래서 결혼이라는 현실로 맞이한 그들의 사랑은 오물을 뒤집어
쓴 듯 악취 가득한 모습이었다. 거짓과 속임수, 추악한 아버지와 언
니의 욕심으로 순수했던 결혼에 대한 기대는 파괴되고 깨어져 버린
허상이 되어버렸다. 그리하여 라헬의 사랑은 수치심이 가득하다.

마사 누스바움(Martha Nussbaum)이 설명하는 수치심은 우리의 감
정이 어떻게 작용하고 사회에 영향을 미치는지를 이해하는 중요한
개념이다. 누스바움은 수치심이란 "자신이 바라는 모습에 미치지
못했다는 것을 깨달을 때 느끼는 불편한 감정"이라고 설명한다.

수치심은 우리 내면의 복잡한 감정 체계의 일부인 심리적 기능이
다. 수치심은 인간의 성격적 결함과 사회적 인정에 대한 욕구의 부
족함에서 비롯된다. 이러한 부족함을 채우고 더 나아지고 싶은 욕
구에서 수치심이 생긴다고 누스바움은 설명한다. 이는 자신의 전체
적인 모습에 대한 평가와 관련된다.

누스바움은 감정을 어떻게 건설적으로 다루어 수치심이 개인의
존엄성을 해치지 않으면서도 긍정적 변화를 도모하고 끌어낼까?
하는 질문을 던진다.

라헬은 아이를 낳지 못한다는 그녀의 육신적 한계로 인해 수치심에서 벗어나지 못했다. 결혼 이후 평생을 아이를 낳지 못한다는 자신의 수치심과 싸웠다. 그녀를 옥죄는 수치심은 오직 야곱의 아이를 하나라도 더 낳는 일로만 극복될 수 있다고 생각했다.

자신을 임신시키라고 야곱을 향해 악다구니를 늘어놓은 라헬의 심정은 제발 임신하고 싶다는 간절한 소망을 담은 절규다(창30:1,2). 자기가 마음대로 임신시킬 능력을 갖춘 하나님이냐고 반문하는 야곱이 야속하다. 라헬의 투정을 귀찮아하는 모습이 역력하다. 긴 세월 동안 아이를 낳지 못해 초조한 라헬은 그저 야곱이 자신을 여전히 사랑하며 자식을 낳든 못낳든 상관없이 사랑한다는 위로를 받고 싶은 마음이었다.

대부분 사람은 상대로부터 사랑받고 있다고 느끼기보다 자기가 상대를 더 사랑하고 있다고 느낀다. 바로 그 점에서 억울하고 손해 보는 감정을 가지게 된다. 라헬은 지금 너무 억울하다. 야곱은 자신과 있을 때도 모두의 앞에서도 무심하다. 그가 정말 날 사랑하긴 하는 걸까? 하는 의문이 들 수밖에 없다.

사랑은 상대에게 확실히 전달되어야 사랑이다. 상대가 사랑받는다고 느끼게 해줘야 사랑이다. 사랑한다고 생각하는 남자와 여자는 서로를 누구보다 잘 이해하고 잘 알고 있다고 착각하는데 라헬은 자신이 야곱에게 이해받을 수 있다고 착각하고 있다.

야곱의 말 속에 짜증이 잔뜩 묻어난다. 사랑하는 사람의 상처를 어루만지거나 다독이는 마음의 여유도 없이 그저 자신을 변호하기

바쁘다. 야곱의 변명은 공격적인 형태로 표출된다.

정서적으로 고통 받고 있는 사람의 입을 막는 데만 관심이 있는 야곱이다. 잔소리는 한마디도 듣지 않겠다는 단호한 태도에서 이기적인 성품이 보인다. 야곱은 라헬이 아이를 낳아도, 낳지 못해도 아무 상관이 없는 듯 행동한다.

이러한 야곱의 감정을 몰랐을 리 없기에 라헬은 더욱 아이 낳기에 집착한다. 라헬이 야곱을 사랑하는 마음보다 야곱의 아이를 낳는 일에 더 집착하는 것은 자신만이 야곱의 진정한 아내이기에 그 위치를 잃지 않겠다는 자존심과 의지의 표현이다. 그러나 그들의 결혼이 왜곡되고 뒤틀려 망쳐진 것처럼 그들의 사랑도 뒤틀려 일그러지고 말았다.

라헬은 결혼으로 얽히고 망가진 자신의 인생 과제 앞에서 삶의 방향성과 주체성을 잃어버린 듯하다. 라헬의 삶은 사람들이 만들어 놓은 세상의 잣대 위에서 늘 불안하다. 스스로 해결할 수 없는 수렁에 빠진 듯 채워지지 않는 욕망은 불안을 증폭시키고 그녀를 아이 낳는 일에 더욱더 집착하게 할 뿐이었다.

라캉은 욕망이 절대 채워질 수 없는 '부족함'과 연결되어 있다고 말한다. 항상 부족하다고 느끼는 상태가 욕망이다. 채워지지 않는 결핍으로 인한 불안은 뫼비우스 띠처럼 반복을 거듭할 뿐이다. 라캉은 "인간의 욕망은 타자의 욕망이다"라고 말한다. 타인이 가치 있게 여기는 것을 욕망하는 것은 욕망이 사회적 맥락과 타인의 욕망으로 형성되는 것임을 의미한다.

레아의 염치없는 사랑

맹자가 강조한 염치(廉恥)는 인간이 본래 지녀야 할 도덕성과 존엄성을 위한 중요한 덕목이다. 맹자는 염치를 '올바른 행동을 실천하도록 이끄는 내면의 힘'으로 보았다. '부끄러운 마음이 없으면 인간이 아니다'(無羞惡之心非人也) 라고 말하면서 인간됨의 기준이자 도덕적 행동의 출발점을 '염치'로 보았다. 그래서 수오지심(羞惡之心), 즉 부끄러워하고 악을 미워하는 마음이 도덕적 행동의 자연스러운 원천이 된다고 보았다.

동생 라헬의 남편이 될 야곱을 빼앗아 도둑 결혼한 레아는 7년의 세월 동안 야곱의 아이를 여럿 낳으며 변함없이 그리고 집요하게 야곱의 사랑을 갈구한다. 그러나 그녀의 염치없는 사랑과 욕망은 결코 충족되지 못한다.

레아는 도덕적 규칙과 가치를 무시하는 몰염치한 신부 바꿔치기를 감행한 당사자로 염치가 있다고 보기 어렵다. 레아가 염치가 있었다면 라헬과 야곱에게 준 피해를 인식하고 자기 잘못을 깨닫고 사과하며 관계 회복을 위해 노력해야 했다. 그러나 레아는 염치없이 오히려 가당찮은 수치심을 느낀다. 그녀의 수치심은 자신이 당당한 정실부인으로서 남편의 사랑과 관심 안에 있지 못함에 있다. 레아는 자신의 남편을 라헬에게 뺏긴 것처럼 행동한다. 그리고 그런 상황을 분하게 여긴다. 자신이 라헬의 것을 빼앗아 억지로 취하였다는 생각은 하지 않는다.

레아가 스스로 자각 하지 못하는 죄는 내면의 죄이다. 내면의 죄는 타인의 눈에 보이지 않으므로 마치 죄를 짓지 않은 듯 스스로 속인다. 자신의 죄를 스스로 눈에서 가리고 눈을 감고 있으면서 죄와 상관없는 듯 행동하는 것이다. 이는 전능하신 하나님의 눈에 감출 수 없음을 잊은 까닭이다. 하늘 아래 숨길 수 있는 죄는 없다. 드러난 죄든 드러나지 않은 죄든 죄는 죄일 뿐이다. 자신의 유익을 따라 타인의 것을 취해놓고도 자신의 의지와는 상관없이 벌어진 일이라는 비겁한 변명을 늘어놓는다고 죄가 사해지진 않는다.

레아의 시선이 머무는 곳

인간의 시선이 향하는 곳은 그 사람의 삶의 방향성을 보여 준다. 하와는 먹음직한 선악과를 보았고, 아담과 하와는 서로의 벌거벗은 몸을 보았다. 왕들은 아름다운 남의 아내들을 보았고, 아브라함은 하늘의 뭇별들을 보았다. 라반은 리브가가 늙은 종에게 받은 팔찌와 귀걸이를 보았고, 이삭은 에서의 사냥한 고기를 보았다. 리브가는 야곱을, 야곱은 장자권과 라헬을 보았다. 야곱의 아내들은 야곱을 보았고, 보디발의 아내는 요셉을 보았다.

이렇듯 사람의 시선이 머무는 곳은 자신을 드러내 보이는 창문과 같은 역할을 한다. 사람은 타인과 세상을 보며 선택적으로 자기 눈에 좋은 것을 취한다. '본다'는 행위를 통하여 자신이 보고 싶은 것만 보고 본 것만 믿는 편협함에 머물기도 하지만, 본다는 것으로 우리가 사는 이 세상과 담담하게 객관적인 관계를 맺을 수 있다. '봄'으로써 우리에게 세계를 보는 다양한 시선과 넓은 지평이 열리기도 한다. 온갖 대상을 분별하고 정돈하고 묶어주어 다양한 세계를 경험케 하는 것이 '봄'으로써 일어나는 일이다.

숨은 내면은 자신의 눈을 통해 드러나고 상대의 눈을 통해서도 드러나기에 눈을 보면 두려움과 그리움, 오만, 자비, 경멸, 질투와 거짓을 알 수 있다. 눈을 통해 봄으로써 세상은 내 안으로 들어오고 나는 세상 속에 드러나게 된다. 올바른 세계관은 일상의 눈길을 통해 자신이 드러남으로 보인다.

사랑하는 것은 서로를 '보는' 일이다. 서로를 좋아한다는 증거는 모든 장애물에도 불구하고 간절히 서로를 보기 위해 노력하는 일이다. 그런데 한쪽이 어느 순간 노력을 하지 않게 되면 그 사랑은 식어버린다. 사랑에 빠져 상대가 나를 바라보기를 간절히 바라지만, 상대는 나를 보지 않고 나만 상대를 바라본다면 그런 사랑은 외사랑이다.

성서는 레아의 눈을 언급하며 그녀가 시력이 약하다고 말한다. 눈에 생기가 없었다고 말하기도 한다. 이는 여성으로서 매력이 없다는 부정적 의미를 담고 있다,

탈굼(Targum)은 레아의 눈에 표현된 '부족하다'라는 의미를 '레아의 눈이 사랑스럽고 부드럽다'라고 번역한다. 칠십인 역(LXX)은 '레아의 눈이 얇다'라고 번역하는데, 이는 가늘고 작은 눈을 의미한다. 크고 둥근 눈을 아름다운 눈으로 보던 당시의 기준에선 아름답지 않은 눈을 가졌다는 의미이다.

가늘게 뜨고 흘깃흘깃 보는 눈은 무엇인가를 몰래 훔쳐봄을 의미하기도 한다. 눈이 흐릿함이란 사물을 구별할 능력이 부족하고 분별력을 상실했다는 것으로 볼 수 있다. 반면에 눈이 또렷하고 총기가 서려 있으면 사물을 판단하고 명확히 보는 능력을 갖췄다고 해

석한다. 레아는 끊임없이 흘깃흘깃 야곱을 훔쳐보지만, 야곱이 눈길조차 주지 않음에 실망하여 눈의 생기를 잃은 것이라 보인다.

　사랑하는 마음은 눈에 담긴다. 눈을 보며 연인이 사랑을 나눈다는 의미에서 눈이 흐릿함이란 사랑받지 못하는 레아의 현재와 미래를 의미한다. 동생의 것을 흘깃대며 탐내는 눈을 가진 레아, 그녀가 맑고 깨끗한 눈을 가질 수 없었던 것은 동생의 남편 될 야곱에게 몰래 품은 마음 때문이다. 레아의 눈 안에선 사악한 감정이 넘실댄다. 진폭이 큰 거대한 감정을 눈 안에 담고 있었기에 성서가 굳이 그녀의 눈을 언급한 것이다.

　눈에서 가까우면 마음에서도 가까워진다는 '사회적 근접성'은 그 물리적 근접성으로 인해 소위 '근거리 효과'를 발휘한다. 가까이에서 자주 만나는 게 가능한 사람을 사랑의 대상으로 선택할 확률이 높다. 레아가 속한 세계는 좁고, 결혼할 대상이 될 만한 남자는 제한적이다. 레아로선 날마다 자신의 눈앞에 서성대는 야곱을 사랑하지 않을 수 없었을 것이다.

　레아는 간절히 야곱의 범위에 속하고 싶어 한다. 그러나 레아의 눈빛이 흐리다는 것은 상징적 의미에서 야곱의 관심밖에 있었으며 그 경계 안에도 속하지 못했음을 의미한다. 범위는 경계, 한계, 어떤 것을 구분 짓는 선, 지리적 경계뿐 아니라 심리적, 사회적, 법적 경계를 포함하여 사람의 행동과 상호작용에 중요한 역할을 한다. 개인과 집단의 정체성을 형성하고 질서를 유지하는 선이다.

　개인의 정체성과 자아를 보호하기 위한 정신적 경계를 의미하는 범위는 야곱 자신의 감정, 생각, 행동에 대한 경계를 설정하며 자신의 영역을 지키려는 선이기도 하다. 레아가 부지런히 야곱을 눈에 담으려 그녀의 눈으로 야곱을 쫓았지만 야곱은 레아의 눈에 온전히 담기지 않은 것이다.

그녀의 눈이 흐려진 까닭은 야곱을 향해 흘린 눈물 때문이다. 야곱은 라헬만 바라보고 있었기에 레아는 애달픈 마음과 치밀어 오르는 질투를 잠재울 길이 없다.

레아가 라반의 제안을 승낙하지 않았다면 신방에 들어가지 못했을 것이다. 야곱을 가질 수만 있다면 무엇이든 포기해도 좋다는 생각의 레아였기에 도둑 결혼조차도 감행할 수 있었다. 레아의 소망은 야곱의 범위 안에 속하는 것이었기 때문이다. 그녀는 그토록 갈망하던 야곱의 범위 안에 법적 영역으로 속할 수 있었으나, 야곱의 감정적 영역 안으로는 들어가지 못했다.

야곱과 레아의 어긋난 눈길

나는 늘 당신을 바라보고 있어요. 손을 뻗으면 닿을 것 같은 거리에 있는 당신이지만, 온전히 닿을 수 없었어요. 닿을 듯 닿지 않아서 먼발치에서 훔쳐보며 손끝에 힘을 쥐고 손을 뻗어 움켜쥐고 싶었어요. 늘 당신을 가지고 싶었어요. 나는 당신의 전부가 되고 싶어요. 당신을 얻을 수만 있다면 무슨 짓이라도 할 수 있을 것 같아요. 당신을 갈구하는 목마름과 집착과 미련은 당신을 향한 욕망과 함께 자라나며 나의 삶에 의미가 되었어요. 나는 늘 당신의 영역 안에 있기를 소망해요.

'눈으로 본다는 것은 이미 접촉하는 것이다'라는 말이 있지요. 나는 매일 나의 눈빛으로 당신을 어루만지고 있어요. 나를 보세요. 세상에 이처럼 간절히 당신을 원하는 사람이 있음을 알아주세요.

한순간만이라도 당신을 온전히 소유할 수 있다면 어떤 대가라도 치르리라 마음먹었어요. 오래전부터 홀로 가슴에 품어온 당신을 포기하는 것은 나의 삶을 포기하는 것이기 때문이지요. 다른 선택지 따윈 없어요. 한순간만이라도 야곱, 당신에게 닿을 수 있다면 어떤 값이라도 치르겠어요.

7년 약속이 마감되던 그 날, 아버지의 도둑 결혼 제안은 나의 삶에 한 줄기 빛이 비친 것 같았죠. '지성이면 감천'이라고 하나님도 나를 버리지 않았다는 확신까지 주었어요. 나의 오랜 사랑이 드디어 결실을 맺은 거예요. 야곱, 당신을 향한 희망 없는 사랑에서 완전히 배제되기 전에 당신을 나의 것으로 만들고 싶어요. 당신에게 닿고 싶어요.

빠르게 나는 새를 쫓아 팽팽한 활시위를 겨누며 어설프게 움직이는 것은 어리석은 일이죠. 새가 멈춰 앉길 기다리는 것이 사냥에 성공할 확률이 높기 때문이랍니다. 기다린다는 것은 새가 날아가는 뒤꽁무니를 쫓는 게 아니라 새가 날아갈 곳을 미리 알고 겨누고 있어야 하는 것이죠. 정말로 사슴이 필요한 자는 사슴이 갈 곳에, 미리 덫을 놓아 잡죠. 덫을 놓는 것이 사냥보다 확실한 방법이기 때문이에요. 무언가를 원하고 가진다는 건 그렇게나 천박한 것이란 사실을 난 잘 알고 있어요.

야곱과 함께하고픈 지독한 갈망이 레아의 도덕적 잣대까지도 흐릿하게 만들었다. 여동생의 남편이 될 사람을 탐하고 얼굴을 붉히고 그가 자기 남편이 되길 꿈꾼다. 남의 남자를 넘보는 삶, 감히 바라보는 것조차 죄가 되고 희망을 품는 것조차 죄임을 알면서도 죄인의 길을 기꺼이 소망하는 레아다.

사랑을 노력으로 얻을 수 있을 것이라는 레아의 착각은 바랐던 혼자만의 사랑을 실현하여 야곱을 라헬보다 먼저 차지했다. 그러나 그뿐이었다. 야곱은 레아에게 눈길조차 주지 않았다. 야곱의 시선은 오직 라헬에게만 머물렀기에, 레아는 야곱을 계속 보았지만 그들의 눈길은 마주치지 않았다. 서로 어긋나는 '시선'과 '봄'이다.

야곱과 레아는 계속 서로 다른 것을 본다. 야곱의 신방에 들어와 레아가 라헬인 척하고 첫날밤을 보낼 때도 야곱은 라헬이라 믿고 신부를 보지 않았다. 이로써 레아의 흐린 눈의 추악한 의미는 버젓이 보고 알면서도 타인을 속인 눈이 된다.

레아가 야곱을 욕망하는 것은 야곱의 시선이 자신에게 머무르는 것이다. 그의 아이를 여럿 낳는 동안에도 야곱은 레아를 돌아보지 않는다. 그러나 레아는 끝까지 포기하지 않았다. 야곱이 그녀의 모든 것이며 삶의 이유이기 때문이다.

레아의 야곱을 향한 집착이 성서엔 소극적으로 표현되지만, 그것은 그녀가 사회적 절대 약자인 여자이기 까닭이지 감정적으로 라헬을 향한 야곱의 집착보다 약해서가 아니다. 레아의 마음속에서 자신에게 돌아오는 도돌이표로 울리고 있는 사랑은 지독하리만치 이기적인 자기 위안이다.

레아를 야곱이 돌아보고 사랑했다는 성서의 언급은 없다. 그러나 레아의 일생을 통한 강렬하고 일관된 야곱을 향한 사랑은 결국 야곱의 인정을 받아 조상의 무덤에 묻히는 영광을 차지하며 마무리된다.

야곱과 라반의 물질 사랑

근대화에 따른 여러 가지 사회악과 물질문명에 대한 숭배는 서양 문화를 무비판적으로 받아들인 결과로 인식한다. 그러나 물질에 대한 맹목적 숭배는 물질문명이 발생한 이래로 이어져 내려왔다.

타인의 것을 빼앗아서라도 자신의 욕심을 채우고야마는 야곱과 라반은 닮은 듯 다른 인물이다. 하나님보다 물질을 더 사랑하니 그들의 삶에서 시기 질투, 미움, 증오가 떠나지 않고 물질 때문에 인간관계가 망가진다(골3:5; 딤전6:10; 딤후3:2; 히13:5).

야곱과 라반은 이 세상의 재물과 육신 영달에 모든 관심을 둔 자였다. 세상에서의 성공이 삶의 큰 가치였고 자기 일신의 안위가 중요했다. 인간은 돈, 성, 권력을 탐한다. 무엇을 가지거나 차지하고 싶은 마음이 탐심이다.

그러나 하나님은 결코 탐심 위에 하나님의 나라를 세우시지 않는다. 하나님과 재물을 겸하여 섬기지 못함을 말씀하고 있다(마6:24).

이는 두 주인을 섬기는 일과 같다고 비유한다. 육신의 생각은 사망이고 영의 생각은 생명과 평안이라는 말씀은 세상 근심은 사망을 이루는 것이라는 말씀이다(롬8:6).

　야곱과 라반은 육신의 생각에 사로잡힌 기회주의자로 비굴하고 뻔뻔한 자이며 거짓말하는 자 탐욕스러운 자들이다. 결국 가증스러운 라반은 기복신앙과 우상 숭배의 죄를 돌이키지 못하고 멸망의 길에 서지만 추악한 인간적 약점에도 불구하고 하나님의 편에 선 야곱은 이스라엘을 이룬다.

결혼

נשואין nissu'in

נשואין 니슈인

성서가 말하는 결혼

세상의 모든 동물이 짝짓기를 하지만 결혼이란 제도적 틀에 매여 있는 것은 인간이 유일하다. 버트란트 러셀(Bertrand Russell)이 '결혼 풍습은 본능적인 요소, 경제적인 요소, 종교적인 요소, 이 세 가지의 혼합물'이라고 말한 것처럼, 결혼은 남녀 간의 지속적인 성적, 경제적, 사회적 결합을 의미한다. 결혼은 당사자뿐 아니라 그들을 둘러싸고 있는 가족, 친족, 공동체 간의 결합에 중요한 계기를 제공하지만 법률적인 측면도 무시할 수 없다. 법률적인 제도라는 면에서 다른 성관계와 구분된다.

결혼은 인류 역사를 통해 여러 형태로 발전해 왔다. 결혼을 통해 두 사람이 함께함과 동시에 독립적인 개인으로 남으려 하는 긴장감 속에서 균형을 이루어 가며 살아가려는 것이다.

모로코에는 "결혼이 종교를 완성한다"라는 말이 있다. 이는 결혼으로 인간이 온전한 성인이 되는 것이며 결혼 생활의 다변적인 여러 요소가 종교적 성숙에 이르게 함과 같다는 의미이기도 하다. 어느 사회를 막론하고 결혼은 청춘남녀를 어른으로 만드는 중요한 통과 절차이다.

사람이 혼자 사는 것이 좋지 않다고 판단하신 하나님이 하와를 창조하셔서 아담에게로 이끌어 가신다. 이는 남녀의 결혼을 계획하시고 이끄시는 이가 하나님이심을 알 수 있다(창2:24,25).

결혼으로 육체의 합일을 이루며 형성되는 친밀감은 서로에 대한 존경과 관계에 대한 존중이 필수 요건이다. 정서적, 심리적 친밀감은 성적 친밀감으로 이어지고, 합일의 기쁨을 추구하게 된다. 그들은 벌거벗었으나 부끄러워하지 않는다. 육체적 결점이 없는 완벽한 상태여서가 아니라, 최초의 결혼은 처음부터 수치심이 없는 상태로 계획되었기 때문이다. 그러나 죄가 세상에 들어오고 육체적, 도덕적 잘못들이 세상에 들어와 별안간 자신들의 몸을 자각하게 되었다.

선악과를 먹은 아담과 하와는 벌거벗은 자기 몸을 보는 상대에게 수치심을 느낀다. 이는 더는 상대가 믿을만한 존재가 아님을 의미한다. 피차 수치심을 느꼈다는 것은 상대가 자신에게 수치심을 줄까 봐 두렵다는 의미이기도 하다.

분리되어 있던 두 사람이 다시 하나가 되려는 것이 결혼이다. 분리된 둘이 하나의 삶을 이루어 가는 모든 관계의 기본이 되는 생명의 원천적 기원이 결혼으로 비롯됨을 의미한다. 하나 된 두 사람이 벌거벗었으나 수치스럽지 않은 관계가 결혼이다.

결혼과 약속

배우자에 대한 충절은 신성한 약속이다. 인생의 순간순간에 매복한 유혹에 빠지지 않고 배우자에 대한 약속을 지키자는 도덕적 요구이다. '약속'은 '미덕'의 직접적인 표현이다. '미덕(virtve)'의 반대말인 '악덕(vice)'은 본디 '돈다'라는 의미다. 즉 고개를 돌려 세이렌의 노래에 넘어가는 게 '악덕'이다. 결혼 생활 동안 부부가 맹세한 방향으로부터 이탈하지 않는 정직함과 지속하는 힘이 '미덕'이다.

결혼 생활 동안 배우자 외의 다른 것에 한눈팔지 않겠다는 약속은 우리의 의지로 미래를 지배하겠다는 굳은 맹세다. 그러나 결혼을 통해 약속된 것들의 책임감을 피차에게 지운다. 결혼의 약속은 혼자 하는 것이 아니기 때문이다. 결혼할 때 우리는 사랑하는 사람과 영원토록 함께 하리라는 고결한 사기에 가담하는 공범자가 된다.

사랑의 완성이 결혼이 아니다. 결혼의 입장에선 끝이 아니라 시작일 뿐이기 때문이다. 결혼이란 따로 떨어져 살던 두 사람이 어느 날 갑자기 함께 사는 법을 배워나가는 연극무대에 올라선 것과 같다. 첫눈에 반하고 사랑에 빠져서 목숨을 걸 만큼 사랑한다 해도, 이제 겨우 결혼으로 새로운 삶이 시작된 것이다. 그러므로 그들이 행복한 결혼 생활을 할지는 미지수이다. 살아보지 않고는 모르는 일이기 때문이다.

결혼에 대한 남과 여의 다름과 차이

수많은 신부들은 결혼식 날 눈물을 흘린다. 여성들은 본능적으로 결혼과 동시에 자기 내면의 처녀가 죽게 된다는 사실을 알기 때문이다. 여성이 결혼 생활을 시작하면 자기 결정권과 자유가 퇴행한다. 원래 처녀라는 의미는 자신의 성이 온전히 자기 것이란 뜻이다. 여성이 결혼으로 인해 남성을 받아들임으로 얻게 된 새 생명으로 인해 그녀의 성은 온전히 자신의 것이 아니게 된다.

남성들은 자기 삶에서 이 같은 경험을 해본 적이 없기에 여성의 내면에서 일어나는 '죽음과 부활'을 이해하지 못한다. 남성은 자기가 아내 내면에 존재하는 처녀성을 죽게 했다는 사실을 이해하지 못한다.

서로 다른 두 사람이 만나 각자 그동안 살면서 지켜왔던 문화적 틀을 부수지 않고 지켜나가며 살아가는 것이 가능하긴 한 것인가? 사랑과 결혼에서 종종 터져 나오는 내재적 감정, 곧 분노와 불만과 실망은 사회와 문화가 강요하는 질서 때문에 빚어진다. 모순은 문화의 불가피한 부분이다. 살아온 역사와 문화가 다른 남녀가 모순을 해결하거나 지배하거나 자기식으로만 이해하려는 탓에 극복은 어려워진다. 사적이며 유일한 두 사람의 경험과 감정생활을 다스리는 방식의 변화에서 밀도와 질적 변화를 기대한다면 평등하면서 하나가 되기를 서로 보장하고 남편과 아내의 역할이란 강제에 융통성을 발휘해야 한다.

야곱의 신부값

고대에도 결혼은 두 집안 간의 약속일 뿐 아니라 친족과 이웃들에게도 공인된 의식이었다. 남녀 간의 결혼은 인적교류를 넘어 가족과 종족 번영과 밀접한 연관이 있었기 때문에 결혼으로 무언가 얻고자 하는 쪽에서 그에 상응하는 대가를 제공해야 했다.

그 대표적인 예로 신랑 쪽에서 제공하는 '신부값'(bride-price)과 신부 측에서 제공하는 '신부 지참금'이 있다. 신부값은 일반적으로 재화와 노동력으로 제공되었다. 또한 여자를 보냄으로써 입게 되는 손실에 대한 보상적 성격을 띠기도 한다. 여성은 결혼 전에는 아버지의 소유물로, 결혼 후에는 남편의 소유물로 여겨졌다.

야곱이 라헬을 위해 7년의 노역을 한 것이 성서에서 신부값을 노동력으로 치른 대표적 예다. 라헬은 남자 형제들처럼 양 떼를 몰고 다니던 목자 역할을 했기에 노동력의 가치가 더 있었다. 거기에 미모까지 탁월했으며 나이도 어렸기에 레아에 비해 비싼 값에 팔릴 신부감이었다. 신랑의 노역 제공은 남자가 가난하여 신부값을 지불할 수 없을 때 행해졌다.

밧담아람에 도착한 야곱은 처음에는 손님의 자격으로 한 달간 머물며 외삼촌의 일을 도왔다. 라반에게 잘 보여야 했기에 최선을 다해 일했을 것이다. 눈치 빠른 야곱은 절대로 라반이 손해 보는 장사를 할 사람이 아니라는 것을 알았다. 야비하고 욕심 많은 자신을 능가하는 사람임을 알아챘다. 음험한 속내를 감춘 모습은 뱀이 맨살 위를 천천히 타고 오르는 듯한 소름이 돋게 했지만 라헬을 얻을 다른 방도가 없음을 알고 있었다. 움켜쥐고 끌어내려서라도 원하는 것을 얻고야 만다는 야곱의 삶의 방식이 라반 앞에선 통하지 않았다.

야곱은 라헬을 얻기 위해 결코 적지 않은 값인 7년의 노역을 제안했다. 무일푼인 남자가 치른 7년의 노동과 수고는 가혹했다. 결혼은 아무리 시대가 변하고 사회의 질서가 변해도 여전히 일생을 통해 가장 돈이 많이 드는 의례 행위이다.

자기 하객 한 명 없는 야곱의 결혼식

야곱의 결혼식에는 야곱 집안의 누군가가 참석했다는 기록이 없다. 라반의 집에서 치러진 결혼식은 한쪽으로 지나치게 기운 결혼식이었다. 야곱이 절대 을의 위치임을 절감케 하는 비참한 결혼식이다.

야곱이 신부를 알아보지 못한 사실은 눈이 잘 보이지 않는 아버지 이삭을 속여 장자권을 갈취한 그의 죗값을 치르는 듯 보인다. 눈 뜬장님처럼 자기 신부를 알아보지 못한 야곱의 어리석음은 다시금 7년의 무임금 노동이라는 가혹하고 비싼 대가를 치르게 했다. 어머니 리브가가 야곱을 형으로 둔갑시켜 이삭을 속였듯이, 외삼촌 라반은 언니 레아를 동생 라헬로 둔갑시켜 야곱을 속인다.

결혼하는 신부에게 베일은 그녀의 모든 것이 아름답고 순결함을 상징한다. 그러나 야곱의 결혼식에서 신부 베일은 속임수의 용도로 쓰였다. 야곱이 아버지를 속이기 위해 염소 털을 온몸에 둘렀던 것같이 신부의 베일에 가려진 얼굴을 확인하지 못한다. 자신의 신부를 확인하지 못한 뼈아픈 실수로 야곱은 인류 역사에서 내리 비웃음을 당한다.

신부가 베일을 쓰는 전통은 약탈혼에서 신부의 얼굴을 가리던 보자기에서 유래했는데 유대인이 결혼식 순서에서 신부의 얼굴을 확인하는 '베데켄'(Bedeken)의 전통이 세워진 것은 야곱의 실수에 그 기원을 두고 있다.

야곱은 아침이 되어서야 뒤바뀐 신부에 대해 알아차렸지만 감당할 수밖에 없었다. 라반의 강압적 권유로 레아를 안은 7일 밤은 앞으로의 삶에 대한 파란을 예견하는 날들이었다. 칼자루를 쥔 라반의 저열한 웃음 뒤에서 자신의 무능함에 고개 떨구며 모든 것이 뒤죽박죽되어 버린 근원에 자신의 책임이 있음을 야곱은 깨닫는다.

라헬을 원하는 야곱은 다시 그녀를 위한 7년의 세월을 약속할 수밖에 없었다. 라헬을 위해 완벽하게 일했던 7년은 원치 않는 7년이 덧씌워져 지긋지긋하고 무의미한 시간이 되었다.

'언니보다 아우를 먼저 주지 않는다'라는 라반의 변명은 야곱을 조롱하는 말이다(창29:26). 형의 장자권을 빼앗아 형 노릇 하려는 야곱을 비웃으며 태어난 순번을 어지럽혀서는 안된다는 세상의 논리를 빗댄 비웃음이다.

야곱이 레아를 아내로 받아들이기로 했을 때 계산적인 야곱이 7년의 품삯을 억울해하지 않았을 리가 없다. 야곱은 레아에게 딱 7년 값어치의 그 무엇을 원했을 것이다. 단지 그뿐이다. 사실상 그러한 관점에서 보면 레아는 당시 보편적인 아내의 의무, 즉 아들을 많이 낳아줌으로 야곱 집안의 노동력과 무력을 제공할 의무를 다했다고 볼 수 있다.

여자가 재산으로 치부되는 사회였기에 레아의 값을 치르고 신방을 치른 야곱에게 그녀는 돈을 주고 산 자신의 정당한 소유 그 이상의 것이 아니었다. 신부값은 남자가 여자를 자기 소유로 확실하게 인식하는 수단이고 자기 것에 대한 애착을 갖게 하는 끈과 같은 역할을 한다.

레아의 도둑 결혼

신방에 있는 내 얼굴을 살펴보지 마세요. 나는 라헬이랍니다. 라헬의 냄새가 밴 속옷을 입고, 그녀의 머릿수건을 신부 베일 밑에 둘러 라헬의 향취를 입은 나는, 당신이 원하는 라헬이랍니다. 당신은 술에 취해 몸을 제대로 가누지 못하면서도 킁킁 냄새를 맡으며 나를 확인하려 하는군요. 더듬더듬 엉금엉금 어색한 몸짓에도 자꾸만 라헬의 이름을 감격스레 부르는 당신에게 절대로 대답하지 않을 거예요. 첫날밤의 신부는 부끄러워 아무 말도 하지 못함이 흠 잡힐 일은 아니랍니다.

나에게 당신이 첫 남자이기에 나는 당신께 부끄럽지 않아요. 나는 신부로서의 신의를 지켰기 때문이랍니다. 당신은 나의 처음을 가져간 남자이기에 나의 남자임이 틀림없어요.

레아의 신부 바꿔치기와 도둑 결혼은 연극적인 요소가 가득하다. 신부의 가면을 쓰고 신방에 들어간 거짓 신부는 초야를 치름으로 가짜가 진짜로 탈바꿈되었다. 결혼식을 치른 결합이라는 법적 정당성으로 인해 레아는 면죄부를 얻은 듯 행동한다. 야곱이 결혼을 무효화 하지 않음으로 레아에게 첫 아내라는 합법적인 지위가 보장되었다.

레아의 도둑 결혼이 아버지의 지시에 따른 것이든, 자신이 원한 일이든, 비도덕적이며 믿음을 기만한 행위이며 피를 나눈 여동생의 결혼을 훔친 파렴치한 행위임은 변함없다. 이 거짓 결혼의 동조자인 레아에게 면죄부는 없다. 아버지의 지시가 있었다 해도 레아의 순종이 있었기에 일어난 일이기 때문이다.

아침에 눈을 뜨면 자신을 경멸하는 눈길로 바라볼 야곱을 마주할 두려움에 레아는 가슴이 떨려온다. 그러나 지난밤의 잘못이 드러나도 이 결혼은 취소되지 않을 것이다. 죄책감도 미안함도 잊은 뻔뻔한 얼굴로 이제 레아는 승리자의 행세를 할 일만 남아있다. 결혼식이라는 합법적인 절차를 거쳐 야곱의 첫 아내가 되었기 때문이다.

숨겨둔 욕망이 불거져 민낯을 보이는 잔인한 시간은 오고야 말았다. 첫날밤을 치른 다음 날 아침, 야곱의 고통과 후회로 일그러진 눈빛을 보고도 레아는 오직 자신의 입장에서만 생각한다. 비록 지금은 야곱이 자신을 돌아보지 않아도 언젠가는 자신에게 올 것이라는 마음으로 스스로를 위로하며 타인의 상처에는 무관심하다.

야곱은 값을 치르고 레아를 취하였기에 결혼을 통해 정당한 부부 관계가 되었다. 당시 사회적 통념대로 아무런 문제도 없을 결혼 관레였지만, 신부 바꿔치기로 인해 야곱 결혼의 근본적인 문제, 즉 약속된 신랑과 신부의 맺어짐이란 계약이 깨어져 버린다.

라헬의 도둑맞은 결혼

마법처럼 이루어지는 결혼 따윈 없었다. 협박이 있었고 따돌림 속에 나만 버려졌다. 아버지는 물건처럼 나를 팔아치웠다. 나만 아무것도 몰랐다. 언니조차 나를 속였다. 모든 기대와 꿈은 물거품처럼 사라져 버렸다. 마른하늘에 날벼락과 같은 도둑 결혼으로 남편을 빼앗기고, 여러 여자가 야곱을 갈망하는 하렘의 진창 속으로 떨어졌다.

내가 어디에 서 있는지 어느 방향으로 가야 할지 아무것도 보이지 않는 불확실함 속에서 주어진 마지막 기회가 야곱과의 합방이다. 오랫동안 기다려 왔고 당연시되었던 일이었으며, 선택의 여지조차 없기에 받아들인 치욕스러운 자리였다. 화를 낼 자격조차 주어지지 않는 7년의 기다림이 가져다 안긴 거짓이다.

그럼에도 그가 내민 손을 뿌리칠 수는 없었다. 그를 사랑한 것인지 혼란스러울 지경이었지만, 선택이라 이름 한 혼란 속에 발을 담그게 되었다. 그저 꿈을 꾼 것처럼 눈을 떴을 때 모두 사라져 버렸으면 좋겠다고 생각한다. 온 마음을 다했는데 왜 우리의 관계는 망가져 버린 걸까.

결혼식은 신부로서 축복받아야 하는 일생의 가장 중요한 행사다. 주인공이라 믿었던 결혼식 장면에서 엑스트라의 처지로 전락한 라헬이다. 라헬이 어떤 결혼식을 기대했는지 알 수 없으나, 적어도 신랑 야곱, 신부 라헬인 그런 결혼식이었다. 그러나 아버지의 주도하에 조작된 결혼식은 서로를 속이고 속이는 추악한 사기 결혼이 되었다.

라헬에겐 야곱을 포기할 수도 없고 언니의 도둑 결혼을 무를 수도 없다. 도둑 결혼으로 빼앗긴 첫째 부인의 자리를 되찾을 수도 없다. 자신의 결혼 앞에 아무런 권리나 발언권조차 없는 라헬의 비참한 결혼식이다.

서로를 원하고 진심이 통했다고 생각했던 시간은 물거품처럼 사라져 버렸다. 온 집안에서 라헬만 아무것도 몰랐다. 레아의 신부 치장을 도운 종들도, 신방을 꾸민 자들도, 아버지도, 언니도, 모두가 한통속이 되어 그녀를 속였다. 어쩌면 라헬은 아버지의 강력한 명령 속에 울부짖으며 언니에게 야곱을 양보했어야 했는지도 모른다. 결혼을 맹세한 두 사람의 약속과 서로를 향한 권리가 무서운 속도로 야곱과 라헬의 손아귀에서 마른 모래처럼 빠져나가는 밤이었다.

언니의 침상을 뒤엎고 패악질을 해대고 싶어도, 이제 언니는 야곱과 결혼식을 올린 정실부인이고 자신은 야곱과 아무 관계조차 없는 사람이다. 집안 누구도 라헬의 상처를 신경 쓰지 않는다. 오히려 비웃음과 조소를 느낄 지경이다. 그건 야곱도 마찬가지다. 오직 라헬을 얻는 일에 몰두할 뿐 라헬의 다친 마음엔 관심이 없다.

그녀에게서 야곱을 빼앗고 괴롭히고 아픔을 준 자들은 다름 아닌 그녀의 가족이다. 가족과 세상으로부터 존재를 부정당하고 버림받은 느낌. 그것이 라헬이 결혼식 날 가졌을 감정이다.

배신은 참 힘든 시험 가운데 하나다. 딸을 속인 이유가 아버지의 이득을 위해서라면 비참하다. 동생을 속인 이유가 동생의 남편을 빼앗기 위해서라면 더 비참하다. 피보다 진한 라반의 물질 우월주의와 자신의 사랑만 중요한 언니 레아의 이기주의는 라헬에게 씻을 수 없는 상처를 입혔다.

외경에 따르면 결혼식 전날 라헬은 아버지에 의해 먼 친척 집으로 심부름 보내졌고, 언니 레아가 야곱과 도둑 결혼을 한 다음 날이 되어서야 집에 돌아왔다고 한다.

결혼식 날 밤에 대한 여러 가능성이 있겠지만 그러한 상상조차 무의미하다. 오직 자기 남편이라 확정된 자를 피붙이 언니에게 빼앗기고 아버지가 그 일을 계획하고 지휘하였다는 믿을 수 없는 일이 현실이 되었다는 사실이 중요하다. 가족이 자신의 가장 잔인한 적이었다.

피가 마르고 살이 찢겨 나가듯 고통스럽고, 내장이 끊일 듯 애통한 현실이지만 라헬이 할 수 있는 일이란 없다. 결혼을 거부하고 노처녀로 평생 아버지의 집에서 노예처럼 사는 일을 선택해도 이조차도 아버지의 허락 없이는 불가능하다. 그저 물건에 불과한 딸들의 삶은 아버지가 놓은 위치가 삶의 위치가 되기 때문이다.

비틀린 감정을 추스르고 현실을 바로 바라볼 수밖에 없다. 낮게 움츠리고 납작 엎드려, 라헬은 아버지 라반의 처우를 기다릴 뿐이었다. 라헬은 자신의 결혼에 자기 의견을 전혀 낼 수 없다. 아버지의 소유물로서 야곱이 달라고 하면, 값을 받고 라반이 라헬을 주겠다고 결정하는 것이다. 선택은 아버지 라반과 남편이 될 야곱이 할 뿐이다.

지옥 같은 일주일이 지나갔다. 야곱과의 합방이 이루어졌지만, 억울하고 비참해서 죽을 것 같은 굴욕감에 온몸이 떨려온다. 7년의 기다림은 졸지에 자신을 두 번째 부인으로 전락하게 했다.

이제 라헬의 삶은 야곱의 사랑을 갈구함으로, 사랑이라 이름한 혼란과 질투와 고통이 난무하는 하렘의 지옥에 발을 담갔다. 그들의 첫날밤은 그토록 원하던 여자를 아내로 맞이한 야곱과 빼앗긴 남편을 찾은 라헬에겐 기쁨과 환희보다 혼란과 오욕의 밤이었으리라.

그날 밤 야곱

레아와 첫날밤을 보낸 뒤 매일 악몽에 시달리고 가슴을 쥐어뜯는 회한의 연속이다. 사악한 이기심으로 범벅된 7일 밤낮을 수치와 모멸감에 시달렸지만 라헬을 잃어 겪게 될 상실감에 비하면 아무것도 아니었다.

고통 속에서 지속된 7년의 거짓된 안온과 지난한 시간은 무의미하기 그지없는 시간이 되었다. 칼자루를 쥔 라반의 저열한 웃음 뒤에서 나의 무능함에 고개 떨구며 속으로 곪아갈 뿐이다. 뒤죽박죽 망가진 근원에 나의 책임이 있음을 분명히 깨닫는다.

신부를 확인 못 한 자책감. 사랑한 여인을 알아보지 못한 자신을 원망해 보지만 돌이킬 수 있는 것은 아무것도 없다. 라헬을 볼모 삼아 휘두르는 라반의 횡포에 바람을 넣어 부풀린 풍선처럼 이리저리 그저 휘둘릴 뿐이다.

사랑 앞에서 더 간절히 원하는 자는 약자일 뿐이기에, 삶의 이유가 되어버린 라헬을 얻기 위해 또다시 저당 잡힌 7년을 마땅한 형벌이라 여겼다.

나의 어리석음으로 다시금 7년의 세월을 인내하며 보내게 되리라. 치욕감이 밀려와 억울함과 모멸감에 숨쉬기조차 버겁지만 그러나 고통에 파묻히지 않고, 자책하지 않고, 앞으로 나아리라. 라헬을 얻기 위해 매일 매 순간 마음을 다잡으리라. 오직 그녀를 얻기 위해...

야곱이 라헬을 우물가에서 만나 그녀와 결혼하기까지 그의 삶의 모든 순간 라헬은 야곱의 약점이었다. 구석으로 아무리 몰려도 야곱은 라헬만은 놓지 않는다. 야곱이 자기 자신보다 더 사랑한 사람이 없음에도 라헬은 야곱에게 특별한 의미가 있는 사람이었다. 그렇기에 그녀를 갖기 위해 맹목적이었다.

은밀하고 독하게 야곱을 옥죄는 라반의 교활한 덫을 빠져나갈 길이 없다. 자신이 움켜쥔 것을 놓아야(배설하거나, 뱉어내어야) 좁은 울타리를 빠져나갈 수 있는 포도원의 여우와 같은 처지였다.

그날 밤 라헬

정말 아무것도 몰랐다. 여자들에게 위기 때마다 발동한다는 '촉'이 나에겐 일어나지 않았다. 무언가 약간의 조짐이 보였을 텐데, 나 하나를 속이기 위해 온 집안이 한통속이 되었다고 해도 미심쩍은 부분이 있었을 텐데, 설마 하는 안일함으로 보낸 시간이었다. 그 설마는 현실이 되었고 수습하기엔 이미 늦었다. 언니는 야곱의 품에 안겼다. 언니의 남편이 되어버렸다.

　나에게 주어진 시간이 있기나 한가. 그때가 언제인지도 모르기에 암흑 같은 매일 매일이 피가 마르고 살이 찢겨 나간 듯 고통스럽다. 비틀린 감정을 추스르며 그저 낮게 움츠리고 납작 엎드려 아버지의 처우를 기다릴 뿐이다.

　지옥 같은 일주일, 언니의 침상에 쳐들어가 패악을 부리고 싶은 마음이 밀려온다. 그러나 뒤엎을 용기도 없다. 그런 짓을 벌였다간 잔인한 아버지에게 무슨 해코지를 당할지 두려움을 떨쳐 버릴 수 없다.

　상황 파악을 했다고 해서 상처가 덜 아픈 건 아니다. 집안 누구도 나의 상처에 신경 쓰지 않는다. 그것은 야곱도 마찬가지다. 야곱은 나를 얻는 일에만 몰두할 뿐 상처 난 마음엔 관심이 없다. 야곱은 의지할 수 있을 만한 사람이 되지 못했다.

　첫날밤을 도둑맞고 남편을 도둑맞고 가슴을 치며 한탄해봤자 시간을 되돌릴 수도 없는 암울한 현실이다. 아버지를 뛰어넘을 수도 인간관계를 파괴할 힘도 없는 무력감에 시달리며 주어진 처지의 혹독한 아픔을 감내할 수밖에 없다.

　내 마음은 부서졌고 더 이상의 노력이 무색하지만 포기할 수도 선택의 여지도 없다. 그럼에도 그를 선택한 것은 내가 가질 수 있는 모든 것보다 그를 사랑하기 때문이다. 내가 초라해질 것을 알면서도 더 이상의 헛된 희망이 소용없음을 알기 때문이다.

지금 가질 수 있는 작은 행복마저도 잃을지 모른다는 두려움으로 남은 조각 하나라도 붙잡는다. 원래 나의 몫이 얼마였건 무의미하다. 남은 몫이 단지 한 조각뿐이고 내가 망설이는 동안 다른 누군가 집어삼킬 수 있는 불안한 상황이다. 무력해지는 자신이 싫지만 운명이란 거대한 존재 앞에 아버지의 명령을 무시했다간 상상도 못할 뒷감당이 기다리고 있음은 자명한 일이다. 버려진 딸이 혼자 남겨져서 아무리 원망을 쏟아낸들 바뀔 건 없는 현실이기 때문이다.

그날 밤 레아

야곱을 가질 수만 있다면 무엇이든 포기해도 좋다고 생각했기에 도둑 결혼조차도 감행할 수 있었다. 오래전부터 가슴에 품어온 그를 포기하는 것은 나의 삶을 포기하는 것이었기에 다른 선택지 따윈 없었다. 단 한순간만이라도 닿을 수 있다면 어떤 값이라도 치르겠다는 막연한 망상이 불러온 결과였다.

넋이 나갈 정도로 원하고 아무리 갈망해도 닿을 수 없는 존재였다. 그를 가질 수만 있다면 무엇이든 포기해도 좋다고 생각하며 야곱이 아버지의 집에 발을 들여놓았던 7년 전 그때부터 오랜 시간 동안 나는 홀로 사랑의 열병을 앓아왔다.

그에게서 잊히기 전에 그를 향한 희망 없는 사랑에서 멀어지기 전에 내 사람으로 만들고 싶다는 집착이었다.

그의 시선 속엔 언제나 내가 없었지만 나의 시선엔 늘 야곱이 있다. 내가 아무리 쫓아가도 다가갈 수 없었지만 욕심이 생겨버렸다.

어떤 추잡한 거래라 해도 당신을 얻을 수만 있다면 보잘것없는 나의 삶을 통째로 내어주어도 좋을 것만 같았다. 의미 없던 나의 삶에 의미가 되어 준 사람, 야곱 그를 얻을 수만 있다면 어떤 삶의 무게도 감당하리라.

온전한 내 것으로 갖고 싶었던 마음, 지독한 갈망으로 더러운 짓을 저질렀지만 야곱이 곁에 없다는 걸 상상하기도 싫다. 당신을 가질 수 있다면 어떤 대가라도 치르리라, 동생 라헬을 제물 삼아 신방을 차지하리라 다짐했다.

라헬의 첫날밤을 도둑질하여 거짓 신부가 되었지만 꿈을 꾼 것처럼 전부 다 사라져 버릴까 초조하고 두려운 밤이었다. 아침에 눈을 뜨면 마주하게 될 야곱의 눈길보다 더욱 커다란 두려움은 정녕 야곱이 내 남편이 되었는가... 이다.

아침이 밝아오면 돌이킬 수 없는 지난밤의 잘못이 드러나겠지만 가둬둔 댐에 물이 터지듯 빠르게 지난밤 이야기는 기정사실화될 것이다.

다음 날 아침 야곱

달빛 아래 백만 송이 꽃이 핀 향기로운 정원에 있는 것처럼 황홀하고 아름답고 행복한 밤이었다. 꿈을 꾼 것이라면 그 꿈속에서 영원토록 살고 싶었다. 사랑의 완성이란 이런 것인가 보다. 지난밤의 달콤한 여운에서 들뜬 나는 라헬의 사랑스러운 어깨를 더듬으며 모로 누운 그녀의 몸을 내 쪽으로 돌렸다.

그러나 그 순간 나의 심장은 얼어붙은 듯 차갑게 식어버렸다. 라헬이 아니었다. 수줍은 듯 일어나 얼굴을 붉히며 옷가지를 챙겨 방을 나가는 레아의 뒷모습을 나는 놀란 가슴으로 멍하니 바라보았다. 혼란으로 머리가 하얘졌다. 신부가 바뀌었단 사실을 깨닫기까지 오랜 시간이 걸리지 않았다.

이어지는 충격과 아찔함은 그 무엇으로도 설명할 수 없는 절망감이었다. 눈으로 보고도 믿을 수 없는 현장에 몸서리쳤다. 이 끔찍함을 무엇이라 말해야 할까? 입이 마르고 손발이 떨려 일어서기조차 힘들 지경이다.

가까스로 정신을 추스르고 라반에게로 달려가 어떻게 된 일인지, 왜 나를 속였는지 따졌다. 라반은 자기 집안에선 동생을 먼저 시집보내는 일은 없기에 언니를 먼저 신방에 넣었다는 황당한 답을 한다. 그의 당당하고 뻔뻔한 말에 가슴이 터져 버릴 것 같았다. 무엇이 바뀔 거라고 기대한 건지 무엇을 바꿀 수 있다고 생각했던 건지 필사적으로 달려온 자신이 우습게 느껴질 뿐이었다.

울화통이 터져 미칠 지경이었지만 그의 침착함을 가장한 가라앉은 목소리를 들으니 오싹 소름이 돋았다. 그의 교활하게 번뜩이는 눈빛과 거만한 얼굴을 바라보니 그제야 정신이 번쩍 돌아왔다.

라반은 레아와의 신방에 7일의 의무를 채울 것을 내게 요구한다. 빼도박도 못하게 기정사실화 하려는 그의 수작이다. 그리하면 라헬도 주겠다고 한다. 그 값으로 다시 한 번 7년간의 노동을 요구한다.

세상 모든 사람을 깔보는 듯한 그의 몸짓은 상대의 감정이나 상황 따위 염두에 두지 않았다. 인정도 없고 연민도 없다. 약속을 엎어놓고도 일말의 죄책감 따위도 없다. 심술궂은 그는 입가에 얄미운 미소를 머금고 나를 내려다본다. 순간 증오에 사로잡혀 온몸이 부르르 떨려왔다. 모멸감에 벌겋게 달아오른 얼굴을 감추려 떨구고 있던 고개를 들어 라반을 올려다보았다. 그의 경멸하는 눈빛이 나의 현실을 자각하게 한다.

나는 지금 아무런 힘도 능력이 없다. 무기력함과 원통함으로 쪼그라든 초라한 가슴속엔 눈물이 멈추지 않았다.

라반은 나를 흘깃 바라보며 얼굴을 찡그린다. 나는 억울함과 울분을 애써 가라앉히며 현실을 직시하려 안간힘을 쓴다. 라반의 추악한 속내와 변덕스럽고 탐욕스러운 인격 앞에 처절하게 무너진 나 자신이 원통하고 원통할 뿐이다. 사랑은 죽음에 이르는 병이란 말인가?

사기 결혼 당한 야곱

내가 아무것도 가진 게 없어서인지 라반의 집에서 유령과 같은 존재가 되어 있었다. 굴러들어 온 돌이 이리저리 채이면서 무엇인가를 소유한다는 것이 삶에 있어서 얼마나 중요한 문제인가를 뼈저리게 깨닫게 되었다. 살아오면서 원하는 건 모두 손에 넣었기에 한 번도 스스로를 의심해 본 적이 없었다. 그러나 모든 믿음이 무너져 버리고 자신을 신뢰할 수 없는 지경에 이르렀다.

라반의 집에 온 이후로 그 어느 때보다 성실하고 정직하고 일했다. 라헬을 얻기 위해선 진실한 값을 치러야 한다고 생각했기 때문이다. 스스로 부끄럽지 않을 만큼 열심히 값을 치른 7년의 세월이었기에 라헬을 아내로 맞을 것이란 사실을 의심조차 하지 않았다. 그러나 진정성만으로는 원하는 걸 얻을 수 있는 것이 아닌가 보다. 어쩌면 내 인생에서 유일하게 갖지 못하게 될 존재가 라헬이 될까 봐 두려웠다.

초조해진 마음이 기어코 화를 자초하게 되는가 보다. 운명이 나의 약한 부분에 칼날처럼 비집고 들어와 비명을 지르며 쓰러지는 나를 비웃고 있다. 지금도 나의 삶에 균열을 내기 위한 나쁜 생각들이 집어삼키려 한다.

나는 사기 결혼 당했다. 나도 모르는 사이에 원하지 않았던 여자와 밤을 보냈고 그녀는 나의 합법적 아내가 되었다. 나는 외삼촌이 짠 판 위에서 꼭두각시 춤을 춘 어릿광대가 되었다.

눈 뜬 장님처럼 정당한 값을 치르고도 얻어야 할 대상을 얻지 못했다. 억울함을 호소할 곳도 없고 풀어줄 재판관도 없다.

지난밤의 거짓으로 인해 아침을 맞이하기 두려울 만큼 정신이 무너졌다. 그러나 나의 허튼 마음에 차가운 경고를 보낸다. 이렇게 넋 놓고 있다간 그나마 남은 가능성까지도 잃게 될까 두려운 까닭이다.

지난 7년의 모든 세월 속에 내가 걸어온 모든 길에 라헬이 있었다. 그녀 없는 나의 삶은 생각조차 할 수 없다. 나는 라헬이라는 이름에 스스로 족쇄 채운 자이기에 어떤 값도 기꺼이 치를 천하에 다시없을 호구가 되어 있었다.

라헬의 첫날밤

인간의 기만은 눈에 보일 정도로 빤하다. 나는 그것을 구분하지 못할 만큼 아둔하지 않다. 속은 경멸과 혐오로 가득한 주제에 번지르르한 말을 내뱉으며 속이려 한다. 나는 이 결혼으로 모두에게 웃음거리가 되었고 그들의 입에 오르내리는 먹잇감이 되었다. 그들은 나를 씹고 뜯고 뱉고 배설하며 아무런 죄책감도 느끼지 못한다. 마치 처음부터 내 자리는 없었다는 듯 행동하고 있다. 자기 밥그릇을 빼앗기고 상 밑에 떨어진 부스러기를 먹기 위해 비굴한 웃음으로 기웃대는 개처럼 이마저도 감지덕지해야 하는 것인지 구역질이 밀려온다.

7일 전의 악몽 같은 기억에 얽매여 있는 건 나뿐인 듯하다. 밀려오는 기억에 역겨움과 토악질이 난다. 툭 튀어나와 있는 기분, 무엇에도 섞이지 못한 이질감, 나는 이 집안에서 완전한 이방인이 되어 구석에 웅크리고 앉아있다. 지난 일주일간 야곱의 품에 안긴 언니를 생각하며 악몽과 같은 나날을 울며, 떨며 보냈다.

그러나 당신이 함께하는 오늘 밤조차 악몽과 같다. 나의 결혼에 대한 로망은 살해당했다. 사랑만으로 결혼하는 건 메르헨(Märchen)의 세계고 내게 결혼은 지독하게 잔인한 현실이었다. 조금만 꿈꾸려 해도 나는 끌어내려지고 바닥에 무자비하게 내동댕이쳐진다. 그러나 힘들다고 사랑하기를 포기해야 하는 것일까? 내 마음은 갈팡질팡 진창에 빠져 허우적댔다. 내 마음이 내 마음대로 되지 않아서 죽을 것 같다.

침대에 눕자 참았던 것들이 기다렸다는 듯 가슴에 달려들었다. 짓밟힌 자존심, 비굴했던 나 자신, 울지 않을 수 없었다. 지쳐 잠들 때까지 울고 또 울었다. 우리의 7년, 그 기나긴 기다림의 나날. 그걸 전부 없던 일로 하고 다시 시작점으로 만들었다. 관계 수복의 시작점인지, 관계 종말의 시작점인지, 무엇을 누구를 위한 시작점인지 혼란스럽다.

이런 우리가 행복할 수 있을까? 결코 아침이 오지 않는 기나긴 밤과 같은 나날이 지속되는 건 아닐까?

정말이지 한심하기 짝이 없는 소유욕이다. 놓지 못해서 끌려 다니는 꼴이 그나 나나 다를 바 없기에 동질감과 연민을 느낀다. 그러나 그것도 그뿐이다. 현실이라는 깜깜한 벽이 내 앞에 버티고 서서 남은 나날을 벽을 보고 이야기하듯 살아야 할 일을 생각하니 암담하다.

모든 것이 나를 지치게 한다. 불쾌한 감정이 머릿속을 맴돈다. 너무나 선명하게도 이토록 답답한 이유를 잘 알고 있다. 쌓여가는 감정이 가슴을 짓누른다. 아무 일 없는 듯 잠이 든 그를 보니 나의 처지가 더욱 선명해진다. 그는 내게 무엇도 약속하지 않는다. 비참한 기분에 사로잡힌 자기혐오로 질식할 것 같다. 나는 경멸하는 마음으로 나 자신을 바라본다.

라반의 결혼 장사

멍청한 이웃들은 감히 내게 덤빌 주제도 못 되면서도 이러쿵저러쿵 우리 집안에 대해 수군대고 있다. 나의 딸들과 엮여서 좋을 게 없다고 말하는 자들도 있다니 어이가 없을 지경이다. 그러나 한편 딸들을 결혼시키려 여기저기 들쑤셔봤지만 내 욕심에 차는 값을 부르는 자가 없다는 사실이 내 마음을 불편하게 만든 건 사실이다. 딸들은 나이 들어가고 조금이라도 좋은 값에 팔아 치우려면 뭔가 방법을 마련해야 한다고 생각했다.

그런데 마침 조카 야곱이 초라한 몰골로 나타났다. 누이 리브가가 시집간 이래로 그 집안의 재산이 놀랄 만큼 늘어가고 있다는 소문이 이곳까지 들려 왔었다. 도대체 얼마나 부자가 되었는지 궁금했다. 그런데 누이의 둘째 아들 야곱이란 놈이 빈손으로 와서 감히 내 둘째 딸 라헬에게 기웃댄다.

한 달여 지켜보니 일머리도 뛰어나고 성실하고 힘도 좋은 쓸만한 일꾼이어서 욕심이 났다. 머리를 굴리며 궁리하고 있었는데 먼저 야곱이 라헬에게 반해서 7년의 노예 생활을 자처한다. 나는 마음속으로 쾌재를 부르면서도 침착함을 유지했다. 나는 용의주도하게 야곱을 향한 덫을 놓았다. 사랑에 빠져 이성을 잃은 사람처럼 다루기 쉬운 사람도 없다.

7년이 지나 약속된 시간이 찾아왔다. 훌륭한 일꾼을 잃게 될 위기에 처해있던 차에 나의 머리에 번개처럼 묘안이 떠올랐다. 노처녀로 늙어가던 큰딸 레아를 야곱의 신방에 넣는 계획이다. 결혼식 내내 야곱을 술에 취하게 만들고, 신부는 베일로 가려 숨겨두고 보여 주지 않다가 어두운 신방에만 슬쩍 들여보낼 수 있다면 성공 확률이 높다.

다음날 신부가 바꿔치기 당한 걸 알아차린 야곱이 길길이 날뛸 것을 예상해 대비책을 세워두었지만 야곱은 의외로 침착하게 수긍한다. 야곱의 가벼운 항의는 귀여울 지경이다.

야곱이 라헬을 얻기 위해 다시금 내가 제안한 7년의 노동을 약속하니 덩실덩실 춤이라도 추고픈 마음이다. 라헬까지 한 번에 치워버린 만족스러운 결과다. 건강한 남자를 14년간이나 무보수로 부려 먹을 기회가 쓸모없는 딸들로 인해 얻어지다니 이 얼마나 가슴 벅찬 일인가! 나는 스스로의 지혜에 감탄하고 앞으로 야곱으로 인해 불어날 재산을 생각하며 기쁨에 젖어 미소 짓는다.

야곱이 라헬을 포기할 리 없다는 나의 계산은 맞아떨어졌다. 만약 포기한다 해도 아쉬운 게 없다. 라헬보다 상대적으로 나이 많은 레아를 먼저 치워버렸기 때문이다. 두 딸을 한 남자에게 한 번의 결혼식으로 시집보냄으로 결혼식 잔치 비용도 아낄 수 있었다. 나의 소유물인 딸들을 효과적으로 처리함으로써 골칫거리도 처리하고 집안의 재산도 안정적으로 불리는 결과를 얻었다.

야곱을 고된 노동에 내몰고 거짓과 속임수로 거듭 계약을 파기하며 고집을 부려도 라헬을 향한 그의 일편단심은 한결같았다. 포기를 모르는 그런 멍청이는 이제껏 내가 아는 세상에 없었다. 라헬을 두고 결혼 장사에 성공한 내겐 남는 장사였고, 야곱에겐 라헬을 포기 못 하는 약점을 잡힌 손해 보는 장사였다.

나와 같은 부류의 인간으로 보이는 야곱을 굴복시키는 일은 어떤 성취감보다 만족감이 높았다. 야곱 스스로 7년 노예계약을 하도록 유도하고 신부 바꿔치기로 7년의 노예계약을 스스로 갱신하게끔 만든 노련한 설계자인 내가 '속이는 자 야곱'을 속여 넘긴 진정한 천재 사기꾼이다. 나는 야곱 덕분에, 아니 나의 지혜로 재산이 늘어나 근방에 알아주는 부자가 될 것이다.

아무리 고된 노동에 내몰리고 거짓과 모략과 속임수로 부서뜨리고 주저앉혀도 라헬을 향한 사랑을 유지하는 멍청이라니 참으로 애처롭고 가련하다. 그까짓 사랑이 뭐라고.

라반은 자신의 속임수로 인해 고통 받고 배신감, 상실감, 자책에 빠진 야곱과 라헬에 대한 조금의 죄책감조차 느끼지 않았다. 라반에게 있어 딸의 결혼은 이해타산 위에 성립된 장사에 불과했다. 재산 증식의 수단이며 일 잘하는 일꾼 야곱을 붙들어 둘 장치였다. 라반 같은 안하무인에 교활한 인간이 타인에 대한 배려를 하거나 타인의 고통에 공감하는 것을 기대하긴 어렵다. 라반에겐 모든 인간은 자신이 이용할 대상에 불과하기 때문이다.

그 당시 여자가 자신이 원하는 사람과 결혼한다는 것은 불가능에 가까운 일이었다. 아버지는 딸들을 소유로 여겼고 집안의 안녕과 부의 축적 수단으로 딸들을 팔아넘겼다. 엄격한 가부장제 사회에서 아버지의 결정은 곧 법의 집행과 같은 효력을 지녔다. 아버지의 결정은 거역할 수 없는 절대적인 명령이었다.

라반 집안의 유전자

창세기 족장들은 모두 라반의 집안과 얽혀있다. 이삭과 결혼한 리브가는 라반의 누이이고, 야곱과 결혼한 레아와 라헬은 라반의 딸들이다. 라반의 집안과 얽힌 성서의 역사는 인간 삶의 추악한 욕망을 가감 없이 드러낸다. 물질적인 집착과 욕심은 노동 착취를 일삼는 라반의 교활함과 라헬이 드라빔을 훔친 사건으로 보여 주고 있다.

라반의 야비한 유전자는 장자권 탈취를 위한 리브가의 거짓과 속임수에도 드러난다. 남편을 속여서라도 자신이 원하는 것을 기어이 얻고야 말겠다는 집착적인 행동은 야곱에게로 이어진다. 리브가를 생각할 때 그녀가 라반과 오누이 사이임을 잊어선 안 된다. 리브가의 행위에서 라반의 모습이 떠오르는 것은 너무나 자연스럽다.

또한 레아의 도둑 결혼에도 라반의 유전자적 특성이 드러난다. 거짓말을 일삼고 타인의 것을 갈취하면서도 양심의 가책 따윈 느끼지 않는 이기적인 심장은 라반 유전자의 대표적인 모습이다. 야곱과 그의 아들들도 라반의 유전자에서 벗어나진 않을 것이다.

집안마다 집안의 고유한 기질적 특성이란 것이 있다. 물욕과 탐심이 넘치고 세속적인 라반의 족속들은 남을 속이고 거짓말을 해서 타인의 것을 갈취해 놓고 "속은 사람이 바보"라고 하는 종자들이다. 그런데 라반의 집안은 끈기와 탁월한 미모의 유전자를 지녔는지 리브가, 레아, 라헬, 요셉에 이르는 포기하지 않는 끈기와 외모의 아름다움에 대한 묘사가 이어진다.

야곱의 결혼 생활

야곱의 라헬에 대한 사랑은 자기연민에 가깝다. 라헬은 형 에서를 피해 도망하여 죽음으로부터 자신을 구원해 삶의 의미를 준 상징이다. 라반의 집에서 노예와 같이 힘든 삶을 살며 노력한 날들의 표상이며 여러 아내들 속에서 자신의 중심을 잡게 한 핑계다. 그러나 그렇게 사랑하는 여자를 추악한 아이 낳기 전쟁이라는 나락에 빠뜨리고, 질투에 고통 받게 만든 것이 야곱식 사랑이다.

야곱의 이야기 속, 한 남자와 여러 아내라는 구도는 여자의 삶에 감정적 정서적 상처를 입힌다. 결혼 생활이 주는 심리적 문제들은 성생활과 밀접한 관련이 있을 수밖에 없다. 남편을 차지하기 위한 여자들의 집착은 불안과 불화를 불러온다.

성서는 초기 이스라엘을 형성한 12지파가 야곱이라는 한 뿌리에서 출발했음을 말하고 있다. 일부다처는 번식에 더 효과적인 조건이다. 4명의 아내들은 아이 낳는 도구 이외의 의미를 지니지 않는다.

사람의 관계란 한쪽이 지나치게 주기만 해도 위태로울 수 있다. 사랑은 모름지기 주고받는 것이다. 주고받기는커녕 조건 없이 아낌 없이 베풀어 주는 사랑은 야곱의 가족에겐 불가능한 일처럼 보인다. 오로지 자신의 유익만 생각하는 관계 속에서 헌신적인 사랑이란 기대하기 어렵다. 이기적인 그들의 사랑 방식이 서로의 관계를 망치고 자신의 불행이 타인의 탓이라는 생각은 자식들에게까지 이어져 형제 살해를 도모하는 지경까지 이른다.

라헬의 결혼 생활

여자 혼자 산다는 것은 상상조차 할 수 없는 현실이다. 생명 유지조차 버겁다. 남자에 기대어 살거나 종속되어 살아가는 방법 외엔 생존 수단이 거의 없다. 라헬은 양 떼를 몰고 다니는 목동의 역할을 해내는 여자였다. 그러나 그녀의 진취적 성향은 가부장적 권위에 맥없이 무너진다. 결혼 이후 그녀의 삶은 종속된 노예의 삶과 다름 없다. 권리라는 것을 가질 수 없는 위치다.

애정 관계란 사사로운 개인의 감정 관계이다. 관계가 형성된 이후에는 타인이 객관적이고 냉정한 시각으로 판단하기 어려운 관계이기도 하다. 뜨겁게 타오르던 사랑 바로 옆에 미움이 자라나고 있었음을 깨닫는다. 분노와 질투심이 끓어올라 올바른 생각을 할 수 없게 된다. 이는 라헬이 어리석어서가 아니라, 복잡 미묘한 감정을 인식하는 일 자체가 어려운 일이기 때문이다.

사랑은 상대의 자존심을 지켜주는 것이다. 자기를 지키기 위해 마음에 없는 말들을 나열하고 그것이 쌓이면서 상처를 주는 소통의 미묘한 뒤틀림이 야곱과 라헬의 감정에 쌓여간다. 자기 파괴적인 감정 상태는 판단을 어지럽힌다. 실패한 모든 것들이 남편 탓이란 생각은 현실의 모든 것을 인정할 수 없는 비극이 되도록 만든다.

남편을 빼앗긴 풀리지 않은 상처와 분노, 추락한 위상으로 인한 절망감은 라헬에게 잔인한 부메랑이 되어 돌아온다. 임신에 대한 열망, 아이를 낳지 못하는 자신이 무가치하게 느껴지고 수치심까지 갖게 된다. 사랑에 대한 열매를 얻지 못하는 현실에 벼랑으로 내몰린 심정이다.

아이를 낳지 못해 야곱의 삶에 진정으로 스며들지 못했다는 위화감을 느끼며 살았다. 야곱과의 잠자리를 아내들에게 배분하고 합환채로 거래하는 부도덕한 현실은 자신이 온전히 누렸어야 할 것을 나누고 있다는 불쾌감으로 가득하다. 라헬은 늘 야곱의 것이었지만, 야곱은 라헬의 것이기도 했고 아니기도 했다. 그래서 초라하고 초조한 삶이다. 시기와 질투 속에서 뼈가 삭는 고통으로 사랑하고 미워하는 그 모든 순간은 늘 현재 진행형이다.

항상 부족한 듯 느껴지는 야곱의 사랑은 결코 라헬을 채우지 못한다. 다른 아내들을 품에 안고 라헬에게 조금의 죄책감도 느끼지 않는 야곱으로 인해 목이 말랐고 허기로 내장이 뒤틀린 느낌이었다. 질투, 분노, 쓸쓸함, 회의감, 차마 입 밖으로 내뱉기 수치스러운 말들로 라헬의 머릿속은 가득 채워져 있다.

라헬의 불안은 야곱에 대한 숨겨진 원망의 표현이다. 불안은 생각을 왜곡시킨다. 상황을 편협하게 관찰하도록 만든다. 그래서 어그러진 결혼과 남편의 여자들로 인해 라헬은 늘 불행하다. 독점하고 싶은 욕망의 대상인 야곱이 있으나 그는 온전히 자신만의 남자가 아니었기 때문이다.

그런데 성서 속 라헬은 레아와 달리 한 번도 야곱을 향한 사랑을 말하지 않는다. 그녀의 속내는 무엇이었을까? 어쩌면 자신의 삶을 경멸하면서 주어진 삶을 벗어날 수 없다는 차갑고 야비한 현실에 매여 있는 여인의 하찮은 인생이라고 체념하고 있었는지도 모른다. 작은 세계에 갇혀 포기만이 미덕이라 여기고 파멸하듯 살아가야만 하는 인생이다. 말도 안 되는 일들이 상식인 양 탈바꿈되어 현실이 되어버린 인생, 뻔뻔하고 추악한 현실의 절대적 약자로서의 오롯이 비극을 감당해야 하는 배반감, 어차피 자신의 명예를 회복하기는 글렀고, 그렇다고 넋을 잃고 망연자실 무너질 수는 없는 삶이라는 높은 벽, 여러 여자와 남편의 몸을 나눈다는 불편한 감정을 외면하며 그저 그의 정신은 오로지 나의 것이라는 것에 만족할 수밖에 없다고 자위하면서 끓어오르는 질투를 참아냈다.

언제나 아내들은 야곱의 독선적인 라헬을 향한 사랑에 약간의 비난과 선망으로 라헬을 바라본다. 그러나 남편의 잠자리 순번을 정하는 일을 제외하면 라헬 역시 차례로 야곱을 차지할 수밖에 없는 초라한 입장이다.

야곱에겐 모든 아내의 잠자리 분배권을 라헬에게 일임함으로 공공연하게 라헬을 편애함을 알려 자신은 라헬에게 할 만큼은 했다는 자기만족과 우월감을 느끼고 있다.

상대의 일거수일투족에 반응하는 예민함, 오해와 질투, 구속과 의심, 육체적 심리적 피로감, 그리고 고통과 슬픔… 이런 생활이 계속된다면 미쳐 버릴 것만 같다. 매일 남편에게 언니와 나누어 안기다가는 마음이 녹아 없어져 버리고 시꺼멓게 타들어갈 것이다

야곱의 아이를 자꾸만 낳아대는 언니와 밤을 보내는 야곱을 생각하면 피가 거꾸로 솟는 것 같다. 마음은 조급해지고 더러운 기분은 씻기지 않는다. 이대로라면 언젠가 야곱의 마음까지도 빼앗겨 버릴지 모른다. 나는 필요 없는 존재가 되어버릴 것이란 두려움이 머리를 마비시킨다.

죽이고 싶을 만큼 미운 감정이 드는 것은 모두 야곱 때문이다. 언니와의 잠자리를 거부하고 내가 들여보낸 하녀를 내치는 촌극을 기대했지만, 야곱은 그렇게 하지 않았다. 오히려 그녀들을 임신시키고 새로운 아내로 거부감 없이 맞이했다. 그가 나를 향해 보여 주는 사랑이란 게 그 정도인 거다.

누구를 향한 원망도 불평도 쏟아낼 수 없는 자신이 한심하다. 모두는 내게 용서를 빌어야 한다. 몇 번을 빌어도 시원치 않지만 아무도 내게 용서를 빌지 않는다. 아무도 내게 미안해하지 않는다.

일부다처의 현실에서 정상적인 부부관계란 의미가 없다. 사랑하는 사람을 깊게 바라볼 여유조차 기대할 수도 없다. 칼자루를 쥔 자는 야곱이다. 고민도 없이 당당하게 다른 여자를 안는 그에게 무슨 기대를 할 수 있겠는가? 두 사람이 나눠도 감정의 골이 패여 벅찬 일이 이제, 네 사람이 나누는 현실이 되었다.

사랑처럼 유동적이고 비합리적인 감정이 있을까? 내 마음대로 되지 않을 뿐 아니라 계획대로 논리대로도 되지 않는다. 눈에 보이는 태도도 마음을 대변해 주지 않는다. 그의 여자는 그에게 복종하며 소유물처럼 취급되는 현실이다.

여자는 남편을 위해 선한 거짓말을 잘해야 한다. 말로 남편의 기분을 상하지 않도록 눈치를 살펴 끊임없이 말치레를 제공해야 하며 자신의 본심을 드러내지 않아야 정숙한 여인이라는 칭호를 얻는다. 그러나 나는 그것을 과감히 거부하며 감정을 드러낸다.

사랑받기 위한 무리한 행위로 인해 내가 아닌 내가 되어버린다. 정답 없는 질문을 가득 안은 것처럼, 스스로를 이해시키지도 못하고 포용하고 용납할 수도 없는 찐득하게 눌어 붙은 감정에 눌려 화가 치밀어 오르는 나를 주체하지 못한다.

충족되지 못한 열망, 녹초가 된 신경, 실망한 사랑의 상처, 공포, 외로움, 위선, 자기중심주의, 이기적인 사랑, 반복 강박증, 꿈꾸던 결혼과 행복으로부터 멀리 유리된 삶이다.

결혼을 통해 남녀가 원하는 것은 모호함이 해소된 확실한 관계의 정립이다. 그러나 라헬은 결혼으로 인해 오히려 불확실성과 위태함으로 진입해서 자기 뜻과 무관한 대가를 치른다.

라헬은 언니에 대한 자격지심과 질투를 해결할 길이 없어 막다른 골목에 이른 쥐처럼 자신에게 스스로 상처를 내기에 이른다. 야곱에게 자신의 시녀를 안기며 사랑의 열매를 위한 행위라 변명하며 자기 위안을 삼으려 한 것이다. 그러나 그건 온전한 관계를 위한 일도 온전한 소유를 위한 행위도 아닌 제 살 깎아 먹기에 지나지 않았다. 흔들리는 한 바구니에 담긴 달걀은 부딪혀 결국 모두 깨져버릴 것이다.

레아의 열등감

늘 라헬을 향한 열등감에 사로잡힌 레아의 결혼 생활은 평안하지 못했다. 첫 번째 부인이지만 당당한 입장이 되지 못해 초라해지는 자신이 싫었다.

성서는 레아의 눈빛이 흐리다고 말한다. 중동지역의 전통적 민담에 의하면, 남의 성공을 부러워하며 시기하는 경우 그 근원이 되는 눈이 흐린 눈이 된다고 한다. 이 눈은 불행의 근원으로 시기의 해악을 상징한다. 레아는 끊임없이 라헬을 시기하고 질투해 왔기에 흐린 눈을 가질 수밖에 없다. 야곱을 바라보며 간절한 소망을 담아 반짝이던 레아의 눈은 야곱이 그녀의 시야를 떠나고 나면 금세 저물어 버리는 흐린 저녁노을처럼 빛이 사그라들었다.

야곱에게 진정한 아내라 불리길 희망하며 함께하는 밤의 충만한 희열도 그의 정신은커녕 육체조차도 자신만의 것으로 붙잡아 두지 못하는 현실 속에서 꿈을 꾼 듯 아스라하게 흩어지고 부서져 버린다.

야곱의 첫 번째 아내라는 타이틀은 유명무실해서 레아에게 아무런 권력을 주지 않는다. 야곱의 첫 아내라는 지위에 기대어 가정과 다른 아내들의 우위에 설 수도 없다. 허수아비 같은 인생이다.

레아는 언제나 야곱의 사랑을 꿈꾸고 상대를 이상화시키며 끝없이 기대하고 있다. 그녀의 사랑은 자신이 낳은 자녀들에게도 닿아 있지 못하고 야곱을 향한 무의미한 소유욕에 묶여 있다.

레아는 야곱의 사랑과 관심이 자신에게 돌아오길 포기하지 않는다. 그것은 어쩌면 사랑받지 못함으로 느끼는 환멸감을 야곱을 더 사랑함으로써 피하려 하고 자신의 도둑 결혼을 남편의 아들을 낳은 아내라는 이름으로 면죄부를 얻으려는 몸부림으로 보인다.

야곱이 아버지 라반을 이길 재간이 없으니 제발 라헬을 포기하고 레아 자신만의 남편이 되어주기를 바랐을까? 야곱에 대한 열망을 움켜쥐고 도둑 결혼을 감행한 그날 겹쳤던 몸의 온기가 채 식기도 전에 둘째 부인 라헬을 맞이한 야곱을 향해 레아는 낙망했을까?

레아의 일생은 남편 야곱의 사랑을 갈구하다 끝나는 듯이 보인다. 자신이 라헬로 인해 남편의 사랑을 받지 못한다고 억울해했지만 사실상 본래 자신의 자리도 아니었다. 동생 라헬의 것을 빼앗고도 자신은 정식 결혼식을 올린 첫 번째 부인이라는 정통성을 주장하는 그녀는 죄의식도 없는 뻔뻔한 가해자의 모습이다.

레아는 죽은 후 야곱의 조상들의 무덤에 묻힌다. 길에서 아이 낳는 고통 속에 길가에 초라하게 묻힌 라헬에 비하여 호사를 누린 죽음이다.

그날 밤 이후 많은 시간이 흘렀다. 죄책감도 미안함도 잊은 뻔뻔한 얼굴로 승리자의 행세를 하며 살았다. 그러나 일생을 답이 없는 물음 속에서 헤매며 어디서부터 비롯된 것인지 알 수 없는 갈증에 시달렸다.

야곱을 갈구하는 목마름 속에서 자신을 끊임없이 비참하게 만들며 끝없이 집착하며 미련을 버리지 못하는 삶의 반복이다. 닿을 듯 닿지 않아서 먼발치에서 훔쳐보며 손끝에 힘을 주고 손을 뻗어 움켜쥐려 했다. 늘 야곱을 가지고 싶었다.

한 번쯤 부부다운 대화를 나누며 아이들 걱정을 하고 서로 존중하며 사랑을 나누는 관계를 꿈 꾸어 보았지만 눈길조차 주지 않는 야속한 야곱이다. 야곱 당신에게 나는 어디까지 허락되는 사람인 것일까? 손을 뻗으면 닿을 것만 같은 거리에 있지만, 온전히 닿을 수도 없는 그는 라헬만의 남편이다. 치밀어 오르는 질투를 잠재울 수 없다.

나는 그저 야곱을 원하고 사랑했을 뿐이다. 그러나 야곱은 나를 미치게 만드는 비상한 재주를 가진 듯하다.

언젠가 당신이 나에게 베풀었던 따스한 온기를 거두어 간다고 할지라도 나를 있는 그대로 사랑해 주길 간절히 바라던 나의 열망과 사랑으로 인해 늘 슬프다. 나에게 주어진 운명의 굴레가 내 살을 찢어 피로 물들여야 하는 영원의 가시밭길을 걷게 할지라도 나는 끝까지 살아남아 내 존재 이유를 증명해 낼 것이다.

사랑하는 야곱, 나는 당신의 첫 아내예요. 나를 바라봐 주세요.

하녀와 잠자리

아브라함도 사라가 자신의 몸종 하갈을 그의 침상에 밀어 넣었을 때 아무런 고민 없이 하녀를 맞이한다. 이 행위로 하나님의 때를 기다리지 못하고 성급하게 행동한 사라를 질책하며 문제 삼긴 해도 누구도 아브라함의 행위를 욕하지 않는다. 그러나 달리 생각하면 사라가 몸종을 아브라함의 침실로 들여보냈다 하더라도 아브라함이 하나님의 약속을 다시 한 번 되새기며 정중히 거절했으면 될 일이었다. 그랬다면 참으로 믿음의 조상다운 행보였다고 절로 고개가 숙여졌을 것이다. 속된 말로 요셉을 제외하고 '오는 여자 안 막는다'라는 게 성서의 모든 남자들이다. 죄책감 없는 불륜이며 면죄부를 받은 외도다.

아브라함이 하갈과 동침 후 그의 집안은 그야말로 엉망진창이 되어버렸다. 뿌린 대로 거둔다는 인생의 진리가 확인되는 현장이다.

야곱에 이르러 아내가 이미 둘인데, 두 아내가 자신의 하녀를 각각 야곱에게 준다. 이로써 야곱은 아내를 4명 둔 남자가 된다. 야곱 역시 하녀와의 잠자리에 거부감이나 죄책감은 없다. 그 결과 12명의 아들과 1명의 딸을 두게 된다. 야곱의 아들들은 더 가관이다. 도덕성이 바닥을 친다. 하녀들과 아무런 죄책감 없이 밤을 보낸 결과는 상처받고 상처 주는 가족으로 나타난다. 야곱은 자신으로 인해 생겨난 가족의 일에 남의 일처럼 무관심하다. 이는 아브라함이 하갈과 이스마엘을 내치며 가슴 아파하던 것과 대비된다.

아브라함이나 야곱이 아내가 들여보낸 하녀와 잠자리했다고 부도덕하다거나 부정한 사람이란 의미가 아니다. 다만 아내의 호의를 생각 없이 받아들여 이어질 결과에 무감각하고 삶을 복잡하고 위태롭게 만든 장본인이 되었다는 것이 문제다. 사실 한 사람도 감당 못할 위인들이 둘씩 넷씩 아내들과 얽혀서 주체 못 할 아비규환을 만든 것이다.

아이를 낳지 못한다는 절망적인 부부관계는 늘 하녀와의 잠자리로 자녀를 얻는다. 그리하여 정통성과 비정통성이란 싸움을 낳는다. 하나님의 선택과 선택받지 못함은 인간의 추악한 욕심이 낳은 결과물들에 비극을 선사한다.

에서의 결혼

오롯이 나의 것이라곤 없는 세상에서 온전한 나만의 것을 갖고 싶어 결혼을 서둘렀다. 두 아내를 맞이했는데 그동안 내가 무엇을 하든 철저히 무관심했었던 부모님이 두 여자가 맘에 들지 않는 모양이다. 부모님의 의중을 전혀 알 길이 없다. 지혜를 스스로 깨달을 능력 따윈 애당초 갖고 태어나지도 못했다.

장자가 장자권을 갖지 못하는 기막힌 현실을 받아들일 수가 없어서 울분을 삭이느라 헐떡대고 있을 때, 야곱이 아버지와 어머니의 명령으로 아내를 맞이하기 위해 밧단아람으로 떠난 것을 알게 되었다. 이 일로 인해 가나안 사람의 딸들이 아버지를 기쁘게 하지 못한다는 사실을 겨우 인지하게 되었다. 그래서 아버지를 기쁘게 하려고 몇 날 며칠을 고민한 끝에 삼촌 이스마엘의 딸 마할랏을 아내로 맞이했다. 아버지의 마음에 들 여자를 선택한 것이다. 그러나 이번 선택도 불발이다. 부모님은 그녀를 보려고도 하지 않는다. 어디서부터 어긋나버린 건지 도무지 알 수 없어 답답할 뿐이다. 아무리 애써도 인정받지 못하는 내 처지가 한심하다.

부모와 자식 사이에 소통의 단절은 창세기의 가장 중요한 주제인 생육하고 번성하기 위해 기본이 되는 결혼조차 어긋나게 만든다. 선택의 여지가 없는 에덴의 남녀 결합 이후 에서가 사는 세상은 수많은 이방인에 둘러싸인 환경이다.

순혈주의를 지향하는 당시 씨족의 특성은 자신들이 이룬 재산이

다른 족속에게 흘러 들어가는 것을 방지하기 위해 친족결혼의 형태를 취했다. 에서가 부계 친척 중에서 아내를 구한 것이 당시의 결혼 관습에 어긋남이 없었지만 어쩐지 창세기의 인물은 모계 친척을 선호한다.

에서는 40세에 이미 가나안 여인을 두 명이나 아내로 삼았다. 그가 결혼할 때 부모가 신부값을 치러주었는지, 스스로 이룬 재산으로 아내를 얻었는지 알 수 없으나 부모로부터 일찍 독립하여 스스로 판단하고 선택한 것으로 보인다. 또한 에서가 자기 삶의 방향에 부모의 기대와 원하는 바를 전혀 몰랐던 것인지 무시했던 것인지 알 수 없으나, 리브가의 주장에 따르면 부모를 근심케 하는 결혼을 했다. 그러나 부모의 의견이 첨가되지 못한 그의 결혼은 부모로선 실패한 결혼이지만 에서의 입장에선 아닐 수 있다.

부모의 눈치를 보지 않고 살아가던 에서는 아내도 오직 자기 눈에 좋은 대로 가나안 여인을 맞이했다. 그런 에서가 갑자기 아버지 이삭의 눈치를 본다. 아버지의 편애 속에 친밀한 유대감을 형성하고 있던 에서가 갑자기 아버지의 눈치를 보게 된 것은 장자의 축복과 밀접한 관계가 있다.

에서는 아버지의 축복이 야곱에게 간 이유가 결혼 때문이라고 생각한다(창27:41). 본래 자기 것이었던 '축복'을 빼앗기고 나서야 결혼의 의미를 다시 생각해 보게 된 것이다. 그러나 에서는 이스마엘에게 가지 말고(창28:9), 이삭에게 가서 아버지를 기쁘게 하는 결혼의 대상이 누구인지는 물었어야 했다. 이삭을 보는 것에서 멈추지 말고, 이삭의 말을 들었어야 했다.

보는 것으로 모든 진실을 알기에는 부족하다. 상대가 가장 원하는 모습대로 행동하고 싶다는 욕망이 실현되려면 보고, 듣고, 대화를 통해 서로의 진심에 가장 부합한 결과를 도출해 내어야 한다.

볼테르(Voltaire, 1694~1778)는 "마음에 이르는 길은 귀다"라고 말한다. 이는 에서의 결혼에 대한 실패를 깨닫게 하는 말이다. 아버지 이삭의 마음에 합당한 결혼을 할 마음이 에서에게 있었다면 귀를 열고 아버지의 말을 경청했어야 했다.

이삭과 리브가는 큰아들 에서가 무슨 생각으로 왜 세 번째 결혼을 감행하는지 관심을 가지지 않는다. 단지 결과만을 두고 걱정 아닌 걱정을 하는 듯 보인다. 분별력 있는 부모라면 자식의 행복 이외에 부모로서 자식에게 바라는 우선순위에 둔 무엇인가가 있다면 미리 자녀에게 충분히 설명하고 이야기하고 교육했어야 한다. 숱하게 얼굴을 마주해 온 가족이라 하더라도 대화다운 대화를 나눈 적이 없는 까닭에 에서와 부모는 어긋난다.

이삭과 리브가는 자신들이 에서에 대해 잘 알고 있다는 듯이 "역시 그럴 줄 알았어. 변함없이 또, 잘못된 선택을 하는군, 부모가 속상해할 줄 알면서 다시 그런 선택을 하는 건 부모를 무시하거나 아예 척지고 살겠다는 것이군" 하면서 에서에 대한 섣부른 판단을 할 뿐이다.

언제 한번 에서를 불러 "부모가 원하는 결혼 상대는 이런 사람이다"라고 말한 적도 없으면서 자신들의 뜻이 관철되기만을 바란다.

물론 이는 이삭의 생각이 아니라 리브가의 편견임을 성서를 통해 확인할 수 있지만, 이삭은 리브가의 판단에 무조건 동조함으로 에서와 대화를 통해 그의 의견을 묻거나 부모로서의 의견을 전달할 기회조차 얻지 않는다. 자신들의 일이 아니라 불구경하는 구경꾼처럼 행동하고 있다. 부모로서 아들에게 원하는 것이 무엇인지 지켜야 할 선이 무엇인지 말해준 적도 없으면서 부모의 뜻을 알아서 잘 실행하리라 기대하는 것은 터무니없는 행태다.

사실 에서가 두 여자와 결혼하는 동안 지금까지 결혼하지 않은 야곱을 밧단아람으로 보낼 때, 이삭과 리브가는 야곱에게 어떤 여인과 결혼해야 하는지를 분명히 밝힌다. 그들은 에서에게도 그렇게 말했어야 했다.

에서가 이런 부모의 지침을 받지 못했음은 그의 생각과 행동을 통해 드러난다. 모든 일을 에서 스스로 결정하도록 했고, 그에게 부모가 원하는 바른길로 인도하기 위한 노력을 하지 않았으므로 에서는 그저 흘러가는 대로 살아간 것이다. 그가 성미가 급하므로 그를 다그쳤다간 집안에 큰 분란이 생길 것이라던가, 에서가 애초에 제멋대로 사는 놈이라 무슨 말을 해도 듣지 않을 것이라는 지레짐작을 하면서 그와 진지하고 다정한 대화조차 시도하지 않았으면서, 자신들의 뜻대로 되지 않는다고 에서의 뒷담화하는 것은 부모의 역할을 포기한 것이다. 결국 에서를 이방 여인과 결혼하도록 방치한 것은 부모의 책임이다.

디나의 빼앗긴 사랑

디나의 이야기는 묘한 위화감을 준다. "디나가 부끄러운 일을 당하다"라는 제목으로 창세기 34장이 소개되는데, 이 제목은 디나가 강간당한 일이 부끄러운 일이라는 의미처럼 보인다. 강간당한 일이 강간당한 여자에게 부끄러운 일인지 강간한 남자에게 부끄러운 일인지 분명한 선을 그어야 한다.

새무얼 리처드슨(Samuel Richardson)의 소설 [클라리사]에서 클라리사는 부모가 구해준 구혼자들을 모두 거절하고 부모가 반대하는 러블레이스를 좋아한다. 그는 방탕아라는 나쁜 평판을 가졌지만 부모가 강요하는 남편감이 싫은 클라리사는 러블레이스의 품으로 달려간다.

간교한 러블레이스는 클라리사를 유혹해 런던의 귀족 유곽에 감금하고 약을 먹여 순결한 그녀를 범한다. 이런 잔혹한 행위를 겪고 나자 클라리사는 러블레이스의 행실을 고쳐보겠다던 자신을 생각이 어리석었음을 깨닫는다. 그 후 러블레이스는 진심으로 참회하고 클라리사에게 청혼하면서 행실을 고치겠다고 맹세하지만 그녀의 마음은 이미 돌아서 버린 뒤였다.

클라리사는 강간당하기 전 러블레이스를 향한 사랑이 있었다. 러블레이스는 그녀를 강간하고 난 후 사랑이 생겼다. 클라리사는 강간이란 완력으로 자신의 사랑이 더럽혀지는 현실에 무너져 내린 가슴을 안고 죽음을 맞이하고 러블레이스도 결투로 목숨을 잃는다.

러블레이스는 사랑을 가볍게 여기고 타인의 사랑을 육체적 쾌락의 도구로 이용한 괴물과도 같은 남자였다. 사랑을 담보한 저울질과 타인의 사랑을 희롱한 현실이 가져다준 비극의 무게는 생명의 값을 치르게 했다. 결국 그들의 사랑은 강간이라는 범죄적 행위를 통해 어긋났다.

　11명의 아들을 낳은 뒤 얻은, 야곱의 유일한 딸이었던 디나는 이웃 마을에 나들이 나갔다가 세겜에게 강간당한다. 외동딸 디나가 강간당했다는 소식을 들은 야곱은 잠잠하다. 아버지로서의 걱정이나 분노도 보이지 않는다. 피가 거꾸로 솟고 눈이 뒤집혀 당장이라도 달려가 세겜을 요절내고 싶은 게 일반적인 아버지의 마음일 텐데 그는 자신의 감정을 드러내지 않는다. 눈치를 보며 어떤 것이 자신에게 유리한 행동일지 계산만 하고 있다.

　세겜은 디나를 강간한 후 사랑하여 결혼하기를 원한다. 자신을 강간한 세겜의 손에 잡혀있는 디나는 클라리사와 달리 스톡홀름 증후군에 사로잡혀 있는 듯하다. 강간해 놓고 사랑을 속삭이며 위로하는 세겜의 친절에 디나는 저항하지 않는다. 그녀는 오빠들의 손에 세겜이 죽음을 맞을 때까지 그의 품을 떠나지 않았다.

　두들겨 맞은 듯 쑤시고 아프다. 온몸이 고통에 비명을 지르는 상태지만 아직은 살아있는 게 분명하다. 살아서 이곳을 나갈 수 있을까? 내가 없어진 걸 알고 있을까? 아버지나 오빠들이 날 찾으러 올까? 끊임없는 생각에 생각이 꼬리를 물지만 답을 얻을 수 없다.

　더없이 화창하고 따스한 날이었다. 오래간만의 나들이에 한껏 들떴고 화려한 것들이 넘쳐나는 시장통에서 그만 정신을 빼앗겼다.

새로운 것들이 주는 놀라운 기쁨과 흥분은 그 자체만으로도 환상적인 느낌을 자아냈다. 이 세상 것이 아닌듯한 낯섦이 있었지만, 신비롭고 이질적인 다양한 볼거리와 먹을거리는 더없이 즐겁고 짜릿한 기분을 느끼게 했다. 정신이 혼미할 만큼 매료된 감각은 어딘지 기괴한 행복감이었다. 악몽 같은 그 일이 일어나기 전까지 난 눈을 반짝이며 홀린 듯 구경하느라 여념 없었다.

일순간 몇 명의 남자들이 내게 다가왔고, 무슨 일이 일어났는지 자각할 새도 없이 순식간에 나의 입은 봉해지고 자루에 갇혀 어디론가 끌려갔다. 행복한 꿈보다 악몽이 훨씬 오래도록 기억에 남듯, 아름다운 동화보다 무서운 괴담이 잠을 앗아가고 정신을 괴롭게 하듯 정체 모를 악몽이 두려운 현실이 되었다.

세겜은 공포에 질려서 몸부림치며 울부짖는 나를 완력으로 찍어 누르며 내 몸에 끔찍한 흔적을 남기고 무자비하게 날 강간했다. 지독한 열패감, 엄습하는 공포, 수치심에 차라리 죽는 것이 낫다고 생각하기도 했지만, 사실 난 살고 싶다. 죽는 것이 두렵다. 죽기엔 너무 어린 나이가 아닌가?

반복되는 세겜과의 나날들. 며칠이나 지났을까. 나를 강간한 남자가 사랑스럽다는 듯 조심스레 어루만지며, 다정한 시선으로 바라보며 사랑을 속삭인다. 이런 감정은 낯설다. 사실 집에선 이런 관심을 받아본 적이 없다. 사랑한다고 말하며 애틋한 눈빛으로 바라보고 돌봄을 맹세하는 이 낯선 감정이 혼란스럽다.

어두운 절망 속에 갇혀있는 내게 세겜은 뭐든 원하는 걸 다 주겠다고 말한다. 원하는 게 있냐고 계속해 묻는다. 그래 내가 원하는 것은 이 일이 벌어지기 전으로 돌아가는 것이다. 그러나 불가능한 일에 목을 매고 있을 만큼 나는 어리석지 않다.

납치 강간하여 나의 처녀성을 짓밟고 결혼을 요구하는 세겜의 행위를 과연 사랑이라 받아들여야 하는 걸까? 아무리 몸 정이 마음 정이 되는 것이 한순간이라지만, 정녕 강간당한 나의 정신이 그를 남편으로 받아들일 수 있을까? 하지만 내겐 세겜과의 결혼만이 답이라는 걸 알고 있다. 그러나 정작 나의 거취를 정할 자들은 아버지와 오빠들이다. 세겜과의 결혼을 아버지와 오빠들이 받아들여 줄지조차 의문이다. 아무것도 스스로 해결할 수 없는 상황이 너무나 무기력하고 두렵다.

결국 모든 상황에도 불구하고 아내로 맞이하겠다고 달콤한 말을 속삭이는 세겜 앞에서 강간당했던 악몽은 잊고 결혼을 기대하는 것 외엔 아무런 선택지가 없다는 사실을 알고 있다. 자존심 따위를 염두에 둘 수 없을 만큼 심각한 상황이며 절망적인 상황이란 것도 잘 알고 있다. 그러나 망가져 버린 나의 세상에서 이 모든 걸 이겨내고 버텨내며 살아갈 수 있을까?...

그러나 이런 디나의 생각은 사치에 불과하다. 냉혹한 현실은 그녀를 더욱 수렁에 처넣기 때문이다. 디나가 어느 날 겪은 성폭력은 그녀를 얼마나 극도의 수치심에 빠지게 했을까? 삶의 한가운데서 복원될 수 없는 상처를 입은 그녀가 자기 스스로 자신의 존재를 부정하게 만드는 몸에 새겨진 지워지지 않는 상처는 절망의 무저갱으로 그녀를 빨아들였을 것이다. 그러나 그녀의 가족은 그녀를 상처 입은 그대로 봐주는 것이 아니라 성폭력 당한 여자, 강간당한 여자로 여길 것이라는 사실이 디나를 지은 죄 없는 죄인의 신분으로 살아가게 할 것이다.

당시 강간당한 여자가 자신을 강간한 남자와 결혼하지 못하면 평생을 수치와 멸시 속에 홀로 살아가거나 집에서 죽임을 당하기도 했다. 디나의 강간 결혼에 있어 경제적, 정서적인 영역보다 우선시된 것은 각 집단의 힘겨루기이다. 혈연적 민족적 힘의 상호성 면에서 약탈과 납치를 당한 집단이 저항을 표시하는 것은 신부 집안의 부(富)의 크기에 따라 저항의 강도가 정해지는 게 일반적이었다. 그에 대한 보상, 지참금, 선물, 잔치, 공공의 즐거움으로 신랑과 신부는 결혼에 이를 수 있었다.

그러나 지독히 계산적인 두 집안은 원하는 값을 얻기 위해 지나치게 머리를 굴리며 종국의 파멸을 향해 나아간다. 강간당한 현실과 오라버니들의 손상된 자존심과 복수심, 그리고 결혼 장사의 성공 여부의 불확실성, 문제투성이인 이 관계의 종말이 어떻게 될지 불투명하다. 결국 거짓과 음모로 점철된 잔인한 복수와 약탈은 디나의 세상을 폐허로 만들었다. 그렇게 디나의 결혼과 그녀의 미래는 허망하게 사라져 버린다.

자신의 거취조차 주장할 수 없는 힘없는 여자에게 결혼이란 희망은 파멸의 결과로 주어졌다. 디나의 삶은 세겜과 자기 가족으로 인해 돌이킬 수 없는 파국에 이르렀다. 달콤했던 결혼에 대한 기대는 산산이 부서져 버렸다. 도구 이상의 대접을 받지 못하는 소유물의 하찮은 마음 따윈 가족 중 아무도 신경 쓰지 않았다. 모든 삶의 희망을 앗아가고 뼛속까지 외로운 삶을 그녀에게 강요한 이들은 그녀의 가족이었다.

여자를 납치하여 강간한 후 친족과 협상하여 결혼하는 것을 강간 결혼이라 한다. 남성이 결혼하지 않은 여성을 강간하고 발각되었을 경우 그 여성의 아버지에게 그의 소유물에 끼친 손해에 대한 적합한 손해배상을 해준 뒤 그 아버지가 금하지 않는 한, 자신이 강간한 여성과 결혼하는 것으로 마무리 지을 수 있었다. 또한 이혼할 수 있는 권리를 박탈당하는 처벌을 받았다. 반면 여성의 입장에서는 자신을 강간한 사람과 평생을 같이 살아야 한다는 끔찍하고 잔인한 미래를 보장받았다.

남성의 소유물(미혼의 딸)을 도둑질한 강간에서 성폭력이란 개념은 전혀 찾아볼 수 없다. 당시 사회에서 간음이나 강간은 일부다처제하에서 남성의 특권을 분명하게 보여 준다. 여성의 성(sexuality)은 생식과 출산, 남성의 성적 쾌락을 충족시켜 줄 수 있는 범위 내에서만 받아들여졌음을 알 수 있다.

최근 인도를 여행하다 괴한에게 강간당한 스페인 여성의 이야기가 뜨거운 관심을 받고 있다. 그녀는 자신의 SNS에 피해당한 사실을 밝히며 "나는 정의가 실현되기 위해 무엇이 필요한지 모든 사람에게 말해줄 것이다. 나는 부끄럽지 않다. 왜냐하면 이 일은 나의 잘못이 아니었고 지금까지 이런 괴물들이 (내 주위에) 없었기 때문"

이라고 강조한다. 강간의 피해자인 그녀는 "나는 누가 뭐라고 하든 더욱 강해질 것이고 나는 살아있을 수 있는 두 번째 기회를 얻었다. 그 기회를 통해 내 삶을 행복하게 살아갈 것"이라고 당당하게 선언한다.

현재 지구촌 곳곳에서 여성들이 분노하며 몸을 일으키고 있다. '나도 고발한다'(Me Too) 운동은 성폭력 피해자의 고통이 제대로 된 소통의 대상으로 만들고 누구든지 같이 공감하고 느낄 수 있는 고통으로 만들자는 운동이다.

안타깝게도 현대에도 강간은 상대방의 영혼을 죽이는 것이라는 개념이 완전히 자리 잡지 못하고 있다. 힘의 우위에 있는 남성의 성 착취 행위인 강간이 남녀가 동등한 인격체로 인정받는 사회에서도 빈번히 일어나고 있는 것을 볼 때, 강간의 역사는 인간의 역사와 함께 지속되어 왔음을 보여준다.

강간 즉 성폭력과 그로 인한 상처, 그리고 상처 극복에 관해 사회는 제도적 장치와 더불어 더 치밀한 분석과 통찰로 피해자를 보호해야 한다. 강간은 행위의 문제라기보다 관계성의 문제고 응시의 문제다.

하나님은 당신이 창조한 인간이 육욕의 대상이 아닌 전 인격체로서 관계적인 대상으로서 대해지기를 바라신다. 소유가 아닌 의미로 마주하는 것, 그것이 하나님의 신앙을 가진 자가 고백하는 윤리여야 한다.

디나의 강간 사건에 대한 보복으로 벌어진 세겜 대학살 이후, 성서는 디나에 대해서 침묵하다가 애굽에 이주할 때 레아로 인해 비롯된 자손 삼십 명 속에 언급한다(창46:15). 디나는 요셉과 비슷한 시기에 태어났으므로 강간당했을 때 나이가 15~16세로 추정된다. 애굽으로 이주할 때는 그 후 약 15여 년의 세월이 더 지나서 그녀의 나이가 30대에 이르렀을 것이다. 디나는 세겜 사건 이후 결혼하지 못하고, 야곱의 집안에서 죽을 때까지 살아간 것으로 보인다.

카우프만(J. C. Kaufman)은 독신자들이 받는 압박을 두고 '비난의 손가락질'이라고 표현했다. 여성 독신자의 삶은 어떤 사회적 규준을 위반했다고 느끼게 한다. 결혼도 하지 않고, 혹은 결혼도 못 하고, 애인도 없는 독신 여성은 부모나 가족, 친구, 친지, 또는 심지어 주변 사람들에게조차 그들이 자신을 손가락질하고 있다는 스트레스를 받는다.

독신자 여성은 '아무도 유혹할 수 없는 여자', '어떤 남자도 붙잡을 수 없는 여자', ' 어떤 남자도 선택하지 않은 여자'라는 오명을 쓴다. 사회적 규준 준수 문제로 개인적인 감정보다는 사회적 구성물이 되는 것이다.

남처럼 결혼하고 아이를 가져야 한다는 내재 된 사회적 규준을 자신이 아무리 원한다 해도 실현할 수 없는 디나의 삶은 사회적 시선에 사형선고를 받은 삶, 죄인 된 삶을 짊어지고 생명이 다하는 날까지 그저 벌레처럼 살아갈 수밖에 없는 비참한 인생이다.

야곱 아들들

어린 시절 불행했던 아이가 자라서 불행한 성인이 되는 부메랑 현상에 처음 주목한 사람은 정신분석학의 아버지 프로이트(Sigmund Freud)다. '왜 우리는 자기 파괴적 행동, 불행한 인간관계, 고통스러운 가족관계를 반복하는가?' 프로이트는 이 질문에 천착하였다. 자기 파괴적 강박, 대물림되는 가정폭력, 알코올 중독 등 불행한 경험을 반복하는 심리는 사실은 불행을 극복하려는 노력의 일환이라고 주장한다.

결혼 생활이 불행한 부모 밑에서 자란 자녀는 부모와 유사하게 원만하지 못한 결혼 생활을 할 가능성이 높다고 한다. 가족 상담사 머레이 보웬(Murray Bowen)은 불행한 결혼의 세대 전수는 잘못된 배우자의 선택에서 시작된다고 말한다. 어린 시절 불행한 가족관계를 재현하려는 '귀향 증후군'(the going home syndrome)에서 벗어나지 못하는 것이다.

좋은 기억이 아니었음에도 어린 시절 가족의 모습으로 돌아가 힘든 인생살이를 반복하는 것은 어린 시절 풀지 못한 가족 간 갈등의 고리를 풀어보고자 하는 무의식이 작용하는 까닭이다. 우리는 익숙하고 친숙한 것에 편안해하고 이끌린다. 어린 시절 가정에서의 경험만큼 익숙한 것이 없다. 그래서 배우자를 선택할 때도 자신이 인식하지 못하는 사이에 상대를 통해 어린 시절 경험한 가정의 모습을 재현하고 있다.

야곱의 여러 아내 밑에서 성장한 형제들은 서로를 경계하며 미워하며 성장했는데 그들은 몇 명의 아내를 두었을까? 아버지의 삶을 답습했을까? 자기들의 어머니 빌하와 간통한 큰형 르우벤을 형제들은 어떻게 생각했을까? 야곱의 셋째 아들인 유다는 이방 여인과 결혼해서 며느리도 이방 여인으로 맞이하고 종국에는 며느리와의 사이에서 아들을 둘 얻는 막장 족보를 연출함으로 불행한 집안이 자녀에게 미치는 영향을 가감 없이 드러낸다.

우리가 공통으로 소속감을 느끼는 곳이 가족이다. 가족과 깊게 연결되어 애착을 잘 형성할 때 거기서 느끼는 소속감은 사랑과 행복감의 원천이 된다. 내가 혼자가 아니라 가족에 속해 있고 그들도 나에게 속해 있다는 느낌은 자신의 정체성에 대한 답을 주고 안정감을 준다. 가족에게 소속되지 못하고 거부당한 경험을 반복한 사람은 자기 정체성과 자존감에 상처를 입는다.

가족의 위기 문제는 그 가족의 한계를 보여 준다. 가족의 한계는 바로 태어나고 자란 가족의 환경에 의해 결정된다. 위기에 처한 가족을 살펴보면 이전 세대의 불행한 모습을 반복하면서 지금의 가족 안에서 이전 시대의 한계성을 고스란히 드러낸다.

임신과 출산

성은 하나님의 형상으로서 친밀하고 긴밀한 교제를 향한 인간의 욕구다. 성은 그 사람의 인생으로 들어가 하나가 되는 것이기에 성적 친밀감은 최대의 연합이자 최상의 선이 된다. 그런데 성 연합이 인격적 관계에서 이루어지지 않고 종속적이거나 강압적일 때 그것은 가장 악한 것이 될 수 있다. 그러므로 성적인 행위가 단지 종족 번식만이 아닌 인간성과 깊이 관련되어 있음을 인지하는 태도가 중요하다.

아이의 탄생은 부모 세대의 죽음 이후에도 지속될 미래를 상징한다. 연속성은 출산으로 가능해진다. 자녀의 신체 안에 조상을 담고 유기적 연쇄성을 가진다. 아이로 인해 완성되는 가정은 모든 사랑의 기초를 아우르기에 다른 기능의 사랑으로 나아가는 길을 열어 준다. 남편과 아내에 대한 사랑을 자식에 대한 사랑으로, 내 아이에 대한 사랑은 아이와 함께할 다른 이들에 대한 사랑으로 이어져 이웃 사랑을 실천하는 최고의 가치가 된다.

아이의 탄생은 결혼으로 이루어진 결합이 명시적으로 확인되는 본질의 구현이다. 아이는 부모의 관계를 비추는 거울과 같은 역할을 하며 외부적으로 보인다. 아이를 통해 가족이 실현되고 부부 사이의 틈을 메우는 완성된 모양은 가족의 완성을 의미한다.

결혼과 임신, 출산이란 공식은 근세까지도 대다수의 사람들이 가진 보편적 인식이었다. 결혼한 부부의 정당한 권리와 욕망은 출산으로 이어진다. 결혼한 여자가 아이를 원하는 것은 본능과도 같은 일이다. 그러나 성욕과 아이를 갖겠다는 열망이 남편과 아내에게 동질의 양으로 주어지진 않았다.

영국의 헨리 8세는 이혼과 죽음을 반복하며 여러 아내들을 갈아치우면서 자식을 얻지 못한 것을 여자의 탓으로 돌렸다. 원인이 남자에게 있을 것이란 생각조차 하지 않는 것은 그 시대나 성서 속 남자들도 다름없다.

결혼한 여성은 완경이 되기 전에 집안의 대를 이을 자식을 낳아야 할 의무가 있었다. 나이는 여성에게 불리하게 작용할 뿐 아니라 전성기를 지나기 전에 자식을 낳아야 한다는 강박을 갖게 했다. 젊고 생식능력을 가진 젊은 여성을 선호하는 남성들에게 버림받지 않으려는 처절한 몸부림이다. 남성은 나이가 들어도 자식을 낳는 능력을 잃지 않으므로 유리한 입장이다. 남성의 생식능력은 건강과 젊음, 풍요를 연상시키는 까닭에 남성을 우월감에 빠지게 만들고 교만하게 만든다.

성서는 여자가 아이 낳기를 원하는 간절한 바람을 외면한다. 아이를 위한 기도는 남자들의 전유물이다. 아비멜렉 집에 하나님이 수태 능력을 부여한 것은 아브라함의 기도 때문이고(창20:17,18) 리브가의 자궁을 열어준 것은 이삭의 기도였다(창25:21).

자신의 하녀를 남편에게 주는 아브라함의 아내 사라는 하갈의 동의를 구하지 않는다. 야곱의 아내인 레아나 라헬이 자신의 하녀를 남편에게 줄 때도 마찬가지이다. 이러한 행위를 현대의 여성들이 이해하기 어렵다. 그 시대 여자들은 아버지와 남편의 재산이었고 하녀는 주인의 재산이었다. 누구도 물건에게 옮길 자리를 의논하지 않는 비참한 여성 인권의 무법지대였다. 여성의 동의를 구하지 않고 여성의 주체성을 긍정하지 않는 가부장적인 문화 안에서 남성이 여성의 운명을 좌우하는 모든 결정을 내리는 매우 부당한 시대였다. 성서의 모든 여성은 임신하길 간절히 원하고 원치 않는 임신이란 없는 듯 묘사된다.

여성의 출산은 의학이 발달한 지금도 여전히 목숨을 걸어야 하는 위험부담을 가진 일이다. 직립보행을 하는 인간은 임신 기간의 부담이 다른 포유류의 암컷들보다 크다. 그렇기 때문에 분만 도중 목숨을 잃는 비율도 높다,

여성이 떠안아야 하는 출산이라는 큰 위험을 고려하면 아이를 원하는 본능적인 여성의 욕심은 차라리 무모한 용기에 가깝다. 그러나 누가 아이 낳다가 자신이 죽으리라 생각하겠는가? 아이를 낳지 못해 비난의 대상이 됨을 더욱 두렵게 여겼기에 여성들은 목숨을 걸고 아이 낳기 전쟁에 뛰어든다. 성서는 하늘의 별처럼 많은 자손을 그리는 믿음의 조상들의 아이 낳기 역사다.

오늘날 출산은 성적 본능과 생식 본능에서 독립하려는 경향을 보인다. 아이를 낳는 일이 당연시해지던 세대는 저물고 결혼 과정의 선택적 항목이 되었다. 아이를 낳고 키우고자 하는 생식 충동은 성적 욕망에 밀려나 부속 장치처럼 전락했다.

아이를 갖는다는 것은 우리 시대에는 우연이 아니라 결정의 문제가 되었다. 아이를 가질 것인가 말 것인가 하는 망설임과 계획이 인생에 중대한 영향을 끼칠 것을 알기 때문이다. 아이를 낳는 일은 가임기의 남녀가 직면한 가장 어려운 결정일 수 있다. 측정과 계산 불가한 비용과 변수들, 아이를 갖기로 했다는 것은 나 자신의 안일보다 돌봄을 필요로 하는 타인의 행복을 중시하는 심리가 깔려 있다. 하고 싶은 일들을 포기하고, 자율권이 제한되고 종속되는 삶을 향하는 길임을 알기에 자기희생의 결심 없이는 책임을 다할 수 없다.

특히 여자에겐 임신한 그 순간부터 육체적으로 정신적으로 새 생명에게 끊임없이 영향을 받게 된다. 인간의 능력으로 견디기 힘든 임신 과정과 출산까지 완성하고 나면 그 후엔 연약한 생명을 돌봐야 하는 지난한 작업이 펼쳐진다. 잠도 못 자고 돌본 새 생명은 여자에게 산후우울증과 부부관계의 위기, 무수한 질병을 안긴다. 그러므로 부모가 되는 일은 자기희생의 슬픔, 그리고 예견할 수 없는 위험에 대한 두려움 속에서 시작된다.

첫 번째 출산은 사회적으로도 가정적으로도 매우 중요하다. 아이가 출생할 때까지 결혼의 유효성이 인정되지 않는 민족들이 많음을 볼 때, 출산으로 생식능력을 인정받아야만 어머니가 되고 한 남자의 아내로 인정받게 된다. 성적 분류로서의 여성에서 부인이 되고, 적법한 부인으로서 대우받는 중요한 의미가 된다.

아버지도 마찬가지다. 아이를 낳으면 그는 자신의 이름을 잃고 누구누구의 아버지라 불린다. 태어난 아이가 새로운 사회집단에 속했음을 인정하는 것이다. 그런데 성서의 인물은 역으로 누구누구의 아들이라 불린다. 이스라엘 족속이 가부장적 아버지의 권위와 자의식이 얼마나 강한 민족인지 새삼 느끼게 된다.

아이를 낳고 싶은 욕망과 불임

아이를 낳고 싶은 욕망은 모든 인간이 세상에서 자신의 위치를 찾을 수 있게 해주는 특징이 있다. 무의식 중에 갈구하는 자신의 흔적을 남기고, 연속성 안에 자신을 새기고, 과거에 뿌리를 내린 채 미래로 향하는 역사의 전개에 자신이 참여하기를 바란다.

아이를 원한다는 것은 뭔가 결핍되어 부족한 그곳에 자리할 '대상'을 자기 곁에 두고 싶은 마음에서 시작된다. 부모가 되고 싶다는 욕망에서 아이를 원하는 것이 아니고 부모가 될 능력을 갖추었기에 아이를 원하는 것도 아니다. 오히려 막연하게 자기 부모가 했던 것처럼 자신도 그 역할을 할 수 있다는 것을 자기 자신과 타인에게 보여 주고 인정받고 싶은 마음이 아이 낳기를 원하는 마음을 부추긴다.

아이를 낳으므로 어떤 결핍을 채우기를 바라지만 아이는 부모의 결핍을 채워서 부모가 완전함에 이를 수 있게 해주는 존재가 아니다. 모든 아이는 그 자신이 결함과 결핍을 가진 존재로 태어나 부모와 함께 불완전한 역사를 만들어 가는 존재이다.

성을 인간에게 주어진 신의 선물이라 여겼던 유대 문화권도 성의 표현을 종족 보존의 수단으로만 해석하면서 여성은 법적으로 남성의 재산이 되었으며 성의 표현 또한 남성의 특권이 되었다. 대부분의 고대사회에서 인간의 절대적인 욕구는 자손을 생산하며 번성하는 일이었다. '바닷가의 모래알처럼 수많은 자손'에 대한 번성은 하나님의 계시와 자연의 명령에 순종하는 일이었다.

남자 홀로 아이를 만들 수 없고 여자 혼자 아이를 낳을 수 없다는 것을 알면서도, 아이 낳는 일에조차 남녀의 평등은 없다. 여자는 단지 자식을 낳는 도구에 불과할 뿐이며 남자가 실제로 자식을 낳게 해주는 존재로 여겨졌던 전통적인 가부장제 사회에서는 아버지의 자식은 있어도 어머니의 자식은 없다고 말할 수 있다. 여자는 남성이 준 아이의 씨를 담아 키우는 그릇에 불과하다고 여긴 것이다. 어머니는 자식의 생산자가 아니라 '양육자'에 불과했다. 그러므로 거의 모든 사회가 불임에 대한 책임을 오로지 여성에게만 지웠다는 사실은 아이러니하다. 그 결과 불임 아내에 대한 남성의 이혼권을 당연시했다. 남성우위의 구조가 흔들리는 것을 인정하지 않는 사회적 의지로 인해 남성 불임에 대한 의학적 관심과 기술의 발전도 더디게 만들었다.

성서는 임신과 출산이 인간의 능력으로 해결할 수 있는 문제가 아니라고 말한다. 불임이었다가 가임이 되는 것은 오직 하나님의 개입하심으로 일어난다. 아비멜렉 집안의 모든 자궁을 닫았다가 허용하는 것(창20:17,18), 사라가 90세의 몸으로 아이를 낳게 되는 것, 리브가가 20년 만에 아이를 갖게 되는 것, 레아와 라헬의 출산의 모든 시기는 하나님이 정하신다.

아이 낳기 전쟁

자크 라캉(Jacques Lacan)의 욕망 이론은 사람이 단순히 필요한 것을 넘어 더 많은 것을 원하게 되는 이유를 설명한다. 욕망은 절대 채워질 수 없는 부족함과 연결되어 있고 항상 부족하다고 느끼는 상태이다.

라캉은 욕망이 정체성을 형성한다고 보았다. 욕망이 사회적 규칙과 문화, 언어 같은 '상징계'에서 만들어지는데, 주변 사람들이 자신에게 기대하는 모습에 맞춰 욕망을 형성한다는 것이다. 타자의 욕망을 내면화하고 그로부터 자신의 욕망이 형성된다는 주장이다.

야곱의 아내 중 레아와 라헬은 '아이 낳기'를 통해 자신의 정체성이 형성되고 사회적 지위도 만들어진다고 인식한다. 자신의 가치를 남편의 아이를 몇 명 낳느냐에 두며 그것을 통해 인정받고자 한다. 그러나 이는 지속적인 욕구불만과 더 많은 욕망을 낳게 할 뿐이었다. 자신이 진정 원하는 것이 무엇인지 고민하지 않고 단지 타인의 인정만을 쫓는 위험이 결국 라헬이 "하나 더!"를 외치며 죽음을 맞는 비극을 만들었다. 인간의 욕망은 타자에게서 벗어날 수 없다. 맹목성을 버리고 관계의 균형을 유지하며 자신의 진정한 욕구가 무엇인지 들여다보는 것이 중요하다.

야곱의 아내들은 야곱 앞에서 늘 약자다. 남편을 원하고 남편의 아이를 낳음으로 사랑의 결과물을 내놓으려고 애쓴다. 그러나 야곱이 자기 자식을 많이 낳아준 여자를 더 사랑하는 것은 아니었다. 전쟁과 같은 아이 낳기 경쟁에 빠진 야곱의 아내들은, 아이 낳는 일이 목숨을 걸어야 하는 위험한 일이란 자각조차 없이 아이 낳기에 매진한다.

아이 낳기에 최적화된 몸을 가진 레아는 임신과 출산을 숨 쉬는 것처럼 자연스럽게 해낸다. 그리고 낳을 수만 있다면 더 낳겠다는 간절함까지도 가졌다. 그러나 라헬은 오랜 기간 불임이었고 아이를 낳다가 죽는 일이 허다한 시대의 증인이 되었다. 야곱은 라헬이 자식 낳기를 간절히 소망하지도 않았고 불임인 아내 라헬을 위해 기도하지도 않았다.

레아의 아이 낳기 전쟁

야곱, 오직 나의 남편인 당신을 사랑해요. 사실 인간적으로 당신과 나는 너무 닮아서 마치 쌍둥이 같다는 생각을 해요. 당신이 원하는 사랑과 내가 원하는 사랑의 모습은 너무나 닮아 있잖아요. 오직 한 사람을 바라보는 우리식의 사랑을 다른 사람은 이해하지 못할 거예요.

우리의 결혼이 나의 이기적인 사랑으로 이루어졌지만 사실 시작이 남과 다르다고 해서 어긋나고 뒤틀리고 망가진 건 아니죠. 어긋난 건 바르게 이어붙이면 되고, 뒤틀린 건 바로 펴면 될 일이니까요.

야곱, 내게 필요한 건 오직 당신의 관심과 사랑뿐이예요. 나만큼 당신의 아들을 많이 낳아준 아내는 없잖아요? 이는 우리 부부를 하나님께서도 인정한다는 증거예요. 당신도 그 사실을 부정하진 않겠죠?

야곱, 난 결혼식 날 밤 당신의 품 안에서 숨죽이던 그 순간을 후회하지 않아요. 당신과 나는 맺어질 수밖에 없는 운명이었던 거죠. 마땅히 이루어질 일이기에 이루어진 거예요. 우리의 결혼은 망가진 것이 아니라 그렇게 운명을 따라 어렵게 힘들게라도 맺어진 거예요. 힘겹게 시작되었지만 우리에겐 수많은 결실이 사랑의 증거로 남아있어요.

나를 바라보세요. 고개를 돌리며 외면하지 말아요. 당신도 당신의 아들을 낳은 나를 외면하지 못 할 거잖아요. 석녀나 다름없는 라헬을 향해 당신이 눈길을 보낼 때마다 내 가슴에선 불길이 치솟아요. 텅 빈 곳간같은 라헬은 당신을 굶주리게 할 뿐이예요. 라헬은 바닥까지 말라버린 샘이잖아요. 야곱, 나를 봐요. 당신을 행복하게 만들 여자는 바로 나예요.

레아의 이기적인 사랑은 야곱을 능가한다. 사실상 인간적으로 가장 닮은 인물은 야곱과 레아다. 레아는 자신으로 인해 결혼의 시작부터 어긋나고 뒤틀린 야곱과의 관계를 전혀 개의치 않는다. 야곱의 결혼을 망가뜨린 당사이면서도 자신이 망가뜨린 결혼이 원래의 모양이라는 이상한 확신에 사로잡혀 있다. 사람의 감정이 동전을 뒤집듯이 간단한 것이라는 생각인지, 틀림없이 남편의 사랑이 자신에게로 향할 것이라는 헛된 꿈을 꾼다. 그러나 망가진 것은 상처를 안고 살아가야만 한다. 스스로 꾸며낸 감정적 발작을 이겨내지 못하고 라헬을 향해 비난을 쏟아내며 야곱이 자신의 합법적 남편임을 과시한다. 스스로 만들어 낸 감정에 도취되어 그것이 진실이라고 믿는다. 헛된 증오에 사로잡혀 라헬을 미워하며 야곱을 향한 독점욕을 포기하지 않는다.

레아는 남편의 사랑을 아이 낳는 일로 보상받으려 한다. 아들을 낳을 때마다 남편의 사랑을 기대한다. 그녀는 하나님도 남편의 사랑을 받지 못하는 자기의 괴로움을 아신다고 확신했다. 왜냐하면 아이들이 하나님이 주신 선물이라고 생각했기 때문이다(창29:32, 33).

그러나 이는 오직 레아의 생각일 뿐이다. 야곱이 레아와 계속 동침하고 레아가 아들을 연달아 낳았지만 그들의 육체관계는 사랑과 연결되지 않았다. 사랑 없이 태어난 레아의 자식들과 첩의 자식들은 심성이 악하고 일그러진 도덕성으로 바위같이 굳은 심장을 가지게 되었다. 제대로 사랑하는 방법을 모르는 레아이기에 자신이 낳은 아이들을 제대로 사랑할 수 없었다. 어쩌면 아이조차 남편의 사랑을 받기 위한 도구에 지나지 않는다.

라헬의 아이 낳기 전쟁

야곱은 왜 내게 당신의 아이를 낳아 달라는 말조차 하지 않는지, 그게 나를 위한 배려인지 무관심인지 두렵다. 나를 사랑한다면 사랑의 결실이라 여겨지는 아이를 원하는 것이 당연한 것이 아닐까? 어째서 당신은 내가 아이를 낳든 말든 관심을 두지 않는지 도무지 알 수 없다.

당신이 다녀간 날은 입맞춤의 잔상이 입술 주변에서 옅은 경련을 일으킨다. 간밤의 열기가 온몸을 감싸고 합일의 기쁨에 날아갈 듯하지만 소식 없는 아이의 울음은 내 울음이 되어 공허하게 흩어져 버린다.

언니가 아이를 품에 안고 큰소리로 아이를 어를 때마다 내 가슴에 솟구치는 수치심과 분노를 당신은 슬쩍 외면하며 관심조차 두지 않는다. 언니가 독기 품은 눈으로 나를 흘겨본다는 사실을 알고 있을까? 무신경한 당신으로 인해 사랑에 허기져 아사 직전이다. 아이 하나 낳지 못하는 무가치한 존재로 느껴지는 비참함을 당신은 나 몰라라 하기에 나는 더욱 비참하다.

그럼에도 당신을 떠날 수 없다는 나의 핑계는 아이 없는 슬픔을 견딜 수 있는 내 안의 저열한 힘이며, 벗어날 수 없는 운명의 수레바퀴와 함께 굴러가는 거대한 굴레 속에서 살아남기 위한 최소한의 자기 합리화다. 나는 그렇게 견디며 살아내고 있다.

모든 것이 허용되는 듯하지만 아무것도 허용되지 않는 것이 내 삶이다. 당신이 내 삶 안에 있다는 이유만으로 의미가 주어지는 간절한 대상이기에 진실이 매끈한 뒷머리를 보이며 멀어져 가도 약속이 깨진 삶의 발치에서 삶을 바닥에 내동댕이치고 싶은 충동을 간신히 견디며 살아왔다.

내 의지와 상관없는 삶의 위기 속에서도 오직 당신 한 사람을 바라보며 살아온 나의 삶의 위로는 오직 당신뿐이기에 견뎌 온 거다. 당신이 아이를 낳으라고 강요한 것도 아닌데 나의 불안감은 갈수록 증폭된다. 나에게 사랑의 완성은 당신의 아이를 낳는 일이다. 결혼 이후 나의 삶은 아이를 낳는 일이 나의 세계를 규정한다.

아이를 좋아하기에 간절히 바란 것이 아니다. 그저 언니 레아가 야곱의 아이를 계속 낳자 아이가 생기지 않는 자신이 불량품처럼 느껴져 마음이 조급해졌을 뿐이다.

언젠가 생길 거라고 했던 아이는 7년이 지나도록 생기지 않았다. 언니가 여섯이나 낳는 동안 단 한 명도 낳지 못했다. 아이들에게 둘러싸여 있는 언니에 비해 텅 빈 나의 손이 나의 허망한 위치를 말해 주는 듯했다.

아이를 낳기만 한다면 언니가 간절히 갈망하는 야곱의 관심과 사랑을 원하는 마음 따위 맘대로 비웃고 짓밟아 줄 수 있겠지만 문제는 아이를 원하는 때에 원하는 만큼 낳을 수가 없다는 사실에 있다.

야곱이 아내들을 성적으로 소비하며 많은 자녀를 두는 일을 업으로 삼은 자 같이 살아가는 동안 나는 자식 하나 낳지 못한다는 열패감에 싸여 속으로 속으로 병들어 갔다.

애초에 내가 가질 수 있는 것은 아무것도 없다는 듯이 언니에게 만 채워지는 태의 축복이 원망스럽다. 아이를 품에 안은 어머니란 세계는 내가 넘볼 수 없는 세상인 걸까?

그의 입맞춤은 마법같이 달고 부드러웠지만 그 끝에는 늘 눈물 맛이 난다. 존중과 관심이라는 양날의 칼은 그의 아내로 살아가는 동안 나를 끊임없이 상처 입혔다. 그의 관심에 답을 주지 못하는 까닭이다. 이 걷잡을 수 없는 감정이 추악하게 커지기 전에 나도 엄마 가 되고 싶다.

언니의 양팔에 차고 넘치게 안긴 아이들이 부러웠다. 삶의 모든 일상에 일일이 휘둘려 일희일비해서는 안 된다는 것쯤은 잘 알고 있다. 그럼에도 마음 밑바닥에서 꿈틀대며 기어 올라오는 욕망을 더는 못 본 체할 수가 없다.

지금의 감정의 여분으로도 미래를 감당하고 싶을 만큼 간절히 소 망한다. 집착과 불안이라는 유령은 나의 삶을 잠식했다. 나의 삶이 끝날 때까지 이 미련을 거두지 못하리라.

한때 찬란했다 꺼져버리는 사랑 따위보다 한결같은 나의 사랑을 전할 대상이 절실하다. 사랑하는 사람으로부터 사랑받는 것, 그 실 현을 어머니가 된 내가 실현해 보일 터이다.

아이를 낳지 못하면 결국 남편의 관심과 사랑이 떠날 것이란 생 각에 집착하며 라헬은 성급하게 행동한다. 자신의 하녀 빌하를 남 편의 침실에 밀어 넣고 그녀가 낳는 아이로 대신 위로를 받으려 한다. 하녀가 낳은 아이가 자신의 것이라는 논리다. 사랑의 근원이 흔들리는 것은 사랑의 결실이 주어지지 않는 까닭이다. 그런데 애가 타는 것은 라헬뿐이다. 야곱도 하나님도 침묵한다.

야곱의 사랑이 확신을 주다가도 여러 아내에게서 여러 자식을 둔 야곱이 아쉬운 것도 없으리란 사실을 자각하고 나면 자기 확신조차 힘을 잃는다. 레아에게 첫날밤을 빼앗긴 이후 라헬의 삶은 원치 않는 피곤으로 가득하다. 야곱을 차지하려는 아내들의 암투 속에서 안온한 사랑 따윈 꿈꿀 수조차 없다. 언니의 출산에 끊임없이 질투하는 자신을 보면 야곱을 향한 감정이 사랑인지 아이를 낳기 위한 집착인지 알 수 없을 지경에 이르게 되었다.

남편과 다른 아내들과의 잠자리를 강제할 수 없는 라헬의 입장은 비참함 그 자체다. 이제 야곱은 라헬만의 야곱이 아니고 모두의 남편이다. 야곱은 라헬의 손을 떠나 레아에게로 다른 여종들에게로 자유롭게 드나든다.

"내게 자식을 낳게 하라. 그렇지 아니하면 내가 죽겠노라"(창30:1)는 라헬의 극단적인 말 속에 그녀의 간절한 열망이 담겨있다. 죽어버리겠다는 협박이 아니라 자신이 죽을 지경이 되었다는 애정 어린 라헬의 투정이다.

야곱은 짜증을 내면서 말한다. "나는 아무 문제없다. 너에게도 할 만큼 했다. 그동안 다른 아내들은 잘만 여러 아이를 낳았다. 라헬 너에게 아이가 생기지 않는 것은 하나님이 너의 태를 닫고 있는 까닭이니 내 탓을 하지 말아라….” 비열한 자기변명이다. 사랑하는 여자의 간절한 소망에 어깃장이나 놓으면서 자기 합리화가 더 중요한 야곱이다. 아이를 낳고 싶어 안달하는 라헬의 투정을 귀찮아하며 이 시간을 빨리 피하고 싶어 하는 마음만 엿보일 뿐이다. 그토록 절절히 라헬을 사랑하는 모습은 어디에도 없다. 라헬의 눈 너머에는 피로와 허무가 보인다. 아이를 갖겠다는 욕망에 사족이 붙어도 되는 건가? 계속 끌려 다니는 기분, 배려 없이 서로를 할퀴는 말, 속마음을 숨기고 나누는 대화에 피곤해질 뿐이다.

“나는 당신의 아이를 간절히 원해. 하지만 아이가 생기지 않아서 마음이 조급하고 불안해. 이대로 아이가 생기지 않으면 어쩌지? 당신은 내가 아이를 낳지 못해도 괜찮겠어? 당신의 마음을 솔직히 말해주면 좋겠어” 자존심과 수치심을 잠시 내려놓고 라헬은 진지하게 야곱에게 물었어야 했다.

이미 충분히 가까운 관계에도 반드시 맞대어 실존을 확인해야만 직성이 풀릴 것 같은 기분에 사로잡힐 때가 있다. 밀려오는 두려움의 실체를 살아 있다는 신호로 여겨야 하는 것처럼 라헬은 야곱에게 내가 필요하다는 신호를 보내주길 간절히 원했던 것이다.

맹목적인 사랑은 어느새 목적을 갖고 물먹은 솜처럼 눅눅하고 무겁게 서로를 짓누른다. 피로한 인간관계로 소통이 막힌 부부는 더욱 답답증을 유발한다. 칼날로 벤 듯이 선명한 거리감이 서로에게 새겨지고 있음을 드러낸다. 눈빛과 웃음 같은 비언어적 표현에 철저히 의존하며 서로의 몸짓에 예민하게 반응한다. 사랑은 언어의 소통과 육체의 교류가 필요하다. 그러나 스스로 관계를 포기하는 것, 관계의 진행을 멈추는 것, 책임지지 않는 것에 익숙해져서 상대의 말 따위 주의 깊게 들으려 하지 않는다. 한 짝뿐인 젓가락으로는 티끌만큼 남은 애정을 들어 올리는 정교한 작업을 할 수 없다.

야곱과 라헬의 대화를 통해 그들의 관계를 들여다보면, 그들은 서로에게 겉보기보다 훨씬 나쁜 사람일 수 있다. 틀어진 관계는 문제점이 분명히 있다. 무언가 잘못된 건 확실하다. 일이 잘못되면 부부는 상대방 탓을 하게 된다. 물론 이는 정상적인 반응이다. 그러나 이 과정에서 분노와 실망이 생겨나는 게 문제다. 이신전심이라고 내가 불만을 느끼면 상대도 불만을 느끼게 된다. 이는 분노의 매커니즘이다. 분노는 거리감을 낳고 거리감은 분노를 낳는 악순환으로 이어진다. 부부의 불행은 서로를 괴물로 만들어 가는 비극이다. 그러나 그건 어느 한쪽의 잘못만은 아니다. 현실이 만족스럽지 못하기 때문에 멈춰버리고 굳어져 버린 감정이 서로를 받아들이지 못해 벌어진 일이다.

내가 그를 더 따뜻하고 다정하게 대하면 그도 더 다정하고 달콤하게 변할지도 모른다. 그런데 문제는 그러고 싶지 않다는 마음에 있다. 배우자의 실체를 너무나 잘 알고 있기에 내 모든 불행이 그의 탓이라 생각하고 싶기에 감정적 용서를 베풀고 싶지 않은 것이다. 인색하게 굴며 상대의 잘못만 곱씹고 있다가 분노에 휩싸여 죽는 걸 선택하며 그걸 보복이라고 생각한다. 내게 너무 잘못했기에 반성하지 않는 널 용서하고 싶지 않다는 미련한 복수심은 서로를 병들게 한다. 절대적인 노여움을 가슴 가득 품고 관계의 치유보다는 자기 자신의 합리화와 자기변호에 열정을 쏟고 있기에 결국 후회만 남기고 사그라들 것이다. 기회조차 얻고 싶지 않고 차라리 파멸해 버리고 싶은 '메데이아'식 복수심이다.

라헬은 나이 들어 생식능력이 쇠할 시기가 다가오자 조급하다. 그동안 야곱의 아들은 10명이 되었고 딸도 한 명 생겼다. 결핍은 가장 큰 약점이 된다. 라헬에겐 자식을 낳지 못함이고, 레아에겐 수많은 자식을 낳았음에도 남편의 사랑을 받지 못함이다.

라헬의 신체와 정신이 한계에 이르러서야 하나님은 그녀에게 첫 아들 요셉을 주신다. 아이를 낳음으로 지위와 안정, 권위와 존경, 남편의 독점적 사랑까지 모든 것을 얻으려 하는 라헬은 조금만 더 하나만 더 원하고 원하며 요셉으로 만족하지 못한다. 가슴 어딘가에 부서진 잔여물처럼 맴도는 불안 때문이었다. 그래서 온전한 하나는 불완전하다고 느끼는 것이다. 그리고 약 6년 후 베냐민을 출산하게 된다. 노산이었다. 노산은 태아와 산모 모두의 목숨을 위협하는 극도로 위험한 출산이다. 라헬은 두 번째 아들 베냐민을 낳다가 길 위에서 죽음을 맞이한다.

아이 낳기 전쟁에 아이가 나서는 막장 드라마

'합한'(合歡)은 '기쁨을 함께 함', '남녀가 잠자리를 같이하여 즐김'의 뜻이다. 합환채는 팔레스틴에서 흔히 발견되는 귀구(鬼臼, 흰독말풀)로 [개역성경]에는 합환채, [공동번역]에는 '자귀나무', [새번역성서]에는 '만드라고라'로 번역되어 있다.

이 식물은 줄기가 짧고 잎은 넓으며, 뿌리는 당근이나 인삼처럼 생겼고, 꽃은 희고 붉은 색으로 매우 향기로운 냄새를 풍긴다. 꽃이 핀 후 5~6월경에 오얏 정도 크기의 노란색 열매를 맺는다. 강한 향기가 나고 작은 사과처럼 생겼다. 겨울에는 푸르스름한 꽃을 피우고 여름에는 누른빛을 띤 건포도 크기의 열매를 맺는 다년생 지중해 식물이다.

독특한 맛과 향을 지난 이 열매는 성욕을 자극하기 때문에 '사랑 사과'(love apple)라고 불리기도 하고, 성욕이 지나치면 탈선할 우려도 있어서 '마귀 사과'(devil apple) 라고 불리기도 했다. 세익스피어 작품에서도 맨드레이크(Mandrake)를 언급하고 있다.

최음제(催淫劑)나, 강장제(强壯劑)로 알려져 있지만 히브리인은 불임 치료제 혹은 임신 촉진제로 믿고 있었다. 합환채의 열매와 두 갈래로 갈라진 뿌리가 마치 사람의 하체처럼 생긴데다가 남근 형상의 돌기나 여자 성기 형상의 움푹 파인 것도 있어서 고대로부터 정력제와 불임여성의 임신을 돕는 것으로 알려져 있었다. 뿌리를 여자가 가슴 사이에 지니고 있으면 어떤 남자라도 마음대로 유혹할 수 있고, 남자가 먹으면 24시간 동안 여자를 품을 수 있다고 알려져 있다.

아가서의 '합환채'(아7:13)는 '사랑'과 동일한 단어로(잠언7:18; 아1:2; 4:10; 5:1), 아가서의 '향기를 토하다'란 표현을 보면 성적 교합의 쾌감을 높이기 위해 복용했음에 틀림없고, 이 합환채가 향기 치료제로 사용되고 있음을 암시한다.

히브리 낱말이 가리키는 것이 이 식물인지는 확신할 수는 없지만 르우벤이 집에 어떤 식물을 가져왔든지 분명한 것은 그녀들은 임신을 가능하게 해주는 약으로 보았다는 사실이다. 라헬은 언니 아들의 합환채를 청구한다(창30:14).

잠자리 순번을 양보 받은 레아는 들에서 돌아온 야곱에게 "내가… 당신을 샀노라"라고 통보한다(창30:15). 이는 여러 아내로 인한 야곱 가정의 성적 문란함을 드러내는 말이다. 잠자리 순번을 물질이나 그 밖의 교환물로 사고파는 일이 아내들 사이에서 거래되고 있었음을 의미하기 때문이다.

그러나 라헬은 합환채로도 아이를 갖지 못한다. 오히려 합환채를 양보하고 야곱과의 하룻밤을 산 레아는 다섯 번째 아들 '잇사갈'을 임신한다. '보상이 있다'라는 잇사갈의 이름은 라헬에게 합환채를 거래한 그날의 일을 잊지 말고 기억하라는 의미이며 라헬을 향한 조롱이다.

갈등

סכסוך sikhsukh

ךושׁשׂ 시크숙

삶은 갈등의 연속이다. 모든 갈등은 '하라'와 '하지 말라'의 사이에 놓여있다. 하나님과 인간 사이에도 부모와 자식 사이에도 형제간에도 마찬가지다. 억압된 충동과 위반이 갈등의 촉발 요인이 된다.

갈등은 선택사항이 아니다. 상대가 갈등을 일으키면 갈등에 휘말리게 된다. 삶의 모든 이야기를 구성하는 이미지들은 갈등과 상처를 안고 있다. 사는 동안 끊임없이 반복되는 갈등으로 낭비된 시간은 삶을 구성하는 고통스러운 뼈대다.

다른 한편으로 갈등은 인생의 고통스러운 현실을 일깨워 주고 현실을 바로 보도록 도와준다. 삶 속에서 반드시 발생하는 갈등, 상처, 살아가는 과정의 고단한 역사는 참 자아를 발견해 가는 성장의 역사와 함께한다.

부부 갈등

남성의 세계는 결혼으로 강화되고 삶의 기반이 튼튼해진다. 그러나 여성은 그렇지 않다. 자신에게는 결혼이 삶의 전부였는데, 남편에게는 삶의 일부일 뿐이라는 사실을 알게 된 후 고통 속에 놓이게 된다. 남성에게 결혼은 여성이 생각하는 의미와는 완전히 다르다는 것이 갈등의 출발이다.

결혼을 바라보는 남성의 태도는 집은 필요하나 그 집이 골칫거리는 아니어야 한다는 식이다. 그러면서 남성은 집 안에 있어도 바깥 세계를 바라보면서 자기 아내는 집안에 있기를 바란다. 집안에 온전히 들어와 있는 것은 대부분 여성들이다.

부부 싸움 후 흔히 여자들이 "이야기 좀 하자"고 붙잡으면 남자들은 도망간다. 여자는 남자와 대화하기를 원하고, 남자는 여자에게서 벗어나 홀로 있는 시간이 필요하다. 이처럼 남녀 사이에 메울 수 없는 틈이 있으며 어쩔 수 없이 서로 이해하면서 받아들여야 할 피차의 몫이 있다.

결혼 생활 동안 지속해서 발생하는 갈등의 문제는 사랑한다는 이름 아래 서로 상대를 변화시키려 애쓰는 시간의 허비 속에 있다, 서로의 다름을 인정하고 받아들이는 것이 아니라, 나의 취향대로 나의 요구와 편리에 따라 상대를 변화시키려 한다. 이는 나는 옳고 너는 그르다는 생각에서 출발한다. 그리하여 사소한 일들을 큰 문제로 발전시키는 실수를 범하게 되고 현명한 분별력과 인내를 갖고 아름다운 관계를 이루어 나가려 했던 그간의 노력에 제동이 걸린다.

가브리엘 가르시아 마르케스(Gabriel Garcia Marquez)의 [콜레라 시대의 사랑]에는 비누 때문에 위기에 봉착한 부부 이야기가 나온다. 페르미아 다사는 어느 날 비누가 떨어졌음을 알았다. 그녀는 새 비누를 가져다 놓아야겠다고 생각만 하고 잊어버린다. 비누가 떨어진 채로 일주일쯤 지났을 때 더 이상 참지 못하고 폭발한 남편 우르비노박사는 비누가 없어서 일주일 가까이 세수도 제대로 못 하고 있다며 화를 낸다. 다사는 곧 가져다 놓을 테니 오늘만 참으라고 쏘아붙인다. 그녀는 남편 앞에서 자존심을 세우며 조금도 굽히고 싶지 않았다. 그날 이후 부부는 칠 개월 동안 각방을 쓰고 식사 때도 눈길 한번 마주치지 않았다.

소설 속에 '부부생활의 과제는 지겨움을 극복하는 법을 배우는 것'이라는 문장이 나온다. 겨우 비누 때문에 결혼 생활이 위기를 맞는다고 의아해할 필요는 없다. 치약을 위에서부터 짜느냐 아래서부터 짜느냐의 문제로 다투고, 옷이나 양말을 아무 곳에나 벗어 둔다고 다투며, 목욕 후 수건을 몇 장씩 쓴다고 싸우는 부부는 주변에 많다. 이러한 일상의 사소한 다툼은 해결되지 않은 채로 쌓여 커다란 염증이 된다. 그리하여 언젠가 더는 참기 힘들어지는 지경에 이르면 곪은 곳이 터져버리게 된다.

사소한 일로 파경에 이르는 부부는 둘 중 누구도 "내 잘못이야 미안해. 화 풀어"라고 말하지 않는다. 용서와 화해는 결혼 생활의 평안에 중요한 역할을 하는 것을 모르는 것이 아니다. 서로 상대의 탓을 하며 자존심을 세우는 것이 문제다.

부부, 서로의 기대를 충족시키고 성장하는 관계

성서는 신랑을 기다리는 처녀들이 등불을 들고 기다려야 함을 이야기한다. 등불은 신랑을 맞이하러 가는 길을 비춰줄 도구이며, 신랑의 얼굴을 확인하고 주변을 밝힐 도구이다. 등불은 여성이 결혼생활 중 어려운 시기에 자기 행동과 지난 삶을 비추어 들여다볼 도구이기도 하다.

여성은 남성에게 자신의 의식의 등불로 남성의 가치를 드러내 주는 능력을 발휘하기도 한다. 남성은 자기 자신이 누구인지 여성이 비춘 등불을 통해 깨달을 수 있다. 남성은 자신의 존재가치를 인식하는데 여성의 인정이 필요하다. 남성의 가치를 밝혀 드러내 주는 여성의 존재가 있을 때 남성의 의식이 확장된다. 남성에게 자기 안에 있는 최선을 일깨워 주는 존재가 바로 여성이기 때문이다.

여성은 속마음을 제대로 털어놓지 않는 남편을 위해 등불을 들고 남편을 자세히 들여다보아야 한다. 여성이 남성에게 삶의 의미를 부여해 주지 않는다면 남성의 삶은 메마르고 건조해진다. 남성이 종일 힘겹게 일한 것을 여성은 단지 몇 마디의 말로 의미를 부여해 줄 수 있다.

등불을 든 신부들은 등잔에 기름을 가득 채워서 신랑을 기다려야 한다. 기름이 없는 등불은 스스로 빛을 낼 수 없으므로 아무 의미가 없다. 기름을 가득 채움은 남성에 대하여 참을성을 가지고 기다려 주고 장단점을 들여다볼 마음의 여유와 능력을 갖춤을 의미한다. 그러므로 등불을 밝혀 결혼의 의미를 알아가고 싶다면 기름을 준비하는 준비성을 갖추어야 한다.

유대 전통에 금요일 저녁 안식일의 초는 반드시 여성이 밝힌다. 안식일을 시작하는 사람은 여성이고 여성이 빛을 준비하는 것이다. 여성은 남편의 빛이고 가족의 빛이다.

부모의 편애로 인한 자식의 고통

세상의 모든 책임 중에서 가장 큰 책임은 부모의 책임이다. 생명을 세상에 탄생시킨 부모는 자녀의 몸과 마음, 안녕 그리고 미래의 성장까지 자녀에 대한 모든 것을 책임져야 한다. 자녀의 훈육과 그로 인해 형성되는 인격, 지식과 행동에 대해서도 책임을 진다. 이렇게 책임지는 모습은 자녀에게 산교육이 된다. 또한 부모는 사랑과 관심이라는 마음의 지원을 해주어야 한다. 부모의 관심과 사랑 속에서 자라난 사람은 만족감과 행복을 느끼며 건전한 정서를 지니고 자랄 수 있게 된다.

마크 트웨인(Mark Twain)의 [톰소여의 모험]에는 대조적인 두 아이가 등장한다. 어른들의 눈 밖에 난 문제아 톰과 어른들의 기대에 늘 부응하는 모범생인 사촌 시드다. 그러나 시드는 사실 어른들에게 잘 보이고자 하는 고자질쟁이였다.

저자인 마크 트웨인에게는 두 살 아래 동생 '헨리'가 있었는데, 헨리는 말썽 피우고 나쁜 일을 저지르는 형을 바른길로 인도하기 위해 어른들에게 늘 보고하는 착하고 바른 행동을 하는 아이였다. 그러나 마크의 어머니는 순종하는 헨리를 부담스러워하고 문제아 마크를 오히려 편하게 여겼다고 한다.

영국의 작가 찰스 디킨스(Charles Dickens)의 자전적 소설인 [데이비드 코퍼필드]의 주인공은 고단하고 힘든 어린 시절을 보낸다. 저자 디킨스의 어린 시절이 그러했다고 한다. 빈곤과 좌절로 얼룩진 어린 시절을 보낸 디킨스는 평생 그의 부모와 사이가 좋지 않았다. 그의 부모는 경제적인 문제로 그의 삶을 뒤흔들어 놓았을 뿐 아니라 편애로 그에게 좌절과 고통을 안겨 주었다.

당시 중하류층이었던 그의 부모는 빚을 내서라도 일정한 생활 수준을 유지해야 한다고 생각하는 사람들이었다. 부모는 허영심으로 두 살 위 누나인 패니를 빚을 내어 왕립 음악학교에 보내고 디킨스는 구두 공장으로 보냈다. 돈이 없어 집에서 공장까지 한 시간씩 걸어 다닌 그는 런던의 빈민가와 거리를 관찰하게 되었고 이는 후에 그의 소설의 생생한 자료가 되었다.

디킨스는 자신이 느꼈던 모멸과 고통을 생생히 기록해 놓았다.

"나에 대해서 참을 수가 없었다. 모든 영광스러운 경쟁, 성공과는 거리가 먼 나, 눈물이 볼을 타고 흘렀다. 나는 기도했다. 밤에 잠자리에 들 때마다 내가 느끼는 그 모든 모욕과 무시에서 벗어나게 해 달라고... 그토록 고통스러운 적은 없었다"

누나에 대한 부모의 과도한 편애와 혜택은 디킨스에게 커다란 상대적 박탈감을 주었다. 그리고 부모와 누나의 관계와 자신과 부모의 관계가 얼마나 다른지 매일 느끼면서 살아야 했다. 옆에서 누나의 성취를 보는 것만으로도 그에게는 고통이었다. 그것은 디킨스가

도달할 수 없는 성취를 갈망하게 만들고 모욕감에 시달리게 했다. 그의 부모는 그가 당한 고통엔 관심조차 없었다.

사실주의 문학의 소설가 헨리 제임스(Henry James)는 어머니가 가장 사랑하는 아들이었다. 그가 그의 형인 윌리암과 동시에 병에 걸린 적이 있었다. 어머니는 윌리엄이 건강 염려증이라고 몰아세우고 헨리만 걱정한다. 아버지도 헨리가 집안의 가장 큰 즐거움이었다고 말한다.

프랑스의 사상가 장자크 루소(Jean Jacques Rousseau)의 어머니는 루소를 낳자마자 세상을 떠났다. 아내를 몹시 사랑했던 루소의 아버지는 아내를 닮은 루소만 애지중지했다. 아버지의 지독한 편애로 인해 루소의 형은 편애로 인한 고독한 삶을 견디지 못해 17세에 집을 뛰쳐나가 다시는 돌아오지 않았다.

형제자매 관계에는 반드시 부모가 끼어있다. 비교를 당하면 주눅이 들기 쉽다. 부정적인 평가나 설교만 듣고 위축된 채 성장하면 자기 긍정감이 결핍되어 사람들 앞에서 자신감을 잃고 안절부절못하는 사람이 되고 만다.

부모들은 자신들의 말과 편협한 행동이 자녀에게 얼마나 잔인한 흉기가 되는지 알지 못한다. 부모의 부당한 대우는 부모가 세상의 전부인 아이들에게 큰 고통이 된다. 자녀들에게 공평하게 대한다고 말하지만 부모도 감정적인 인간인지라 더 선호하는 자식이 있기 마련이다. 특정 자녀를 더 사랑하고 더 많은 혜택을 누리는 형제를 부러워하면서 형제자매는 성장한다.

　부모는 자신의 아이들에게 똑같은 양육 방식을 사용하지는 않는다. 형제를 다르게 대하고 형제 역시 형제들을 다르게 대한다. 말투도 기대도 요구도 애정 표현도 다르다. 심리학자들은 이런 현상을 부모와 자녀가 맞지 않기 때문에 문제가 생긴 일이라는 의미로 '조화의 적합성'(goodness of fit)이라고 말한다. 타고난 기질 차이로 빚어진 갈등으로 부모와 자녀 사이에서도 형제들 사이에서도 동일하게 적용되는 문제다.

　부모의 편애는 형제 사이에 경험의 다름과 차이를 만든다. 같은 가정에서 자라고 같은 환경에 노출되지만, '공유한 환경'(shared environment)은 형제의 서로 다른 발달에 영향을 주지 않는다. 형제의 발달에 영향을 주는 것은 '공유하지 않은 환경'(nonshared environment)이다. 그래서 함께 성장한 형제도 자기 효능감과 자기 가치감이 서로 다르다. 이는 애초에 부모가 다르게 행동한 결과이기도 하고, 아이의 다른 행동에 부모의 반응이 다르게 나타난 결과이기도 하다. 다른 형제에 비해 부모의 애정을 더 많이 받은 아이가 자기 효능감과 자기 가치감이 높다는 사실은 부모의 다른 대우가 아이 스스로가 가치 있고 유능한 존재라고 느끼는 데 영향을 준다는 것이다.

　제인 오스틴(Jane Austen)의 소설 [에마]의 여주인공은 가정 내에 있지 않은 사람은 그 가정의 어려움이 무엇인지 절대 말할 수 없다고 말한다. 가정 내에서조차 그 상황의 당사자가 아니면 어려움이 무엇인지 정확히 모를 수 있다. 그래서 부모나 형제조차도 다른 가족의 어려움을 이해하지 못할 수 있다.

우리는 항상 서로 비교당하면서 자랐다. 아담과 하와의 아들인 가인과 아벨의 인류 최초 살인의 이야기도 질투심으로 인한 것이었다. 자기 잘못을 돌아보기 전에 나보다 더 사랑받는 타인을 질투하는 것은 인간의 자연스러운 감정이다.

형제자매 간의 갈등과 반목은 질투에서 유래하는 경우가 많다. 장 자크 루소는 이 같은 감정에 착안하여 [인간 불평등 기원론]을 통해 그것이 사회악의 기원이 아닐지 하는 의문을 던졌다. 이것을 가족의 테두리 안에 적용하면 부모에게 사랑받는 아이와 사랑받지 못하는 아이 간의 불평등이다. 모든 아이는 부모에게 인정받고 사랑받고 싶어 한다. 그러나 그 열망이 이루어지지 않으면 슬픔과 분노, 원망이 뒤섞인 불안한 정서가 싹튼다.

부모의 편애는 형제 자매간에 경쟁심이 깨어나고 서로를 이겨 먹고 싶은 충동이 일어나도록 만든다. 값없는 애정을 갈구하는 자녀의 욕구를 무시하며 부모에게 만족스러운 자식이 되라고 다그친다. 부모의 편애는 부모에게 인정받느냐 마느냐에 생존이 결정되기라도 하는 것처럼 사랑과 인정을 얻으려는 형제자매가 싸움을 벌이도록 만드는 잔혹한 짓이다. 어느 집안이나 미운 오리 새끼는 있다. 미운 오리로 태어난 것이 아니라 부모가 미운 오리로 만드는 것이다.

형제 갈등

가인과 아벨, 에서와 야곱, 요셉과 그의 형제들에게 이르기까지 성서는 형제 갈등의 극단적인 모습을 보여 준다. 창세기에 의하면 형제는 타인의 시작인 동시에 살인의 시작이기도 하다. 형제간의 질투와 경쟁으로 인한 끊임없는 갈등은 서로의 욕심과 부모의 관심과 사랑 그리고 인정을 향한 욕구불만으로 야기된다.

형제 관계는 애정과 증오라는 양면성에 뿌리를 둔다. 그래서 어느 인간관계보다 더 많은 스트레스를 주는 불안정한 관계일지도 모른다. 그리하여 공격성과 경쟁은 형제 갈등의 표현 방식이며 원인이 된다.

'경쟁'(rivalry)이란 말의 어원은 '한 개울에 대한 권리'를 의미한다. 형제에게 한 개울이란 부모의 사랑, 인정, 가정 내의 지위, 재산일 수 있다. 경쟁은 커다란 의미에서 '보상'을 얻기 위한 행위다. 부모에게서 인정과 애정을 받기 위한 것이며 자신의 위치를 확실히 하기 위한 행위이다. 형제들은 끊임없이 시비를 걸고 비열한 말과 행동으로 서로를 괴롭힌다. 사소한 실랑이에서 시작되지만 그것이 점점 일상화되고 전반적인 다툼으로 변하면서 관계가 악화된다.

형제간의 갈등과 다툼이 매일 반복되는 집안은 그야말로 지옥과 같다. 부모는 형제의 갈등에 적절히 개입하지 못하여 무력, 좌절, 분노를 느끼지만 딱히 해결할 방안은 없다. 아이들이 어리다면 부모의 통제 안에 있을 수 있겠지만 이미 성장한 아이들의 다툼은 부모의 개입으로 정리되지 않는다.

그러므로 부모는 자식들에게 갈등은 자연스럽고 필요한 것이며 불가피하다는 것을 가르쳐야 한다. 적절한 갈등이나 불화에 부모가 일일이 간섭하지 않고 아이들이 스스로 문제 해결책을 찾을 수 있도록 기다려야 한다. 싸울 때 폭력이나 신체적 정서적 위협을 가해서는 안 됨을 가르쳐야 하고 타인의 이야기를 잘 듣고 정직하고 숨김없이 소통하는 법을 일러주는 것이 중요하다.

에서 공략법

타인의 생각이나 행동을 바꾸고자 할 때 작은 부탁을 먼저 들어주게 하고 큰 요구를 하면 성공률이 높아지는 기술을 심리학에서는 '문간에 발 들여놓기 기법(foot-in-the-door technique)'이라고 한다. 작은 요구에 동의하는 순간 거기 담긴 주장이나 생각에 개입하게 되므로 미래의 요구에도 쉽게 동의하게 된다.

상대에게 원하는 바가 있다면 그 목표는 뒤로 미루고 일단 상대방이 들어주기 쉬운 것부터 요구하면 기대 이상의 큰 효과를 거둘 수 있게 된다. 거꾸로 상대의 '발 들여놓기'에 말려들어 대외 협상 테이블에서 내주지 않아도 될 것까지 일방적으로 빼앗기는 경우도 많다.

'문간에 발 들여 놓기' 기법을 효과적으로 사용하려면 금전이나 보상을 주는 것보다 작은 요구를 들어주도록 하고 그러한 행동이 자신의 결정으로 이루어진 것이고 그 일이 재미있어서 하게 된 것이라는 생각을 하도록 하는 것이 중요하다.

야곱은 에서의 배고픔을 참지 못하는 단순하고 급한 성미를 이용하여 팥죽 한 그릇에 장자권을 거래한다. 아마도 이전부터 야곱은 에서에게 작은 요구를 하며 자기 뜻을 받아들이도록 만들어, 자신의 모든 요구가 대단한 것이 아니게 보이도록 에서를 길들였을 것이다.

팥죽 사건

예로부터 우리나라에서는 팥의 붉은 색이 액운과 잡귀를 물리친다고 하여 새로 이사 간 집에 팥을 뿌리거나 동짓날에 팥죽을 끓여 먹으며 건강을 기원했다. 팥은 단맛이 강하여 동양권에는 요리 방법이 다양하게 발전해서 즐겨 먹는 음식이지만 서양에서는 채식주의자나 건강식의 용도로 제한적으로 사용되어 소비량이 적다. 그래서 유럽 남부와 지중해 연안에서 풍부하게 재배되는 렌틸콩으로 보는 학자도 있다. 모든 죽 요리가 그렇듯이 조리 중 잘 젓지 않으면 눌어붙기 때문에 팥죽을 만드는 일은 끈기와 힘, 그리고 요령이 필요하다.

에서가 들을 뛰어다니다 기진맥진해서 집으로 돌아왔을 때 팥죽을 끓이고 있는 야곱에게 배가 고파 죽겠다고 엄살을 부리며 팥죽 한 그릇만 달라고 말한다. 팥죽은 팥을 물에 불리고 삶은 후 다시 곡식과 물과 팥을 넣어 아주 오랜 시간 끓여야 완성되는 음식이다. 막 끓인 팥죽은 쉽게 식지 않아 무척 뜨겁다. 뜨거운 팥죽을 바로 먹으면 식도를 다칠 수 있기에 에서가 급히 들이키기에는 적합지 않은 음식이다. 그런데 에서는 그 팥죽을 벌컥벌컥 들이키게 해 달라고 요구하고 있다.

야곱은 '장자의 명분을 오늘 내게 팔라'고 말한다. '당장 나에게'라는 강조형을 사용하여 형의 장자 권을 고작 팥죽 한 그릇에 팔라는 야곱이다. 더구나 맹세(창25:33)까지 요구하는 모습을 보면 그의 야비한 성품이 더욱 드러난다. 팥이 녹을 때까지 오랜 시간 천천히 저으며 끓여야 하는, 속은 무척 뜨겁지만 겉은 고요해 보이는 팥죽처럼 자신의 욕심을 드러내지 않고 조용히 때를 기다리는 모습이기도 하다.

리브가를 비롯해 어떤 종들도 배고픈 에서를 챙기기 위해 등장하지 않는다. 장자이긴 하지만 집안에서 대접 받지 못한 에서가 아니었을까? 급한 성미를 스스로 다스리지 못하고 눈앞에 보이는 현재의 욕구에만 눈이 멀어 동생에게 맥없이 놀아나는 모습이다. 이러한 에서의 어설프고 어눌한 행위들이 야곱에게 만만하게 간을 볼 빌미를 제공한다. 마치 자신의 것을 에서에게 잠시 맡겨 놓은 것처럼 당연히 빼앗아도 되는 것을 빼앗는 듯한 행동이다.

야곱은 팥죽을 끓이고 있었고 그 팥죽은 뜨거운 상태였다. 에서가 요구하는 팥죽은 뜨거운 김이 빠져 벌컥벌컥 마실 수 있는 팥죽이다. 뜨거운 장자권 싸움의 패권이 야곱에게로 넘어감으로 에서는 식어버린 팥죽을 먹을 수 있게 되었다. 붉은 에서가 붉은 팥죽을 먹는 모습은 자신의 수치를 스스로 삼켜버리는 어리석은 모습을 상징한다.

젊은 나이에 온종일 뛰어다니느라 허기져 눈에 보이는 것이 없었겠지만 참을성 없이 과장된 그의 표현은 바로 앞에 있는 팥죽에 눈이 멀어 미래를 대비하지 못하는 눈뜬장님과 같다. 에서는 눈뜬장님처럼 야곱에게 장자권을 강탈당했고 아버지 이삭은 눈뜬장님처럼 야곱에게 속아 넘어간다.

브르디외(Pierre Bourdieu)가 [구별 짓기]에서 주장하듯 "남성이 더 많이 마시고 먹는 것 그리고 보다 강한 것을 먹고 마시는 것은 당연하다"라는 말처럼 에서와 잘 어울리는 말도 없다. 오늘날에도 남성적인 특성을 강조하는 음식은 에서와 같이 급히 먹을 수 있는 간편식이다. 조리 시간이 짧고 단순하여 빨리 먹을 수 있는 것을 남자들은 여전히 선호한다.

탐욕은 취하려는 행위로 해석되어 마음의 탐심으로 귀결된다. 탐욕은 자신의 소유를 지키려는 마음에서부터 가족의 소유뿐 아니라 생존 기반이나 존재 자체까지도 위협한다.

야곱의 탐욕과 에서의 탐욕은 너무나 다른 모습과 다른 의미를 지녔다. 팥죽 한 그릇과 장자권으로 대변되는 그들의 탐욕은 세상의 것과 하늘의 것으로 구분된다.

쌍둥이 형제의 갈등

대부분 쌍둥이는 일란성인가 이란성인가에 상관없이 보통의 형제와는 차원이 다른 친밀하고 독특한 유대관계를 자랑한다. 성서는 야곱, 에서 형제를 쌍둥이라고 소개하는데 쌍둥이라는 기대감이 주는 닮은 모습이 그들에겐 없다. 서로의 마음을 입 안의 혀처럼 잘 알기는커녕 뱃속에서부터 싸우는 사이가 나쁜 쌍둥이였다. 형의 것을 탐하고 빼앗기지 않으려는 힘겨루기는 동생 야곱의 일방적인 도발이었지만 두 사람의 너무나 다른 외모의 묘사에도 드러나듯 일반적인 쌍둥이와는 달랐다.

쌍둥이라 할지라도 성장하면서 각자 접하는 환경의 차이로 인해 성격도 영향을 받아 변한다. 그러나 대부분 쌍둥이는 따로 자라면 놀라우리만치 비슷한 성격이 되지만, 함께 성장하면 오히려 대조적인 성격이 되는 일도 드물지 않다고 한다. 성서는 뱃속에서부터 달랐던 쌍둥이 형제의 다름을 이야기한다. 그들은 태어나기 전부터 선택받은 자와 선택받지 못한 자로 나뉜다.

에서의 갈등

내 동생 야곱은 왜 나를 미워하는 걸까? 나에게 말을 걸 땐 거만한 눈길로 내려다보며 늘 불만 가득한 볼멘소리로 불평을 토해낸다. 내가 그 아이에게 뭘 그리 잘못한 것인지 알 수가 없다. 사냥을 즐기는 나와 달리 조용히 집에 있는 것을 좋아하고 체격이 작은 야곱을 사랑스럽게 생각했다. 내 하나뿐인 동생이 아닌가.

내가 가끔 짓궂은 장난을 걸면 돌아오는 반응은 늘 싸늘했지만 눈치 빠르고 계산 정확한 야곱이 늘 부럽기만 하다. 나를 볼 때마다 억울하다는 표정이다. 자신이 형이었어야 했다는 눈빛으로 바라보곤 한다. 아니 그게 내 맘대로 정할 수 있는 일은 아니지 않는가?

쌍둥이 사이에 몇 분 차이로 형, 동생이 되는 현실이 억울하긴 하겠지만, 이 또한 인간의 힘으로 어찌할 수 없는 일 아니겠는가? 필연이란 거대한 운명의 수레바퀴에 깔린 인간의 숙명과 같은 것 아니겠는가? 난들 형이 되고 싶어서 되었는가 말이다.

야곱의 장자권과 축복 강탈은 에서의 입장에선 황당하고 어이없는 일이다. 야곱은 에서의 장자권을 강탈해서 에서를 무능하고 가치 없는 인간으로 만들어 버렸다. 그러나 성서는 장자권을 가벼이 여긴 에서의 자업자득이라 말한다. "하늘이 내린 재앙은 피할 수 있지만 스스로 불러들인 재앙은 피할 길이 없다"라는 [서경](書經)의 메시지가 에서에게 딱 들어맞는 상황이다. 이제 동생 야곱으로 인해 좌절된 상황을 어떻게 극복할 것인가가 에서에게 닥친 현실이다.

에서는 결혼 문제에서 부모에게 신앙적 소외감을 느끼면서 자존감에 상처를 입었다. 집안에서 자신의 입지가 쇠퇴일로에 놓였음을 절감하며 나락으로 떨어지는 위신을 속수무책으로 받아들일 수밖에 없는 처지가 되었다. 수치심과 죄책감이 물밀듯 밀려와 감정의 소용돌이에 휩싸였다. 판단이 바로 서지 않으며 혼란에 빠진 상태다.

에서의 피해의식은 공격성으로 이어진다. 언젠가 아버지의 죽음 후에 야곱을 죽이리라 마음먹어 보지만, 기약 없는 이 계획은 사실상 불같이 일어난 순간적인 분노에 불과했다. 에서는 그만큼 모진 인간이 아니기 때문이다. 심지어 죽이겠다고 다짐하는 순간에도 전제되는 상황이 아버지의 장례를 치른 후여야 하고, 죽이고 싶은 동생을 다정하게 "내 아우"라 칭한다(창27:41).

에서는 평생 자신이 진정으로 원하는 것이 무엇인지 모른 채로 살았다. 삶에 대한 주체 의식 없이 누군가의 사랑을 받기 위하여 눈치 보며 살아왔다. 그에 반해 그의 쌍둥이 형제 야곱은 자신이 원하는 바를 분명히 알고 남의 것이라도 욕심이 나면 자기 것으로 취했다. 자신이 사랑하는 사람을 자신의 것으로 얻기 위해 과감히 투자하는 인간이었다. 오직 자기만족을 위한 삶을 당당히 살았다.

성서를 보면 야곱은 부모께 순종하고 하나님의 말씀대로 살아가고 에서는 그 반대라는 착각을 한다. 그러나 야곱은 아버지의 뜻을 거스르고 형의 장자권을 갈취한 사람이다. 하나님의 부르심에도 거만한 조건을 내세우며 자기 자신에게 유리한 방향으로 생각하며 살았다. 우리의 기대와 다르게 여러 사본에서 에서의 효자 됨을 기술하고 있다. 인간적으로 에서는 부모를 공경하는 자였다.

그들의 차이점은 하늘의 것으로 대변되는 장자권에 대한 열망과 사모하는 마음의 차이이다. 이 차이로 빚어진 틈은 그 무엇으로도 좁혀지지 않는다. 서로 삶을 보는 근본 방향이 다르기 때문이다.

이삭은 야곱의 장자권 갈취가 속아서 넘겨준 자기 잘못이 아니고 속인 자 야곱이 잘못이라고 말한다(창27:35,36). 에서는 그런 아버지의 편을 들어 맞장구를 친다. 야곱이란 놈이 두 번이나 자신을 속여 다 빼앗아 갔다고 어리광 섞인 투정을 부린다.

빼앗은 놈이 잘못한 것인지 빼앗긴 놈이 잘못한 것인지 그 모호한 경계에 대해 성서는 빼앗긴 놈이 그 귀한 가치를 가벼이 여겨 빼앗겼으니 잘못한 것이라고 규정짓는다. 그러나 야곱의 행실을 보면 그가 하늘의 것을 받기에 합당한 인격을 갖췄거나 믿음이 탁월하게 깊어서 선택받은 것으로 보이진 않는다.

우리는 야곱의 축복권 쟁취를 통해 영적인 목적을 얻기 위해 세속적인 수단을 써도 되는가에 대한 의문이 생긴다. 그러나 하나님은 일의 성취를 위해 그릇된 방법을 허락지 않으신다. 목적이 수단을 정당화할 수 없기 때문이다. 장자권 갈취라는 편법은 하나님의 계획하심에 부합한 일이 아니라 야곱이 선택한 인간적인 방법일 뿐이다. 하나님은 야곱의 부족함을 아셨지만, 그를 선택하여 하나님의 절대적 주권 속에서 하나님의 하나님 되심을 드러내기 위한 축복의 통로로 사용하셨음을 말하고 있다.

나는 어머니의 배에서 태어났지만 어머니의 가족은 아니었다. 어머니는 오직 야곱만을 자신의 살붙이로 여긴다. 나에게 애정도 관심도 없었다. 따스한 말 한마디 건네준 적도 없었다. 야곱을 대할 때의 태도와는 노골적으로 달랐다. 철저히 방치당하고 소외된 나날이었다.

어머니는 언제나 야곱과 미래를 이야기하고 아버지는 나를 단지 집안의 사냥 전담꾼처럼 취급한다. 어머니의 관심을 끌기 위해 벌인 어릿광대와 같은 행동들은 오히려 어머니와의 틈을 더욱 멀어지게 했다. 그래서 아버지의 사랑만이라도 놓치지 않으려고 미련스럽게 들로 산으로 뛰어다녔다.

어머니의 사랑을 등에 업고 날마다 빈정대며 깐족대는 동생이다. 그러나 어머니의 무관심에 비하면 아무것도 아니다. 그래서 더 큰 소리로 웃고, 더 큰 소리로 말하고, 더 과격하게 행동했다. 물론 이러한 나의 행동이 멍청한 짓이란 걸 나도 알고 있다.

"나 여기에 있어요. 어머니, 아버지, 저 좀 봐주세요. 저 에서예요. 당신들의 큰아들이라고요." 날마다 온몸으로 갈구했지만 돌아오는 건 언제나 무관심한 표정과 시선을 맞추지 않고 피하는 얼굴과 냉정한 말들이었다.

이렇게 가족과의 관계가 뒤죽박죽 얽혀 혼돈의 연속으로 보이지만, 나는 나름의 질서 속에서 잘 살아가고 있다. 오직 내 인생의 문제는 부모와 동생뿐이다. 이 문제를 해결할 길이 없고 결핍을 채울 방법도 모르겠다. 이 집안에 나란 인간은 차라리 태어나지 않았더라면 좋았을 것인가...

모성애도 일종의 학습이라고 한다. 리브가의 사랑은 야곱에게만 맞춤식으로 제공되는 모성애다. 모든 어머니가 자신의 모든 아이를 사랑하는 것은 아니다. 모든 어머니가 사랑한다고 표현하는 것도 아니다. 그러나 모든 아이는 자신이 부모에게 사랑받는다고 믿어야 한다. 그 환상은 부모에게서 충족되어야 한다.
세상에는 없느니만 못한 부모와 없는 것이나 마찬가지인 부모가 있다. 어머니와 같이 살면서도 어머니가 그립고 아버지와 같이 살면서도 아버지가 보고 싶은 기형적인 사랑의 일방적인 모습은 사랑받지 못한 아들의 채워지지 않는 사랑에 대한 갈증이다. "기대하지마라. 기대는 모든 고통의 원천이다"라고 세익스피어가 말했다. 기대하고 포기하지 못하는 인간은 늘 사랑에 굶주린 자다.

에서는 동생 야곱에게 지나치게 집착하는 어머니 탓에 끊임없이 무시당하며 살아왔다. 그 결과 자기 주장이 서툴고 자존감이 모자란 사람으로 성장할 수밖에 없었다. 아버지 앞에서도 아버지의 사랑을 갈구하기에 자신을 희생하고 아버지를 위해 봉사해야만 자신의 존재를 인정받을 수 있다고 생각했다. 어른이 되어서도 끊임없이 상대의 낯빛을 살피고 상대가 화날까 봐 쭈뼛거리는 행동 양식을 가지게 되었다. 에서는 늘 외로웠다. 동생 야곱에게 치여 응석부릴 기회도 없이 성장했다. 하나님의 선택받은 자라는 면죄부를 받은 야곱으로 인해 에서는 도리어 선택받지 못한 자라는 소외감과 지독한 인내심을 강요받는 삶을 산 것이다.

부모의 편애

'개체 공간'은 인류학자 에드워드 홀(Edward Hall)이 사람 사이의 관계와 거리를 설명하기 위해 만든 개념이다. 예를 들어 가족과는 20cm, 친구와는 46cm, 직장동료와는 120cm의 거리에 있을 때 안정감을 느낀다고 말한다.

이처럼 가까운 가족 간의 관계에 갈등이 유발되는 이유는 부모의 편애 때문이다. 편애하는 부모의 일그러진 사랑은 편애하는 자식에게만 집중된다. 사랑과 관심에서 벗어난 자식은 애정에 굶주리게 된다. 자신보다는 다른 누구를 더 사랑하는 부모를 보는 일은 세상이 무너져 내리는 일처럼 두렵고 무서운 일이다. 부모의 편애는 형제에 대한 질투심으로 발전한다. 같은 부모의 자식인데 자신이 다른 형제보다 소중히 여겨지지 않는다는 상실감은 신경장애나 살인 충동의 원인이 되기도 한다.

이삭은 큰아들 에서를, 리브가는 작은아들 야곱을 편애한다. 부부는 각자가 편애하는 아들 외에 다른 자녀에겐 관심을 두지 않는다. 이러한 가족관계 속에서 에서와 야곱의 성장 과정은 부모로 인한 상처와 형제간의 비틀린 경쟁 구도를 만든다.

부모라 해서 무조건 자식을 사랑하는 것도 아니고 무조건 자식의 사랑을 받는 것도 아니다. 완벽한 부모도 없고, 완벽한 자식도 없다. 무조건적 부모의 사랑을 당연한 것으로 여길 수도 없다.

대부분 인간은 자신의 감정에 따라 사랑 여부를 결정한다. 자유롭지 못한 감정의 굴레를 벗어던지지 못하고 감정의 노예로 좌지우지되는 것은 부모 자식 간의 관계에서도 마찬가지다. 그러나 사랑하거나 미워하는 감정의 조각이 그 사람을 이루기는 하겠으나 그 사람을 이루는 모든 것은 아니다.

부모로 대표되는 가정의 울타리 안에서 자녀들은 슬픔과 좌절과 두려움을 경험한다. 세상의 쓴맛을 가정에서 미리 경험하는 것이다. 부모에게 받은 상처는 자녀의 가슴에 평생 남아 그 무엇으로도 해결되지 못한다. 부모를 자식이 바꿀 수 있는 것은 아니기에 해결할 수 없는 것이다.

미숙한 자기애를 가진 부모가 일으키는 문제 중 '자기 현시성'이란 문제가 있다. 성숙한 부모는 자녀와 대화하거나 문제를 이야기할 때 자녀를 화제의 중심에 두려고 한다. 자녀가 주인공이 되도록 자녀에게 관심이 집중되도록 자연스레 배려한다. 그러나 자기애가 미숙한 부모는 늘 자기가 화제의 중심이고 주인공이어야 한다. 거기엔 적든 많든 허영과 과장이 녹아들어 있다. 이 같은 경향을 '자기 현시성'이라 부른다.

야곱의 길 떠남에 앞서 이삭의 허락을 구하기 위한 리브가의 투정이 그에 해당한다.

> "리브가가 이삭에게 이르되 내가 헷 사람의 딸들로 말미암아 내 삶이 싫어졌거늘 야곱이 만일 이 땅의 딸들 곧 그들과 같은 헷 사람의 딸들 중에서 아내를 맞이하면 내 삶이 내게 무슨 재미가 있으리까?"(창27:46)

리브가의 자거애적인 발언은 자기 아들이든 뭐든 자기 행복에 방해되는 것은 자신에게 용납되지 않는다는 전제를 둔 말이다. 리브가의 독선적인 태도는 그녀의 시선이 아들 에서에게 얼마나 편파적인지를 보여 준다. 에서를 향한 중재는커녕 험담하느라 바쁜 어머니다.

성숙한 부모는 자녀의 자기애를 채워주려고 노력한다. 그러나 자기애가 미숙한 부모는 거꾸로 자녀가 자신의 자기애를 충족하도록 만든다. 부모에게는 자신의 만족감을 채워주는 자녀만이 사랑할 가치가 있다. 자기애에 조금이라도 흠집을 내는 자녀는 나쁜 아이로 낙인찍는다.

성숙한 부모는 자주 스스로 돌아보고 잘못을 성찰하려고 한다. 자식의 잘못된 행동을 일방적으로 꾸짖기보다 자신에게도 그런 면이 있을지 모른다고 생각하며 반성하게 되는 것이다.

자기애가 미숙한 부모는 자신이 최고의 부모라고 여긴다. 자신의 독선적인 태도가 옳다고 여긴다. 리브가는 자신이 에서의 결혼으로 상처받았으니 야곱의 결혼으로는 상처받고 싶지 않다고 선을 긋는다.

부모가 편애하는 이유는 자기애가 지나쳐서다. 자기 맘에 드는 자녀만 사랑하고 그 아이에게만 헌신적인 사랑을 쏟는다. 반면 그렇지 않은 아이는 비난하고 멀리하며 때로는 혐오하고 부정한다. 볼 때마다 눈살을 찌푸리고 입을 열면 욕설을 퍼붓기도 한다.

가족 안에는 자연 발생적인 위계질서가 존재한다. 가족에 들어온 순서대로 위계질서의 서열을 얻는다. 시간을 통해 서열을 정하기에 처음 태어난 아이가 그다음 태어난 아이보다 앞선다. 이삭의 집안은 하위에 속하는 야곱의 장자권 탈취로 인해 질서의 혼란이 일어났다. 어머니와 밀착된 야곱이 아버지를 소외시키고 형의 장자권을 빼앗아 위계질서에 혼란이 일어났다. 나이에 따라 서열이 정해지고 형성된 위계질서는 집단 생존을 위해 필요하다. 누군가 이 질서를 어기게 되면 그 사람은 전체 집단을 위협하는 것으로 간주 된다.

'오이디푸스 콤플렉스'(Oedipus Complex)는 가족 위계질서에 관한 이야기이기도 하다. 신화는 위계질서를 어긴 사람이 맞게 될 비극적인 최후를 경계하는 고대인의 시각을 잘 보여 준다. 오이디푸스는 질서 문제에 갈등하고 절망하는 인간의 모습을 상징한다. 인간이 질서를 어떻게 잘 극복하고 해결하는가에 따라 가정의 행복이 좌우된다는 믿음이다.

야곱은 서열을 깨뜨린 장본인으로 가족 내에 머무를 수 없다. 그리하여 외삼촌의 집으로 피난의 길을 떠난다. 차남 계승이라는 성서 족장 시대의 독특한 역사는 이렇게 가족의 갈등과 붕괴의 위기 속에서 탄생되었다.

오랜 전통과 관습을 깨는 위험한 발상은 인간의 질서와 고정관념을 깨는 혼돈을 거쳐야만 했다. 인간의 질서 속에 자신의 위치가 아니라 하나님의 질서 속 자신의 위치에 대한 인식을 새롭게 해야 하기 때문이다.

위계질서의 혼란으로 일어난 이삭의 가정 문제는 가족 개개인에게 커다란 아픔을 남긴다. 에서는 통곡하며 다시 장자의 축복을 구했으나 거절당했다. 가장으로서 이삭의 권위는 무너졌다. 야곱만을 철저히 사랑하던 어머니는 길 떠난 아들을 죽을 때까지 만날 수 없었다.

가족은 갈등이 지속되도록 방관했다. 가족 문제를 에서 한 사람에게 책임 전가하면서도 정작, 에서와는 소통하려 하지 않은 부모의 태도는 문제를 해결할 의지조차 없어 보이는 무력한 모습이다. 부모와 자식의 관계와 소통방식이 변하지 않으면 이삭 가정이 변화하지 못하고 붕괴하는 것은 당연한 수순이다.

리브가의 갈등

리브가가 처녀 시절 아브라함의 종 엘리에셀에게 베푼 친절을 생각하면 선한 이미지를 그리게 된다. 나그네에게 친절한 그녀는 늙은 종이 이리저리 살펴보아도 만족스러울 만큼 하나님 마음에도 부합한 사람이었다. 결혼 후 아이를 낳기 전까지 20년간 리브가는 이삭의 사랑받는 아내이기도 했다. 그녀가 첫아이를 임신했는데 쌍둥이였다.

　"형이 동생을 섬기게 될 것이다"라는 하나님의 음성을 받고 나의 삶은 새로운 국면에 접어들었다. 아이들이 뱃속에서 요동칠 때 나의 기도를 들으신 하나님이 말씀하신 그 특별한 계시는 작은 아들의 특별함을 말하는 것이기에 그를 품은 나 역시 특별한 사람이 된 것 같았다. 얼마나 멋진 일인가! 하나님이 내게 직접 말씀하신 미래에 이루어질 놀라운 비밀이 바로 나로부터 시작된다는 것이…
　나는 하나님이 선택하신 야곱을 드러내놓고 에서보다 더 사랑했다. 마음이 기우는 걸 나도 어쩌지 못할 지경이었다. 야곱에게 아주 오랫동안 공들여 신뢰를 쌓고 하나님의 계획을 알려 주며 확신을 갖게 했다. 결국 아들을 도와 이 일을 완성시킬 사람은 나밖에 없을 것이기에 마지막까지 아들이 믿을 수 있는 사람으로 남는 것이 중요하다.

　하늘의 약속을 속히 실현시킬 생각으로 조급했다. 어서 빨리 이루어지길 기다렸지만 요원해 보였다. 그런데 남편이 에서를 불러 장자권의 축복을 하려고 한다. 이를 두고 볼 수 없어서 이삭을 속여 장자권 강탈에 성공했다. 사실 이 일로 누가 상처를 입든 말든 중요하지 않다. 하나님의 일은 세상의 모든 가치를 능가하는 일이라 생각하기 때문이다. 마침내 태어나기 전부터 본능처럼 갖고 있던 장자권과 축복에 대한 열망은 결국 야곱의 것이 될 것이며 반드시 내가 그렇게 만들고야 말 것이다.
　누군가 나를 파렴치한 양심 불량의 약탈자라고 욕한다면 나는 당당히 말할 것이다. "세상의 일이 하나님 일보다 중하냐?"고…

　근면하고 사려 깊은, 우물가의 신뢰할 만한 처녀의 순수함은 이제 사라져 버렸다. 성격이 확연히 다른 쌍둥이의 어머니로서 공평한 사랑을 나누어주어야 하는 모성은, 편협하고 일방적인 야곱에대한 사랑으로 집안을 질투와 투쟁의 장으로 변질시켰다. 조작과 속임수라는 리브가의 덫은 아들 야곱에게로 계승된다.

　자신의 남편을 속여 장자의 축복권을 취하고도 두려움은커녕 일말의 죄의식조차 없는 리브가의 행위는 하늘의 것을 이루었다는 거룩한 만족감과 성취감 때문에 현실에 대한 자각이 늦었다. 정신을 차리고 나니 다혈질 큰아들의 분노가 눈에 보인다. 에서를 두려워하며 그의 눈치를 볼 정도면서 그를 속여 장자권과 축복을 빼앗을 계략을 세우고 저지른 리브가는 참으로 대단한 결단을 한 것이 아닐 수 없다. 그러잖아도 사이가 원만하지 않았던 에서와의 관계는 이제 돌이킬 수 없는 지경에 이르렀다.

야곱을 떠나보내는 리브가

　내 아들 야곱에게 완벽하고 아름다운 아내를 구해주고 싶었다. 결혼에 관심을 두지 않는 야곱을 보면 하나님이 하늘의 별처럼 많은 자손을 주신다는 약속이 언제쯤 이루어질 것인가 의심스러울 지경이었다. 성질 급한 에서와 달리 침착하고 조용한 야곱의 성격이 남자로서 약점이 되지나 않을지 걱정스러운 마음이었다.

　서서히 끓어올라 어느새 넘치려 하는 너의 필연적 욕망을 어미인 내가 아니면 누가 알아줄까? 장자권, 그것은 이미 약속된 예언이었고, 널 위해 그 성취를 내가 앞당기리라 생각하는 일은 어렵지 않은 일이었다. 아들아, 너를 대신하여 모든 저주를 내게 돌리는 일 따윈 내겐 아무 일도 아니며 조금도 두렵지 않다. 단지 이 어미가 걱정하고 후회스러운 일은 빈손으로 너를 오라비 라반의 집에 보낸 일이다.

　그곳에서 환대받을 만한 선물을 들려서 보냈어야 했는데 너무 경황이 없어 생각할 마음의 여유를 갖지 못했다. 너를 보내고 하인을 바로 뒤따라 보낼까도 생각했지만 에서가 잠잠해지면 돌아오라 기별할 사람을 보낼 때, 그때 보내도 되겠다고 생각하며 위안 삼았다.
　사랑하는 아들아 조금만 참고 기다려라. 오래 걸리진 않을 테니 마음 놓아라. 그동안 모든 위험이 너를 피해 가길, 돌아오는 순간까지 무탈하길 간절히 기도하는 어미가 있음을 기억해다오. 날마다 나의 사랑을 바람에 실어 네게 보낸다. 아들아, 사랑하는 나의 아들아, 나의 영혼을 모조리 쏟아 너의 안위를, 너의 안녕을 위해 하나님께 간구한다.

　믿기 어려운 일이지만 자기 자녀들을 서로 싸움 붙이고 특정 자녀의 편만을 드는 부모가 있다. 그런 부모는 살아가면서 받는 온갖 스트레스와 불쾌한 감정을 쏟아 부을 배출구로 자신의 또 다른 자녀를 점찍는다. 언제든 마음껏 공격하고 책임을 전가하며 함부로 대할 수 있는 자녀를 정해 배출구로 삼는 것이다. 모든 잘못을 그 아이 탓으로 돌리면서 책임과 죄책감에서 벗어나려고 한다.

자신이 주도한 아들들의 분쟁이기에 리브가는 더욱 마음을 졸였
다. 혹여 성질 급한 큰아들이 분한 마음에 작은아들에게 위해를 가
할까 염려하여 부랴부랴 서두르다 보니 빈손으로 떠나보냈다. 애틋
해서 품에 끼고 돌았던 작은 아들의 부재도 서럽지만 홀로 남겨진
리브가의 심정은 아들을 향한 온갖 근심으로 하루가 천년만큼 길게
느껴진다.

하나님의 약속을 이루려는 리브가의 섣부른 욕심은 남편 이삭의
무관심과 방종 속에서 장자권의 차남 계승이라는 세속의 질서를 어
지럽히는 황당한 사고로 발전되었다. 이 강탈 사건은 형제가 목숨
의 위협을 느낄 만큼 큰일로 번졌다. 이에 리브가는 해결을 위한 방
편으로 작은아들 야곱의 결혼 상대를 구한다는 핑계로 외삼촌의 집
으로 피신시켜야 했다.

육체적 능력이 탁월한 큰아들 에서의 눈치를 보며 한 푼의 재산
도 야곱에게 들려 보내지 못한 리브가의 심정은 그야말로 고통과
연민 속에서 아들의 안녕을 구하는 애달픈 모정이었다. 아내를 구
한다는 명목이면 마땅히 가져가야 했던 신부값을 가져가지 못했다.
그때만 해도 빈손의 공포가 사랑하는 아들 야곱이 겪어 내야 하는
삶의 무게가 될지는 꿈에도 생각지 못한 리브가였다.

아내를 구하러 가면서 빈손으로 가는 무능한 파렴치한으로 아들
을 만들려는 게 아니었지만 리브가의 핑계는 야곱에겐 해결해야 하
는 당면과제로 주어졌다. 조만간 집으로 야곱을 불러들이리라 자신
했던 까닭은 에서의 화가 오래가는 법이 없다는 확신 때문이었다.
그깟 돈 때문에 자신의 생명보다 소중히 사랑하는 아들이 자기 오

라비에게 조롱과 멸시와 비난 속에서 14년의 세월을 보내게 되리란 사실을 알았다면 리브가는 결코 라반의 집을 피난처로 삼지 않았을 것이다.

모든 것을 자기식으로 자기 편리할 대로 해석한 리브가는 오늘 밤 죽을지도 모르면서 곡식 쌓아둘 창고를 지을 계획을 세운 어리석은 부자와 다를 바 없다(눅12:13~21). 리브가 자신의 죽음으로 다시는 야곱을 볼 수 없게 되었기 때문이다.

언제든 자신이 원하면 볼 수 있다고 착각하는 관계가 가족인 것 같다. 그래서 더 부주의한 행동을 일삼고 감정의 절제함 없이 막말을 늘어놓기도 하는 사이다. 자신의 작은 잘못들 따위는 아무렇지 않게 용서하고 받아 줄 것이란 맹신은 반드시 무너진다. 가족 개개인도 인격과 개성을 지닌 사람이기 때문이다.

이삭 가족이 치른 희생의 무게가 주는 의미가 다시금 새롭다. 장자권 획득이 당장 삶의 풍요로 연결되는 것도 아니고, 현실의 삶을 바꾸지 못하는 것임에도 자기 자손들에 대한 기대와 소망으로 고통스러운 현실을 감내하겠다는 확고한 의지 없이는 감당할 수 없는 일이었기 때문이다. 야곱의 성정상, 현재의 이익 추구에 연연하는 그의 욕심조차도 하나님의 큰 그림 앞에 압도된 현실이었다.

인간은 자기 삶과 앞날을 짐작조차 못 한 채로 살아가지만, 세상을 주관하시는 하나님의 섭리 안에서 공전 되고 있음을 깨닫게 된다. 선택과 확신과 의지와 결단을 견고케 하는 힘은 하나님으로부터 비롯됨을 알게 된다.

야곱의 첫인상

야곱은 라반을 만나 자신이 외삼촌의 집에 오게 된 경위를 소상히 밝힌다. 야곱은 라헬을 만난 감격에 흥분이 가라앉지 않은 상태에서 라반을 너무 신뢰해 버렸다. 야곱의 믿음에는 어머니의 오라버니라는 사실이 가장 큰 역할을 했을 것이다. 거기에 친절을 가장한 승냥이 같은 라반에게 자신의 딱한 상황에 대한 하소연을 늘어놓은 것이다. 자신의 속내를 좀처럼 드러내지 않는 의심 많은 야곱의 성향은 감정에 휩싸여 잠시 눈이 멀어 버렸다. 이는 이후 야곱의 족쇄가 된다. 한 번의 뼈아픈 실수가 14년의 세월을 허비하게 만든 것이다.

내 조카님은 참으로 어리석고 순진하게도 자신의 속마음을 숨김없이 드러내는구나. 자신의 삶의 발자취를 타인에게 있는 그대로를 드러내는 것이 상대를 신뢰하고 있다는 증거이지만, 무방비하게 자신을 타인에게 드러내는 일은 상대에게 자신의 약점을 쥐여 주는 멍청한 짓이다.

언제 만났다고 나를 이다지도 믿는단 말인가? 세상 물정에 대해 알만한 나이도 된 듯한데 자신의 감정 하나 숨기지 못하니 참으로 한심해 보인다.

어리석은 부잣집 도련님의 어리광을 대충 받아주면서 무언가 얻어 낼 게 있는지 좀 더 살펴봐야겠다. 내가 생기는 것 없이 베푸는 법이 없고 손해 보는 장사는 절대 하지 않는 사람이 아닌가. 오늘 보는 바와 같이 멍청한 녀석이라면 자신이 드러낸 속내에 대한 값을 반드시 치르도록 만들어 뼈에 깊이 새길 후회로 보답해 주어야 야겠다.

상대의 패를 정확하게 예측하고 거침없이 판을 짜서 돌이킬 수 없는 구렁텅이로 밀어 넣고 다시는 회생할 수 없도록 만드는 일을 실행하는 그 짜릿한 쾌감을 머잖아 맛보게 되리라. 굴러들어온 호박이 복덩이가 될지 똥덩어리가 될지 지켜 보아야 하겠지만 머잖아 나의 유희를 충족할 만한 판이 저절로 짜여 질 것이다. 남의 불행은 나의 기쁨이 아니던가.

그런데 야곱이란 녀석이 자꾸 흘깃대며 시선이 누굴 보나 했더니 라헬이구나. 오호라 일이 재밌어질 조짐이 보인다. 표정 관리에 능숙치 못해 속내를 들켜버린, 이건 그린라이트가 분명하다.

사람은 매우 한정된 정보에 기초해서 남을 평가하고 그것으로 인상을 형성하는 경향이 있다. 대개 첫 만남에서 상대방의 인상을 평가할 때 먼저 제시된 정보가 나중에 제시된 정보보다 더 큰 영향력을 발휘하는데 이를 '초두효과'(primacy effect)라고 말한다. 초두효과는 인상 형성에 큰 역할을 하므로 대인관계에서 첫인상의 비중이 높아질 수밖에 없다.

반면에 사람은 일단 한번 판단하게 되면 그 판단을 일관성 있게 지속하려는 경향이 있다. 그러한 경향의 대표적인 것이 '후광효과'(halo effect)이다. 첫인상은 어떤 사람과의 관계에 지속적인 영향을 미치는데 초두효과는 첫인상의 중요성을 단적으로 보여 주는 예이고 후광효과는 그렇게 형성된 첫인상이 이후 대인관계에서 얼마나 중요한 역할을 하는지를 보여 주는 것이다.

첫인상은 단편적 정보나 겉모습만 가지고 이루어진다. 빈약한 정보를 가지고 한 사람의 전체적 인상을 평가하는 것은 무리가 따른다. 사람은 어떤 사람을 일단 좋다고 간주하면 그 사람은 매력적이고, 지적이고, 관대할 것으로 생각한다. 또 어떤 사람을 일단 나쁘다고 간주하면 그 사람은 남을 속이고, 추하고, 바보 같을 것으로 생각한다. 이러한 경향이 '신체적 매력의 후광효과'이다. 그러므로 나를 보여 줄 때는 첫인상의 위력을 명심하고 남을 평가할 때는 첫인상의 한계를 유념해야한다.

야곱의 갈등

야곱의 결혼에서 운명의 거대한 수레바퀴 아래 깔린 삶이 가져다 준 불행과 어리석은 욕심과 선택지조차 없는 막다른 골목에 다다른 당사자들의 억울함과 고통을 볼 수 있다. 도움의 손길 하나 없는 고아와 같이 버려진 상태로 인생의 칼날들을 오롯이 홀로 맞고 해결해야 하는 삶이 야곱의 삶이다.

7년이란 노동력을 바친 자신의 선의에 대한 대가를 의심조차 하지 않은 것은 야곱의 잘못이 아니다. 악의가 사악한 껍질을 뚫고 고개 내밀 때까지 몰랐다. 작정하고 속이는 자를 이길 재간은 없다. 그동안 나름 자신의 유능한 머리를 믿고 살았던 삶까지도 모두 부정당하는 느낌이었다. 오직 라헬과의 결혼을 위해 바친 7년의 세월은 라반의 손안에서 가볍게 구겨져 쓰레기통에 던져졌다. 인생이 새롭게 초기화 되어버린 느낌 7년간 쓴 글을 저장 버튼 한번 누르지 않음으로 모두 날려버린 느낌이다.

그럼에도 야곱은 타인의 희생을 담보로 운명을 쥐락펴락하는 라반의 사악한 횡포에 두려움을 느끼고 질리는 대신, 자신에게 주어진 삶을 받아들이기로 한다. 정말 인생이란 끝날 때까지 끝난 게 아니다. 방심했던 자신에게 다시 주어진 7년의 형벌의 시간은 라반이란 인간에 대해 배운 뼈아픈 학습의 시간이 되었다.

양치기 개 보더콜리처럼 늑대와 모든 해악으로부터 안전하게 지켜줄 것을 기대하며 야곱은 외삼촌 라반의 집에 도착했지만 라반은 세속적 관심에 사로잡힌 물질주의자로서 야곱이 자신에게 필요한 인물인지 아닌지를 탐색하는 것 외엔 관심이 없다. 야곱은 외삼촌이 자신의 보호자가 될 것이란 희망을 버려야 했다. 사실 친척 관계라 하지만 어머니 리브가가 시집온 이후 수십 년의 세월이 지나는 동안 전혀 교류 없이 지낸 사이다. 라반의 머릿속에 야곱은 철저한 타인이며 노동력 그 이하도 그 이상도 아니다. 라반은 야곱이 손님으로 지내는 한 달간 유심히 살펴본다. 쓸만한 놈인지 저울질한 것이다.

'반발 심리'(reactance)는 누구에게나 있다. '내 마음대로' 하려는 마음은 사람의 기본적인 속성 가운데 하나이기 때문이다. 자유가 위협받을 때 사람의 마음에는 자유를 회복하려는 본능이 꿈틀거린다. 라반의 경우 야곱에게 정중한 부탁을 가장한 자발적 동조를 유발함으로써 야곱의 반발 심리를 억눌러왔다.

사람들은 있는 그대로가 아닌 자기중심적인 눈으로 세상을 본다. 상대방의 입장보다 자기 입장을 내세우는 것을 당연하게 여기고 자존심을 세우기 위해 억지로 세상을 왜곡시키기도 한다. 자신을 미화시키거나 자존심을 방어하려는 경향은 세상을 편파적으로 보게 만드는데 이러한 세상 보기를 '이기적 편향'이라고 한다. 야곱이 이기적인 사람임은 우리가 잘 알고 있는데, 야곱을 능가하는 자가 있으니 라반이다.

라반과 함께하는 세월동안 야곱에겐 내일은 다를 것이라는 희망은 없었다. 어차피 도망갈 곳도 없다는 절망 속에서 죽지 못해 살아가는 억울한 나날이었다. 지독한 절망의 늪에서 톱니바퀴처럼 서로 맞물려 돌아가는 세상이었다. 그 톱니가 돌고 돌면서 수렁 속으로 조금씩 밀어 넣어져 다시는 빛의 세계로 나갈 수 없다는 어둠에 갇힌 시간이었다. 매 순간 자신의 상태를 검열 받고 자신의 결백을 증명해야 하는 삶이었다. 그럼에도 야곱은 포기하지 않는다. 그렇게 해서 자신이 나아갈 수 있다면 다른 선택지 따윈 없는 상황에서 최선을 도모한다. 단지 비워내고 흘려보내면서 생존을 도모할 뿐이었다.

야곱이 수많은 계약 불이행 속에서 참고 참은 이유는 언젠간 라반에게 벗어나 고향으로 돌아가리라는 희망을 버리지 않은 까닭이다. 라반의 그늘에서 벗어나려는 야곱의 처절한 사투가 시작된다.

갈등과 타협

사람들은 서로 협동하고 양보함으로써 최대의 이익을 얻을 수 있음에도 불구하고 상대에게 지기 싫고 상대방이 더 많이 얻는 것이 배가 아파서 경쟁하는 경우가 많다. 공동의 이익을 추구하기보다 상대방과의 차이를 최대화시키는 것을 더욱 선호한다.

서로에게 위협 수단이 존재하면 경쟁은 더욱 치열해진다. 그런 현상은 갈등 상황을 더욱 해결하기 어렵게 만든다. 상대방에 대한 위협 잠재력을 높이면 갈등이 커지고 손실을 보게 된다. 하지만 상대방을 위협할 수 없다는 무력감은 자존심을 심하게 훼손시킨다. 그러므로 사람들은 자존심을 상하지 않기 위해 자기손실을 감수하고서라도 상대방에게 위협을 행사한다.

상대방에게 위협을 받고도 공격하지 못할 경우 자존심이 상하고 상대방보다 조금이라도 더 얻어야 자존심이 선다는 착각이 갈등 당사자 모두의 이익을 잃게 만든다. 양보하고 상대방을 인정해 주는 것이 때로 자기에게 이익이 될 수 있다.

갈등 상황을 올바르게 있는 그대로 자각하는 것이 중요하다. 그리고 위협을 줄여 갈등을 해소하려고 노력해야 한다. 시간을 오래 끌면 부작용을 초래할 수 있으므로 협상과 흥정을 시도하고 동등하고 친밀한 접촉을 시도해야 한다.

야곱과 라반의 갈등은 라반의 일방적인 착취로 빚어진 불공정거래로 인한 것이었다. 계속 계약의 내용을 라반에게 유리한 방향으로 바꾸고 그런 상황이 수없이 번복되었음을 야곱은 분명히 말한다. 당사자 간에 타협을 찾지 못하면 갈등은 해결되지 못한다. 라반이 자신의 불의를 인정하지 않으면 타협점을 찾을 수 없다. 라반 같은 인간은 인간의 힘이나 법으로도 변화시킬 수 없는 악질적 인간이기에 하나님이 직접 개입하신다.

속고 속이는 야곱과 라반

야곱은 힘겹게 올라간 결혼이란 고지를 눈앞에 두고 바닥까지 굴러 떨어져 버렸다. 바닥에 주저앉아 자꾸만 위축되는 기분에 사로잡혔지만, 억울함을 하소연할 비빌 언덕조차 없는 막막한 상황이었다. 야곱에게 7년의 고생은 라헬을 얻겠다는 신념으로 하루 같이 여기며 견뎌낸 시간이었다.

자신의 억울함을 주장할 수도 있었지만 야곱은 이내 포기해 버린다. 다시 일어나 자신의 실패를 받아들이고 결단한다. 라반이란 사람에겐 어떤 항변을 하거나 강한 척 몸 부풀리기를 해봤자 씨알도 안 먹힐 작자임을 깨달았기 때문이다. 야곱은 현재 상황을 돌이킬 수 없음을 인정하고 원하는 것을 얻기 위해 재도전을 하겠다고 마음먹는다.

어느덧 라반의 집에 온 지 14년의 세월이 흘렀다. 라헬이 요셉을 낳자, 야곱은 드디어 라반의 손에서 벗어나기로 결심한다. 그러자 라반은 야곱에게 재계약을 요구한다. 그 제의를 받아들인 후 약 6년의 세월이 지났고, 야곱은 자신만의 지략으로 많은 재산을 얻었다. 라반은 자신의 재산을 차곡차곡 챙기는 야곱을 불편한 시선으로 보고 계약을 거듭 어기고 방해한다. 이제 야곱은 라반에게서 떠나기로 결심한다.

드라빔

라헬이 아버지의 '드라빔'을 가지고 도주한 것은 고대사회의 상징적 보편성을 역행하는 큰 사건이었다. 종교적 사회적 의미에서 여자가 자신이 속한 집안을 벗어나 남자의 집안으로 귀속됨을 상징하는 행위는 먼저 가족의 신과의 관계 단절로부터 시작된다. 그럼에도 라헬은 친정 집안의 신을 훔쳤고 거짓된 단절을 감행하고 신(드라빔)을 낙타 안장 밑에 깔고 앉아 욕보이고 모욕한다. 이는 자신을 속여 도둑 결혼을 감행한 아버지 라반에 대한 복수라 할 수 있다. 자신을 물건 취급하며 언니를 덤으로 끼워 팔아넘긴 아버지와 그 집안이 무너져 버리기를 기원하는 마음이었을 것이다.

라헬의 드라빔 모욕은 생리 중이라 낙타에서 내려가지 못한다고 아버지를 속인 그녀의 말 속에도 담겨있다. 생리중인 여자를 불결하게 여겨 접촉을 꺼리는 당시 남자들의 심리를 역이용한 거짓이다. 아버지가 의심스럽고 찝찝한 마음에도 당시의 관행을 거스르지 못하고 라헬을 낙타 안장에서 내려오게 하지 못함을 라헬은 비웃고 있다. 그녀를 속여 언니와 바꿔치기한 아버지에게 아버지식 거짓으로 되갚아 주고 있다. 거짓에 거짓을 더하여 거짓으로 승기를 잡은 것이다.

야곱 아들들의 갈등

모든 자식은 부모로 인해 태어난다. 자식은 부모의 거울이다. 자식보다 남편의 사랑을 더 갈구하는 어미들의 무정함도 자식에겐 깊게 새겨진 손길이며 간절한 사랑에 대한 욕구다.

야곱의 아들들은 아버지의 사랑을 갈구하다가 미워하는 삐뚤어진 마음을 안고 자랄 수밖에 없었다. 아무리 원해도 얻을 수 없는 아버지의 사랑과 함께 자란 뒤틀린 마음을 간직하고 있었다.

낳고 기른 부모의 크고 작은 흔적들이 모여 자녀는 각자의 모습으로 형성된다. 영향 끼친 삶의 추억들, 영향 받은 삶의 기억들, 몸에 새겨진 습관들, 평생 잊지 못할 상처나 트라우마까지도 부모로 인해 새겨진다.

인간의 근본적 욕구를 설명한 헤겔의 인정욕구 개념은 타인의 인정을 통해 자신의 가치를 확인하려는 본질적인 욕구를 설명한다. 인간은 타인의 인정 없이 스스로의 가치를 온전히 느낄 수 없다는 것이다.

헤겔은 '주인-노예 변증법'을 통해 인정을 향한 근원적 욕구를 설명한다. 인간이 단순히 일방적인 지배나 복종이 아닌 상호 존중을 통해서 온전한 자아를 형성할 수 있음을 보여 준다. 주인-노예의 강제 인정에선 욕구 충족이 만족되지 못한다. 대등한 관계에서 상대의 가치를 자발적으로 인정할 때 진정한 인정이 이뤄진다. 헤겔의 통찰은 서로의 차이와 다양성을 인정하고 존엄성을 존중하는 진정한 인간관계 형성을 말하고 있다.

인간의 인정욕구는 심리적 욕망으로 자기 존재감을 확장하기 위해 나타난다. 인정욕구는 자기 자신과 타인에게 자신이 생존할 이유가 충분하고 가치 있는 존재라는 믿음을 확신하는 일로서 살아갈 맛을 느끼게 하고 삶의 목표까지 생기게 만드는 기제이다.

그러나 이러한 욕구는 남과의 비교나 대결이나 투쟁을 통해 해결되거나 좌절된다. 인정욕구는 자신의 현재 모습을 인정받고 이해받고 싶은 욕구이다, 인정욕구는 서로 거짓 없이 솔직하게 속마음을 보여 줄 수 있는 관계 속에서 건강하게 채워질 수 있다. 문제는 자신을 솔직하게 보여 주면서 관계를 맺기가 쉽지 않다는 점이다.

인간관계에 서툰 야곱의 아들들은 솔직한 자기 의견을 내는 대신에 비난과 빈정거림으로 그들은 친분의 방향을 상실하였고 심리적 거리감은 더 멀어져 버렸다. 형제들은 자신 뜻에 대한 객관화와 자기개선의 문제점을 인식하지 못하고 상호이해를 비관적으로 보는 심리로 인해 접점을 상실해 버렸다.

자신들의 잘못을 아버지에게 낱낱이 고해바치는 요셉으로 인해 형제들의 자존감이 무너졌다. 상대적 박탈감을 느끼는 아들들의 왜곡된 인정욕구는 자신들의 잘못을 인정하지도 수정하지도 않아 건전한 인정관계를 요원하게 만든다.

야곱의 아들들에겐 아버지의 인정이 절박하다. 관계적 차원에서 서로의 수고를 알아주는 다정한 말 한마디, 서로의 노력을 인정하는 진심어린 칭찬과 지지를 보여 주는 것이 필요했다. 감시하기보다 경청해서 아들들의 노력을 존중하는 건강한 가족관계 형성이 필요했다. 그러나 야곱의 외면으로 아들들의 인정욕구는 아버지의 사랑을 독점하고 있는 동생 요셉을 눈앞에서 치워버리기라는 왜곡된 방식으로 표출된다.

사랑과 증오가 싸우면 왜 늘 증오가 승리하는 듯 보이는 걸까? 증

오는 전염성이 강해 널리 퍼지고 사랑은 자랑치 않는 속성으로 인
해 잘 드러나지 않는 까닭이다.

　야곱 집안의 구성원들은 한결같이 물질에 집착한다. 그런 집안에
이미 모든 것을 다 가진 듯한 꿈꾸는 몽상가가 나타났다. 라헬의 아
들 요셉이다. 요셉은 자신이 꿈을 꿀 때마다 가족에게 꿈 이야기를
들려주며 가족의 인정과 호응을 얻고 싶어 했다. 그러나 그를 가장
사랑한다는 아버지조차도 요셉의 꿈 이야기에 대한 불편한 마음을
드러내며 꾸짖기까지 한다. 야곱에게 민감한 주제는 서열의 역행이
기 때문이다. 다른 차원의 꿈을 꾸는 요셉은 가족과는 섞일 수 없는
물과 기름처럼 겉돌았다.

　야곱은 요셉에게 형제들을 감시하게 하면서 요셉과 형제들의 갈
등 따윈 염두에 두지 않는다. 이는 아버지의 권위를 넘어설 자식이
없다는 자신감이거나 무관심일 수 있다. 아버지에게 자신들의 비
리를 알리고 아버지의 사랑을 독차지하고 채색 옷을 입고 팔랑대며
다니는 것도 미워 죽을 지경인데, 이제 듣기도 싫은 꿈 이야기까지
쫓아다니며 자랑하는 요셉이 더욱 미웠다. 요셉을 시기하는 마음은
형제들의 마음에 고통스럽게 자리 잡았다.
　그들은 자신들과 다른 꿈을 꾸는 요셉을 밀어내고 따돌리는 데
관심을 쏟는다. 요셉의 꿈을 냉대하고 박대하며 비웃고 조롱한다.
“저기 꿈꾸는 자가 오는도다”(창37:19)라는 빈정거림은 “저기 정신
나간 놈이 온다”라는 말과 같다.

형제들은 꿈꾸는 요셉을 자신들과 다른 인간으로 분류하며 아주 큰 차이를 만든다. 그 차이를 인정할 수 없는 형제들은 요셉의 꿈이 결코 이루어지지 못하도록 자신들이 짓밟고 깨버리기로 작정한다. 가족 집단에서 다른 생각과 꿈을 이야기하는 요셉에게 가해지는 배타적이고 모멸적인 시선은 적당히 멀고 적당히 가까운 가족의 범주를 벗어나 괴물 같은 취급을 받았다.

요셉의 철없는 행동을 용납하지 못할 만큼 뒤틀린 형제들의 감정 바닥에는 아버지에게 사랑받고 싶어 하는 욕구가 있다. 야곱의 아들들은 아버지에게 늘 감시받는 자신들의 처지가 억울했다. 믿지 못하고 어린 동생을 시켜 감시하는 것이 불만이었다. 그러나 그들은 자신들의 잘못은 인정하지 않고 아버지의 중요하고 필요한 존재가 되고 싶은 열망만 있었다. 아버지 앞에만 서면 무기력한 열등감과 위축감을 느끼면서도 아버지의 관심을 갈망했다.

늘 아들들을 무시하는 야곱은 그들이 세상에 태어난 사실조차도 잊어버린 듯 관심도 없었고 무가치하게 취급했다. 아들들은 한 번도 아버지가 자신들을 사랑한다는 생각은 할 수 없었다. 그래서 아버지의 사랑을 한 몸에 받는 요셉 앞에만 서면 아버지를 향한 애증이 되살아나 송곳처럼 자신들을 찌르고 비참한 기분이 들었다.

불행하게도 이러한 감정은 아들들에게 전염병처럼 옮겨져서 공통의 적 요셉을 향한 적의라는 유대감을 형성했다. 아들들은 해소되지 않는 불만과 충족되지 못한 애증적 욕구를 모두 요셉 탓이라고 핑계 대고 있다.

미국의 정신의학자 제임스 길리건(James Gilligan)은 미국에서 살인죄로 수감 중인 재소자들을 35년에 걸쳐 심층 인터뷰했다. 그들의 범죄 동기는 "그놈이 나를 깔보았다(He disrespected me)"는 표현이 가장 많았다고 한다. 타인으로부터 무시당했다는 생각에 모멸감을 느끼고 살인까지 저지른 것이다. 심지어 살인을 통해 자신의 존엄과 자존감을 회복하길 원했다는 자도 있었다.

훼손된 자아를 회복하려는 충동이 폭력으로 표출된 사례는 많다. 그러나 수치심이 언제나 범죄를 불러일으키는 것은 아니다. 수치심은 폭력의 필요조건이지 충분조건은 아니기 때문이다. 형제들의 경우 극도의 적개심과 수치심에 사로잡혀 요셉을 다수의 힘으로 제압하여 무시하고 따돌리면서 자신들이 높이 올라가는 듯한 착각에 빠진 것이다.

호모 사케르

인간 '희생양'은 전쟁포로, 노예, 파르마코스(고대 그리스에서 전염병이나 기근, 외세 침입과 같은 재앙이 닥쳤을 때 민심을 수습하고 안정을 되찾기 위해 처형했던 인간 제물)처럼 사회에서 배제되었거나 속하지 못하는 사람들이 주로 선택되었다. 때로는 거주지나 가족이 없는 사람, 절름발이, 빈털터리, 병자, 버려진 노인들, 지적 장애자들처럼 사회적으로 가치가 없는 사람일 뿐 아니라 정상적인 상태나 허용한계를 벗어나는 주변인이나 그 집단들이 선택되기도 했다. 희생양의 선택은 터무니없이 작은 차이로 시작하여 한 개인을 구별하고 양극화시키기도 하였다.

희생양의 주된 특징은 폭력을 당하더라도 복수할 가능성이 없거나 보복할 능력이 없는 자들이다. 가장 약하고 상처받기 쉬운 자들이었다. 건강한 사회라면 오히려 이들에게 더 관심을 쏟고 배려하는 것이 마땅하다. 하지만 고대사회는 이들을 희생양으로 삼아 공동체의 유익을 꾀했다. 희생양의 희생을 통해 공동체 안의 분쟁, 경쟁, 질투심 등과 같은 갈등을 해소하고 공동체의 평화와 사회적 통합을 강화하는 치료제로 삼았다.

야곱의 아들들은 요셉을 희생양으로 삼았다. 차별과 배제, 폭력의 제물로써 희생양을 만들어 내는 메커니즘이 발동한 것이다. 어린 동생을 향한 추악한 폭력의 본성은 요셉을 자신들의 화풀이 대상으로 삼으며 드러나게 된다.

희생양 속에는 집단적 죄악이 있다. 피억압자의 희생을 정당화하면서 억압자들은 스스로 면죄부를 얻는다. 사람은 자신에게 화를 끼친 당사자에게 복수할 수 없을 때 무의식적으로 다른 대체물을 찾아 분노와 복수심을 해결하려고 한다.

르네 지라르(Rene Girard)는 [나는 사탄이 번개처럼 떨어지는 것을 본다]에서 희생양 메커니즘의 작동 원리인 '거짓'과 박해자들의 '무지'에 대하여 말한다. 지라르는 모방으로 시작하여 개인 간의 갈등을 거쳐 희생양에 대한 집단적 폭력에 이르는 과정 자체를 '사탄'이라고 보았다.

희생양은 폭력 해소의 대체물로 지목되어 억울하게 고통을 겪게 되는 경우가 많다. 박해자들은 언제나 이를 통해 자신들의 폭력행위를 정당화하거나 은폐하였다.

형제들은 자신들의 욕구불만과 시기심을 해소하기 위해 요셉을 희생양으로 삼았다. 다수인 형들의 요셉 한 사람을 향한 야만적 횡포와 파괴의 위협은 출구를 찾지 못한 증오가 어떻게 한 사람의 인생을 철저하게 파괴할 수 있지는지를 보여 준다. 성서는 교묘하게 은폐된 집단 폭력의 왜곡된 작동 방식을 가감 없이 드러내 보여 주며 그 근본의 해결이 하나님의 은혜와 용서에 있음을 보여준다.

샬롬이 사라진 가족

야곱의 아들들은 전통적, 감정적 딜레마와 암암리에 굳어진 서열 의식 등 해결할 수 없는 여러 가지 문제를 안고 있었다. 레아의 아들들은 첫째 부인의 소생이므로 자신들이 가장 정통성 있는 자녀들이라고 생각했을 것이다. 그러므로 두 번째 부인의 아들인 요셉이 아버지의 무조건적인 사랑을 받는 것에 대한 억울함과 적대감이 있었음을 짐작할 수 있다.

요셉을 죽음에서 구하려 한 르우벤과 유다는 레아의 아들들로 이들 역시 요셉을 미워했지만 종의 자식과는 구별된 자신들과 그나마 동급이라 생각했던 요셉의 죽음을 용인하기엔 꺼림직한 점이 있었을 것이다.

여종 빌하와 실바의 아들들은 종의 신분이라는 불안한 위치가 늘 마음에 짐이 되었다. 그들은 마음의 불편을 해소하는 수단으로 아버지의 사랑을 독차지한 요셉을 해코지하며 불안과 갈등에서 벗어나고자 했다. 요셉과 비교하며 느끼는 소외감과 상대적 박탈감을 폭력으로 대응하며 해소한 것이다.

형들은 요셉에게 늘 차갑게 선을 긋고 빈정댔다. 마음이 독해지면 세상을 향해 날 세운 칼날 또한 독해지는 법이다. 그리고 독한 칼날은 결국 쉽게 부서진다. 형들은 요셉의 현재와 꿈이 이루어질 미래까지도 미워했다. 형제들이 이처럼 요셉을 미워하고 가시 돋친 말을 내뱉는 것은 그들이 누구보다 마음의 상처를 받고 자랐기 때문이다.

요셉은 형제들이 바라는 것을 모두 가지고 있었으며 형제들이 상상하는 인생을 누리고 있었다. 아버지의 독점적 사랑, 일하지 않아도 되는 권리를 알려 주는 긴 채색 옷이 그렇다. 같은 아버지에게서 태어났는데 어머니가 다르다는 이유로 받는 차별이다. 아버지의 사랑을 독차지한 요셉을 보면 끓어오르는 질투와 시기심이 치밀어 올라왔다. 요셉을 용납해 주고 싶지 않은 감정의 무덤을 날마다 키워 갔다.

형제들의 눈에 비친 채색 옷은 공평하게 형제들을 사랑하지 않는 아버지의 비뚤어진 사랑의 상징이었다. 구부러진 눈으로 바라본 구부러진 세상은 형제들의 세상이다. 꿈의 눈으로 세상을 바라본 요셉의 세상은 꿈과 같은 세상이었다. 같은 세상을 살면서 다른 세상을 보며 살아가는 요셉과 형제들은 절대 같은 곳을 바라볼 수 없고 같은 곳에 다다를 수 없었다.

형들은 요셉을 노예 상인들에게 팔아버리고 난 후 내내 맘이 불편했다. 요셉을 구덩이에 던져 넣고 채색 옷을 벗겼지만 그의 목숨을 빼앗지 못한 것이 혹시 후환이 될까 하는 생각 때문이었다. 그러나 죽음보다 못하다는 애굽의 노예살이는 어쩌면 요셉에게 살아서 맛보는 최악의 고통을 선사할지도 모르고 자신들은 살인은 저지르지 않았다는 당위성을 얻게 되었으니 좋은 선택이었다는 결론으로 스스로와 타협했다.

형제들은 요셉에게 인사를 건네지 않는다(창37:4). 요셉과의 대화를 차단하고 소통 자체를 거부했다. 어린 요셉의 인사를 형들이 무시하고 받아 주지 않으면서 관계가 고착되어 버린 것으로 보인다. 증오의 감정은 켜켜이 형제들의 내면에 쌓여 응어리가 되어 굳어져 갔고 악한 감정의 찌꺼기는 넘쳐 폭발할 지경이 되었다.

요셉은 야곱이 노년에 얻은 아들이라고 말하지만(창37:3) 모든 아들들이 사실 모두 다 노년에 얻은 아들이다. 야곱이 요셉을 특별히 더 사랑하는 일을 성서는 늙어 판단력을 잃은 야곱의 눈먼 행위처럼 묘사하고 있다. 늙고 눈이 멀어 자식을 분간하지 못했던 아버지 이삭을 속인 야곱이 이제 자신이 늙어 아들들을 차별하고 있다는 조롱이다. 성서는 아이러니를 아이러니로 덮는 유머가 가득하다.

창37장의 본문은 서로에게 상처를 입히고 할퀴면서 망가져 가는 미성숙한 가정의 모습을 그리고 있다. 서로의 내면에 무관심한 고슴도치 가족처럼 서로를 향해 날을 세워 상처받고 피 흘리고 있다. 형들은 요셉을 뒤틀린 시각으로 바라보았고 요셉은 형들의 날카로운 시선을 알아채지 못한다. 형제들은 죽이고 싶을 만큼 요셉을 미워하기에 이르렀다. 형제들의 폭발한 갈등은 요셉이 태어난 이래

17년 동안 켜켜이 쌓인 묵직하게 고착된 미움이다.

증오의 기저에는 공격성과 파괴력이 강하게 자리한다. 파괴적이고 공격적인 성향의 뿌리에 대해 심리학자들은 본인이 충분하게 누리지 못한 부분이나 과거에 입은 깊은 상처의 반작용이라고 설명한다. 샬롬이 사라진 야곱의 가정에는 안녕하지 못함이 결과로 주어짐은 당연한 수순이다.

르상티망

시기와 질투는 부정적 감정이라는 측면에서 분노와 닮아있다. 시기심(envy)은 '우러러본다'라는 뜻의 라틴어 '인비디아'(invidia)에서 유래한 말로 남의 물건이나 자질을 탐내는 욕망이다. 시기는 자신의 상황을 타인의 상황에 비해 불리한 것으로 보고 타인의 행운에 초점을 맞추는 고통스러운 감정으로 경쟁하는 마음 때문에 발생한다. 시기를 느끼는 사람은 경쟁자가 가지고 있는 것을 원하기에 결과적으로 경쟁자를 향한 악의를 품는다.

질투는 무엇인가를 잃어버릴지도 모른다는 공포의 형태로 드러난다. 누군가의 관심이나 사랑을 잃을까 두려워하는 경우가 많다. 질투의 초점은 자신이 원하는 사랑을 위협하는 경쟁자에게 맞추어져 있다. 경쟁자가 사라지지 않는 한 질투심을 충족시키기는 어렵다,

요셉을 향한 선망과 갈등은 질투와 뒤섞여 증오의 감정으로 발전했다. '르상티망'(ressentiment)은 원한, 증오, 질투 따위의 감정이 되풀이되어 마음속에 쌓인 상태를 말하는데 형제들의 마음속에 이러한 감정이 번식한다. 르상티망이야말로 전형적인 현대인의 감정

이자 질병이라고 지라르(Rene Girard)가 진단했지만, 숨은 질투와 시기를 마음에 독처럼 품고 있던 형제들의 행위는 르상티망이 어떤 감정인지를 잘 보여 주고 있다.

자존심이 상처 입고 피해의식은 쌓여 원한 감정이 깊어 간다. 그에 대한 앙갚음은 자기보다 약한 사람에게 위해를 가하는 방식으로 나타난다. 형제들은 아버지에게 받아들여지지 않는 자신들에게 수치심을 느낀 것이다. 수치심의 바탕에 있는 것은 강박적이고 편협한 감정이다. 자신의 무의식적 수치심을 타인에게 투사한 다음 타인을 공격하는 것이 당연하다는 생각을 하게 된다.

형제들의 피해의식은 약자인 동생을 향한 분노 표출로 이어져 살인이라는 극단적인 선택을 한다. 요셉 때문에 자신이 상처받았으니 이제는 요셉이 대가를 치를 차례라는 보복살인은 자기 합리화에 근거해 오히려 형제들이 피해자인 것처럼 둔갑한다. 그러므로 정작 자신의 행위에 대한 후회나 자신들이 죽이려 한 동생이 피해자라는 인식, 혹은 피해자의 억울함에 대한 공감은 없다. 마치 요셉을 죽이려 한 자신들의 행동에 대한 책임이 요셉에게 있다는 듯, 죽을만한 짓을 해서 죽인 것이란 듯이 당당하기까지 하다. 살인이라는 행위의 바닥에 깔린 감정은 복수심이다.

폭발해 버린 질투

정체를 드러낸 적에게는 몸과 마음이 방어 태세를 갖추고 있기에 정체를 드러내지 않고 다가오는 적보다 두렵지 않다. 형들은 자신들의 정체를 드러내지 않고 해맑은 웃음을 지으며 달려오는 동생을 향하여 섬뜩한 칼날을 드러냈다.

형제들은 아버지의 태산 같고 엄혹한 그늘에서 보호받은 요셉을 감히 건드릴 엄두도 내지 못했다. 그러나 지금 아버지는 머나먼 곳에 있다. 요셉을 죽이려고 한 것은 다분히 즉흥적인 결정이었지만 다수의 형제들이 동의했기에 즉각 실행에 옮겨졌다. 결정했으면 망설임 없이 밀어붙여야 했다. 지금의 행동이 옳지 않은 것이라 인정하는 순간 형제들은 무너지고 말 것이기 때문이다.

요셉을 향한 질투심이 형제들을 집어삼켰다. 자존감, 도덕성, 아버지에 대한 두려움, 형제애, 혹은 사랑 따위의 알량한 감정들조차 요셉을 향한 질투심 앞에서 아무런 힘도 발휘하지 못했다. 요셉만 없어진다면 모든 것이 평온해질 것이라는 착각 앞에서 무너져 내렸다.

아버지의 경멸하는 시선이 떠오르고 잘난 채 뽐내는 요셉의 꿈 자랑이 귓가에 메아리친다. 어린 동생과 사사건건 비교하며 느꼈던 모욕감이 구토처럼 치밀어 오른다. 형제들을 모두 합쳐도 요셉의 반만큼도 취급해 주지 않는 아버지에 대한 적대감이 눈을 멀게 했다. 시기와 질투에 눈이 멀어 죄악이 자신들을 덮쳐 오는 것을 보지 못한다.

형들의 빈정거림과 뒤집힌 눈은 감정이 통제되지 않는 상황에 이르렀다, 한통속이 되어 요셉을 죽이려고 했을 때 자신들은 실제보다 더 큰 힘을 가졌을지도 모른다는 착각과 거짓 성취감에 속아 흥분한 상태였다. 자신들이 운명을 통제하고 있다는 오만한 착각은 배다른 동생을 죽이고 그 죽음을 죄책감 없이 묻어버리고 없었던 일처럼 깨끗이 잊어버릴 수 있다고 장담했다. 힘센 어른 여러 명이 열일곱 소년을 상대로 힘자랑하는 힘의 불균형은 공정한 싸움이 아니다. 그 잔인성과 무자비함, 그 추락의 무지막지한 깊이와 파괴적인 광란의 크기가 요셉의 생을 끝내버릴 듯 덤벼들었지만 인생이 그렇듯 끝날 때까진 끝난 게 아니다.

이기심과 질투에 뒤집힌 눈과 마음은 이성도 무시하고 도덕도 무시하고 자기들의 방식의 오류를 직시할 눈도 가려버린 채로 먹이를 발견한 굶주린 짐승처럼 달려들어 물어뜯고 갈기 발기 찢어 놓고 난 후에야 깨닫게 될 것이다. 살려 달라 애원하는 동생의 울부짖는 소리를 무시하고 요셉의 아우성도 들리지 않았던 그날, 그 시간은 이제 다시 오지 않을 기억 속으로 사라져 버렸다.

샤덴프로이데(Schadenfreude)의 '샤덴'은 '피해'나 '손상'을, '프로이데'는 '기쁨'이나 '즐거움'을 의미한다. 즉 '피해를 즐긴다'라는 뜻으로 '타인의 불행이나 고통을 보면서 느끼는 기쁨'을 지칭하는 명사다. 그동안 꼭꼭 숨겨왔던 질투의 감정을 요셉의 아가리에 밀어 넣으며 묘한 쾌감을 느꼈을 형제들의 감정을 대변해 주는 말이다. 남의 불행을 느끼는 은밀한 기쁨을 표현하기도 한다.

니체는 "남의 고통을 보면 기분이 좋아진다. 남을 고통스럽게 만들면 훨씬 더 기분이 좋다. 냉정한 말이지만 너무도 인간적인 원칙이다"라고 말했다. 오래전부터 인간은 시대와 문화권에 상관없이 남의 굴욕과 실패를 먹잇감 삼아 자기 행복을 누렸다. 그들이 마주한 가장 어둡고 깊은 내면에는 참을 수 없는 질투와 소용돌이치는 시기심과 열등감이 결국 요셉에게 고통을 주고 싶은 유혹으로 넘어가 버린 것이다.

형제들이 요셉의 채색 옷을 벗기고 물 없는 구덩이에 밀어 넣었을 때 무기력하게 울면서 살려 달라 애원하는 요셉을 보면서 입 꼬리를 실룩이며 만족감에 미소 지었을 것이 틀림없다. 왜냐하면 그들은 요셉의 아우성을 들으면서 아무렇지 않게 요셉이 가져온 음식을 둘러앉아 먹었기 때문이다.

음식이 목구멍에 넘어가냐고, 반문하고 싶은 그 상황은 요셉의 불안과 고통에 대한 공감의 마음이 조금이라도 있었다면 일어날 수 없는 행동이다. 아버지 없이는 아무것도 아닌 요셉을 힘으로 찍어 누르며 느끼는 통쾌한 승리의 기쁨과 우월감을 형제들은 만끽하고 있다.

그러나 요셉을 비웃으며 노예로 팔아넘기고 난 이후에도 아버지로부터 갈구했던 사랑과 관심이 충족되지 않는 현실에서 자신들이 느낀 우월감이 얼마나 무의미한 것인지 깨달았을 것이다. 형제들의 잘못된 판단과 일순간의 분노를 참지 못한 대가는 일생을 무거운 죄책감에 시달리게 만든다.

요셉이 사라진 현실이라 해서 딱히 달라진 것도 없다. 자신들의 뜻대로 위계질서가 바로 잡혀 편애가 사라진 것도 아니고 자신들의 지위가 향상된 것도 아니다. 단지 아버지가 슬픔과 고통 속에서 남은 인생을 죽지 못해 살아가는 모습을 지켜봐야 했을 뿐이다. 다 부질없는 짓이었다. 공허한 위안은 잠시뿐이었고 가짜 우월감에 젖어 벌인 요셉의 죽음이 자신들의 욕구를 충족시켜 주지는 않았기 때문이다. 결국 자기혐오라는 씁쓸한 뒷맛과 죄의 값이라는 두려운 미래가 기다리고 있었다.

요셉의 꿈은 하나님이 하실 일을 형제들에게 미리 보이심이었다. 미련한 그들은 질투심에 눈이 멀어져 보지 못한다. 지혜는 생각에 머물고 마는 지식과는 다르다. 지식은 앎에서 그치지만 지혜는 아는 것을 살아내게 하기 때문이다. 형제들이 지혜롭게 요셉의 꿈을 보았더라면 꿈을 살아내는 요셉의 삶에 함께 할 수 있었을 것이다. 결국 형제들로 인해 죽음의 길로 떠밀린 자가 형제들을 죽음의 길에서 구원하는 자로 등장한다.

마르틴 부버(Martin Buber)는 '인간의 가장 큰 비극은 나처럼 사랑받고 인정받으며 살고 싶어 하는 너를 받아들이지 않고 너를 나의 생의 도구인 그것으로 깎아내리는 데 있다'라고 지적한다. 함께 살 수밖에 없는 서로의 차이와 다름을 인정하지 못하고 어쩔 수 없는 관계에 매여 상처 주고 살아간다.

정신적으로 문제가 있는 사람이 아니고서는 남의 불행이나 고통을 즐기는 사람은 거의 없다. 다만 악인의 불행을 고소해 하는 것은 인과응보로 여기기 때문인데 이는 악의적 감정이 아니라 도덕적 균형에 대한 욕구라고 볼 수 있다. 그러나 도덕적 균형감이 위태로운 세상이다. 이 세상이 공평하고 정당하다고 느끼는 사람은 별로 없다. 그런데도 부조리하고 모순된 세상에서 평화롭고 행복하게 살고 싶은 나의 욕구는 남의 평화와 행복을 용납할 때 비로소 온전한 평화가 되는 것임을 알아야 한다.

장남인 르우벤이 요셉을 죽이지 말고 아버지에게 돌려보내자고 말한다(창37:22). 이는 요셉을 죽이려고 한 죄를 자신만 벗어나 보겠다는 계산이다. 이미 요셉을 죽이고자 모의한 나머지 형제들은 어쩌란 말인가? 그동안 형제들의 잘못을 아버지에게 낱낱이 고한 요셉을 살려 보내면 형제들의 입지는 지금보다 더 나빠질 것이다. 어리석은 르우벤을 뺀 나머지 형제들은 이미 그러한 계산을 했다. 유다 역시 마찬가지다. 그래서 르우벤이 잠시 자리를 비운 동안 요셉을 죽이지 않고 눈앞에서 치워버릴 방법을 마련한 것이다. 마침 이스마엘 상인들이 지나가는 것을 보게 되었고 그들에게 요셉을 팔아넘긴다. 나머지 형제들은 손에 피를 묻히지 않고 요셉을 처리한 유다의 잔꾀에 속으로 손뼉을 쳤다.

어빙 제니스(Irving Janis)는 '집단사고'(Groupthink), '집단극화'(Group polarization) 현상을 주목한다. 집단 안에서 결정을 내릴 때 자칫 극단적인 방향으로 치우쳐 혼자서 결정을 내릴 때보다 위험성이 더 높은 쪽으로 결정을 내릴 수 있다는 이론이다.

사리 분별이 있고 유능한 전문가들로 구성된 집단임에도 불구하고 이따금 완전히 부적절한 의사결정을 내리게 된다. 결집력이 높은 집단이 '집단사고'라는 함정에 빠지는 경우는 높은 응집력, 유사한 성향, 단결심 등으로 뭉쳐있는 경향이 있고 외부에 대한 집단의 상대적 고립, 다양한 행동 가능성에 대한 평가 부재, 마음속의 의구심을 내비치지 못하는 구성원의 높은 스트레스와 관련이 있다.

이성에 근거했다 하더라도 집단적 행동은 비합리적이다. 이러한 현상을 뒤르켐(Emile Durkheim)은 집합적 정신착란의 상태, 집단적 광기의 상태라고 말한다. 이런 상태에서는 진실을 보는 눈이 가려질 공산이 크다. 집단이 보는 눈은 항상 찌그러져 있다. 제한된 형태로 사태와 사물을 보면서 자신들이 잘못된 판단을 하는지 의심하지 않는다. 그저 다수가 움직이는 대로 행동하고 생각한다. 그래서 키르케고르(S. Kierkegaard)는 "군중이 있는 곳엔 어디든지 거짓이 있다"라고 말한다.

일대 다수의 대결은 소수에게 절대적으로 불리하다. 집단은 미쳐 날뛰기 쉽다. 미쳐서 제정신이 아니면서도 자신들이 미쳤다고 생각하지 않는다. 니체는 "개인적으로 보면 광기는 드물다. 하지만 집단, 정당, 국가, 시대로 보면 광기는 상례다"라고 [선악의 저편]에서 말한다. 형제들은 요셉을 미워하는 마음이 일치해 집단의식의 형태를 띠고 있다.

형제들은 요셉을 미워하는 마음으로 동일한 행동을 하는 집단 광기에 빠졌다. 일정한 방식으로 요셉을 판단하며 일정한 방식으로 미움의 감정이 학습된 형제들은 자기들과 다른 사랑을 받는 요셉을 증오한다. 증오는 결국 핍박과 박해로 이어졌다. 증오와 질투는 인간관계에 있어서 파괴와 분열 그리고 살인까지 일으키는 악한 감정이다.

자기 합리화

사람들이 자기의 인생과 세상을 실제 이상으로 통제할 수 있다고 믿는 오류를 착각이라 한다. 디나를 강간한 세겜에 대한 복수를 위해 거대한 사기극을 벌인 야곱의 아들들이 가진 통제력에 대한 착각이 그런 경우다.

대부분의 사람은 악한 사람은 처벌받고 선한 사람은 보상받으며 노력한 만큼 얻을 수 있다는 '공정 세상관'을 가지고 있다. 이러한 믿음은 사회질서를 유지하기 위해서 필요하고 자신의 발전을 위해서도 바람직하다. 그러나 타인의 불행조차 피해 당사자의 책임으로 돌림으로써 자신이 져야 할 책임을 모면하려는 것, 피해자의 불운까지도 도덕적인 책임을 져야 한다는 생각은 위험한 발상이다.

이는 디나의 오빠들과 그 시대의 남자들이 가진 생각이며 그러한 사고방식은 오늘날에도 그다지 변하지 않았다. 디나와 같이 강간당한 피해자가 도리어 강간의 책임을 지는 현실을 말하는 것이다. 사고를 당하거나 재해를 입은 피해자가 그것을 미리 대비하지 않았기에 당한 일이라고 말하는 것은 피해자를 두 번 죽이는 잔인한 행위다.

숙곳에 잔인한 폭력을 행사한 야곱의 아들들은 노획물을 얻어 집으로 돌아오며 승리감에 만취된다. 잠언의 말씀처럼 '도둑질한 물이 달고 몰래 먹는 떡이 맛이 있다'(잠9:17)라며 공짜로 얻은 것의 달콤한 유혹은 그들의 잔인성과 비도덕적이며 위선적인 면모를 드러나게 한다. 그들은 과거에 동생 요셉을 냉혹한 죽음과도 같은 삶으로 내몬 피도 눈물도 없는 자들이었다. 그리고 이미 자기 내면에서 요셉을 죽은 자와 같이 취급하며 자신들의 죄를 눈감아 버렸다. 그

들의 '공정 세계관'의 해석대로라면 요셉도 죽일만해서 죽인 것이
고 숙곳 사람들의 죽음도 자업자득이다.

그들의 악행은 이스라엘을 이룬 12지파가 인간적 선함을 갖춘
자들이 아님을 말한다. 하나님의 택하심을 받은 그들이 신앙의 완
성을 위해 기도하는 자들이 아니라 자신들의 유익을 위해 타인을
죄의식도 없이 해하고 악행을 저지르며 자기 합리화에 급급한 자들
로 보통의 도덕성도 갖추지 못한 자들임을 가감 없이 드러낸다.

타인의 고통에 무관심한 야곱과 아들들

"내가 성공하는 것만으로는 부족해. 남들이 실패해야지" 칭기즈
칸이 남긴 이 훈계를 야곱의 아들들이 따르고 있다. 그들은 여동생
디나가 강간당함으로 자신들이 수치를 입었다고 생각하여 분노한
다. 자신들의 분노를 타인의 실패를 통해 보상받으려 한다. 즉 타인
을 짓밟으며 자신들의 가치를 높이고 만족스러워 하는 것이다.

세네카(Lucius Annaeus Seneca)는 [분노에 대하여]에서 분노를 인간
이 겪는 가장 위험하고 파괴적인 감정 중 하나로 보았다. 분노는 이
성의 가장 큰 적이며 인간의 삶을 파괴하는 일시적 광기와도 같아
서 판단을 흐리게 하여 자신과 주변에 과도한 해를 끼친다고 말한
다. 단순한 감정의 폭발이 아니라 "자신에게 부당한 일을 저지른 사
람에게 복수하려는 욕망"으로 정의하며 이성적 판단이 결여된 상
태에서 발생하는 현상이라고 본다. 분노의 강한 추진력은 제동장치
가 고장 난 자동차와 같다. 일단 움직임이 시작되면 멈추기가 어려
워진다. 그리하여 돌이킬 수 없는 범죄로 이어지게 된다.

중요한 결정을 내릴 때 합리적 요인들보다는 부수적인 것들이 더 크게 작용 할 때가 많다는 통계가 있다. 아들들의 숙곳을 향한 분노는 세겜의 강간이란 상황에 대한 그들의 해석과 판단이 결합된 복합적 현상이다. 그들의 분노는 자기 강화적 특성을 띠고 눈덩이처럼 커져 세겜과 그의 가족을 넘어 모든 숙곳 사람들에게로 향하는 통제 불가능한 상태로 발전했다. 아들들은 자신의 정당성을 주장하며 이성적 판단을 상실했다. 무고한 사람의 목숨을 빼앗은 그들은 자기 통제력을 상실한 상태로 무자비한 학살을 저질렀다.

할례를 통해 고귀한 혈통의 세계로 편입되는 삶이 시작될 것처럼 장황설을 늘어놓은 형제들이나 야곱의 집안을 이용해 세력 확장을 꿈꾸는 세겜의 족장이나 자기 잇속을 챙기려는 계산을 마음속에 숨겨두고 있었다. 두 부류 모두 껍데기를 벗기고 들여다보면 사악한 욕심을 품은 사냥꾼에 지나지 않는다. 그래서 협상을 할 때 감정을 교류하고 분위기를 살피는 게 중요하다. 야곱의 아들들은 세겜과의 협상들 자신들에게 유리하게 만들어 많은 것을 얻으려 했다. 너무 과욕을 부린 나머지 비논리적인 방식을 최선이라고 생각하며 자신들은 공정하다는 착각에 빠진다.

인간을 사냥하는 학살자, 핏속을 흐르는 광기, 아무런 관계도 없는 자들까지 살육하는 비정함, 죽음 앞에서 절규하고 절망하는 무고한 생명을 끊으면서 죄책감 따위는 없다. 갖고 싶은 것은 빼앗고 망가뜨려서라도 얻고야 만다. 전부 제멋대로 자신이 원하는 방식으로 해야 직성이 풀린다. 감히 우리를 건드리면 배로 갚아 주고 죽음으로 대가를 치르게 하리라 다짐하며 비틀린 용맹과 복수심으로 교활한 웃음을 흘리는 야곱의 아들들이다. 아들들이 속임수로 자신들의 욕심을 채우고 타인의 삶과 재산을 짓밟고도 승리에 도취한 그들의 모습은 인간의 탐욕이 드러낸 잔인한 자화상이다.

야곱은 가족 내 큰 위기가 발생해서 긴급히 문제를 해결해야 하는 상황에 봉착했다. 그러나 야곱은 숙곳을 초토화하고 돌아온 아들들에게 도리어 일을 크게 만들었다고 꾸짖는다. 가장으로서 상황을 정리하거나 한계선을 그어주지 않는다. 집안이 위기를 겪게 되면 이는 모두 아들들의 탓이라고 책임 전가하고 있다(창34:30).

아들들과 아버지 야곱은 소통하지 못한다. 이방인의 땅에서 나그네로 살면서 현지인들과도 불통하고 가족과도 소통이 안되는 상태다. 야곱은 가족의 역할이나 존엄성은 안중에도 없는 발언을 한다. 자신의 생명보존이 온 가족이 반드시 지켜야 할 궁극의 목적이라도 되는 듯하다. 이미 일이 저질러진 후에 원망만 늘어놓는 치사한 모습이다.

아들들도 아버지의 말이 어이없어서 "그가 우리 누이를 창녀같이 대우함이 옳으니이까"(창34:31)라고 자신들이 숙곳을 초토화시킨 원인을 되새겨 줄 뿐이다. 아들들의 말엔 야곱에 대한 원망이 가득하다.

수전 손택(S. Sontag)은 '타인의 고통을 마치 시각을 자극하는 볼거리로 소비해 버릴 위험성'을 경고한다. 살아가는 동안 타인의 시선과 영향력을 무시할 수는 없다. 이는 타인과 다양한 교류를 나누며 그들의 이익이 자신들의 이익과 상반될 때 어떤 태도를 보이는가 하는 질문으로 이어진다. 타인과의 관계가 자신에게 얼마나 이득이 되는지만 계산한다면 이는 매우 냉정한 문화다. 분노와 수치심 같은 전형적 도덕적 감정이 침해받았을 때 어떠한 도덕적 태도를 보일지 그리고 배격해야 할 잔인함은 무엇인지 생각해 보아야 한다.

야곱의 아들들은 숙곳을 침략하면서 그곳에 살고 있던 사람들과 그들 삶의 모든 발자취를 말살했다. 삶의 자리를 파괴하면서 문화적으로 규정된 사물, 몸짓, 사고만 분쇄된 것이 아니라 인간의 사물, 몸짓, 사고도 분쇄되었고, 인간의 거처가 분쇄되었다.

침략의 목적은 약탈과 살인이다. 그들이 숙곳에서 자행한 태우기, 파괴하기, 죽이고, 절단하기 등은 온전함을 온전하지 않은 상태로 변형시키는 일이다. 이는 하나님이 창조하신 온전한 세계를 파괴하는 행위다.

철저히 속이고 짓밟기로 계획된 범죄, 숙곳의 사람들은 그렇게 죽어갔다. 일말의 연민 따위도 없다. 죽음에 이른 사람들이 겪는 고통의 강도나 지속시간 따위도 관심 없다. 훼손된 인간과 동물의 사체들, 약탈의 흔적들, 유리한 입장에서 휘두른 압도적인 무력으로 얻어진 승리는 거짓, 왜곡, 허구로 만들어 낸 것이다. 자신들이 '정의'를 바로 세운 영웅인 체하지만, 야곱의 아들들은 간악한 살인마에 불과하다.

서로를 속이기 위한 각자의 계획이 있지만, 야곱의 아들들이 승리를 거머쥐었다.

적을 속이고 이용해서라도 패권을 손에 넣고, 무고한 사람들을 학살해서라도 전리품을 얻으려 하는 자들이다. 어떤 비열한 짓을 해서라도 원하는 것을 손에 넣는다는 그들의 사고방식은 야곱으로부터 비롯된 것이다. 세상 모든 것을 자신들의 삶에 유용하게 활용할 도구로만 생각할 뿐이다.

무관심과 포용 없는 애정 결핍이 그들을 이렇게 만들었다. 악한 일을 저질러도 죄의식이 없다. 살인을 위한 살인으로 얻은 전리품, 잔혹극의 잔인한 행위자들. 하나님의 이름을 망령되이 이용하고도 두려워하지 않는 철면피한 이들이 되었다.

자신들이 나고 자란 땅이 적에게 유린당하고 내부로는 서로를 의심하게 만드는 독과 같은 행동을 거침없이 하는 그들의 일상이다. 잔혹한 그들의 성정은 이후 야곱의 유언을 통해 명확히 드러난다.

숙곳의 남은 자들은 야곱의 잔인한 아들들로 인해 잃어버린 가족과 이웃의 몫만큼 남은 생을 살아가야 한다. 전쟁은 이웃과 가족, 그들의 시간, 그들의 일상을 파괴한다. 삶의 터전과 가족을 지키려는 준비도 없이 작정하고 속인 계획 속에서 고통 중에 잠든 밤, 죽음을 기다리는 것밖에 삶에 남은 것이 없다는 사실도 모른 채로 죽음에 삼켜졌다.

성장, 갈등을 넘어서

인간은 '뼛속까지 사회적이다'라고 마이클 가자니가(Michael

Gazzaniga)는 말한다. 인간은 타인과의 관계 속에서 사회적 과제를 해결해 나가는 과정을 통해 갈등과 성장을 반복하며 살아간다.

성장은 필연적으로 갈등과 직면하여 얻어진다. 갈등이 성장으로 이어지면 갈등의 가치는 의미를 지니게 된다. 그러나 모든 인간이 갈등을 이기고 반드시 성장하는 것은 아니다. 익숙한 것을 답습하며 회귀하는 모습을 야곱과 그의 가족을 통해 찾아볼 수 있다.

도덕적 정체성이 형성되는 기초에는 가족이라는 작은 사회의 영향을 받는 가족 구성원들이 있다. 다른 사람의 입장에서 생각하는 공감 능력, 옳고 그름을 아는 분별력, 충동을 조절하게 해주는 자제력, 다른 사람과 동물을 소중하게 대하는 존중, 타인의 행복에 관심을 두는 친절함, 의견이 다른 사람도 존중하는 관용, 정정당당하게 행동하는 공정함 등이 필요하다.

야곱의 가정은 '야곱'이란 이름에 적합한 가정이었다. 가족 구성원 간에 서로의 상처를 보듬어 주는 공감은 없고 비난과 질투가 난무했다. 분별력을 상실한 그들은 동생을 노예로 팔고도 죄의식을 갖지 않았다. 충동과 자제력을 조절하지 못한 시므온과 레위는 숙곳을 초토화하고 수많은 사람의 생명을 빼앗았다. 유다는 창녀의 집에 드나들었고, 며느리 다말에게 계대 결혼의 의무를 행하지 않으므로 고립시켰다. 야곱의 가족에겐 타인에 대한 배려나 존중, 친절, 관용, 공정함을 기대할 수 없는 삶이었다.

좋은 머리를 가지고 있음에도 올바른 가치와 질서를 가지지 못했던 야곱이 만약 하나님을 모른 채 자기 능력만 믿고 살아갔다면 그의 삶은 자신의 이름 '야곱'에 부합한 삶을 살다가 끝나버렸을 것이다. 야곱의 어그러진 삶은 도덕 불감증에 걸린 자신의 욕심으로 빚어진 결과이기 때문이다.

어떤 의미에서 자신보다 더 교활한 라반의 집에서 라헬을 얻기 위해 정직한 삶을 살아갈 수밖에 없었던 세월이 있었기에, '이스라엘'이란 이름에 부합할 인간적 기본 소양을 갖추게 되었다고 볼 수도 있다. 악한 라반의 밑에서 착취당한 20년의 세월은 시련을 뛰어넘게 하는 인내와 하나님의 도우심과 하나님을 의지하는 삶을 알게 했다.

노동

עבודה avodah

성서에서 말하는 땅의 소유권은 하나님께 있다. 그 백성은 땅의 경작권만을 가진다.
열심히 일하고 노동을 통해 축적된 재산은 가난한 자들을 구제하고
하나님과 이웃을 향한 섬김과 나눔의 토대가 되어야 한다.

일하는 인간

모든 사람은 일하며 살아간다. 하나님의 형상은 일을 통하여 드러난다. 하나님은 일하시는 하나님이시기 때문이다. 하나님의 창조를 가리켜 두 번이나 "그가 하시던 일"로 표현한다(창 2:2). 하나님은 농부처럼 일하시며 하나님의 일하심을 통해 이 땅에 공평과 정의의 열매를 맺고자 하신다(욥 40:7-9; 사 5:1-7).

하나님은 천지를 창조하실 때 하나님의 형상대로 지음 받은 사람을 에덴동산에 두셨고 그곳을 "경작하며 지키게" 하셨다. '경작'은 땅에 노동력을 쏟는 일이다. '지키는 것'은 그 땅을 보호하고 보존하는 일이다. 처음부터 사람은 하나님이 만드신 세상을 경작하고 지키도록 부름을 받은 존재다. 노동은 그것이 가져오는 어떤 열매나 결과 때문이 아니라 처음부터 하나님의 명령이었다는 점에서 거

룩하다.

하나님이 명하신 일은 제의적인 것이 아니라 일상의 일을 의미한다. 레위기 19장은 하나님과 닮음을 드러내는 거룩한 일을 소개한다. 거룩은 추수 때 자기 밭의 한 모퉁이를 가난한 이들을 위해 남겨 놓거나(레19:9-10), 일당을 제시간에 정확하게 지급하고(레19:13), 정의롭게 내리는 판결이나(레19:13), 공정한 저울과 추로 나타난다(레19:35-36). 거룩은 기도나 예배로 구현되는 것이 아니라 그가 일상의 현장에서 행하는 노동을 통해 이루어진다. 노동과 예배는 분리되지 않으며, 그 자체로 하나님을 예배하는 것이다.

성서에서 말하는 땅의 소유권은 하나님께 있다. 그 백성은 땅의 경작권만을 가진다. 십일조는 땅의 소유가 하나님께 있음을 고백하는 행위로 볼 수 있다. 열심히 일하고 노동을 통해 축적된 재산은 가난한 자들을 구제하고 하나님과 이웃을 향한 섬김과 나눔의 토대가 되어야 한다.

노동이 창조 때부터 행해졌던 일이지만 땅이 아담과 하와의 범죄로 저주받아(창3:17-19) 가시덤불과 엉겅퀴를 내게 되었다. 수고(창3:17)가 얼굴에 땀이 흐르는 것(창3:19)으로 표현된다. 인간은 노동의 양에 비해 수확이 원하는 만큼 얻어지지 않는 상황이 되었다. 인간의 죄로 인해 땅이 저주받음으로 땅이 인간이 원하는 만큼의 소출을 내지 못하게 된 것이다. 열심히 일해도 가난한 이유는 저주받은 땅에 사는 결과일 뿐이다. 타락으로 인해 나타난 땅의 저주라는 결과는 극복하고 바로잡아 돌아가야 할 대상이다.

노동의 의미

우리가 과하게 얻으려 노력하고 추구하는 것은 하나님을 기쁘시게 하지 못한다. 필요 이상의 것을 추구하지 않는 것이 일하는 자로서 하나님이 원하시는 삶의 자세다. 하나님이 기뻐하시는 일은 다른 이들의 선을 위한 하나님의 도구로서 일하는 것이다.

인간은 가치 있고 위대한 일에 대한 열망이 있다. 그러나 의미 있는 일은 위대한 일을 함으로 얻어지는 것이 아니라 사람의 관계 속에서 얻어진다. 일은 개인이 세상과 풍요로운 관계를 맺을 수 있게 해주는 중요한 원천이다.

태어난 순간부터 먹고 살기 위해 일을 해야 한다는 인간의 숙명은 삶이 끝나는 날까지 지속된다. "일하는 인간에게 노동은 죽는 날까지 답을 찾아 헤매야 하는 수수께끼 같다"라고 오노레 드 발자크(Honore de Balzac)가 말하지만, 노동으로 희망을 안고 그 희망으로 현재의 고통을 버텨가는 것이 인생이다. 반복적으로 바위를 들어 올려야 하는 시지프스의 행위는 매일 계속되는 인간의 하루를 상징한다.

현대는 직업의 귀천을 구분 짓던 잣대가 희미해졌고 직업의 종류나 삶의 방식이 다양해졌다. 그러나 일을 함에 있어 일의 목적과 방법이 중요하다는 점은 변함없다. 자기 육체와 정신을 소모하며 노력을 기울이는 노동의 목적이 무엇인지 분명해야 한다. 일과 일상의 균형을 바로잡고 노동을 통한 삶의 가치를 회복해야 한다.

일하는 아이와 여자

아담과 하와는 성인의 모습으로 창조되어 일하라는 하나님의 부르심에 응답했다. 그러나 일은 성인에게만 국한되지 않는 현실이었다. 고대에는 아동노동이 당연했고 아이의 생명은 부모의 것이었으며 아이들은 부모를 위해 노동하고 자신의 생존 가치를 증명하여 살아남기에 급급하였다. 그러므로 아동인권이란 말은 무의미했다.

21세기 이전의 아이들은 노동력으로 취급되었다. 부모는 노동력 확보를 위해 많은 아이를 낳는 것이 유리했고 아이들은 집안에 없어서는 안 될 돈벌이 수단이 되었다.

아동노동의 착취와 강제성은 산업혁명 당시 사회문제가 될 정도였다. 19세기 초 영국에서는 저임금 노동으로 항상 빈곤했던 어른들이 생활비를 보충하기 위해 아동들을 하루 12시간의 노동 현장에 내몰았다. [오싱]의 여주인공처럼 쌀 한두 섬에 남의 집 하녀로 내몰리는 일은 비일비재했다. 지금도 개발도상국에는 일체의 인권 없이 노동만 강요당하는 1억 7천 명의 아동 노동자들이 있다. 세계의 1억~2억 명의 어린이들이 매춘과 노동에 죽어가고 있는 잔혹한 현실이다.

아동노동은 5~14세의 노동을 가리킨다. 한국에서는 아동노동을 엄금하고, 아동학대죄로 처리한다. 세계 곳곳에서 아동의 고사리손을 통해 노동을 착취하고 있는 현실은 참혹하기만 하다.

성서에는 야곱의 아들이 어린 나이에 밭에 나가 일했음을 보여 주는 장면이 나온다. 르우벤은 추수 때 밭에 나갔다가 합환채를 발견하여 자기 어머니 레아에게 준다. 이때 르우벤은 5~6살 정도 되었을 것이다. 아직 요셉이 태어나지 않은 때이기 때문이다.

이전 세대의 여자들은 아기를 맡길 곳이 없어 집안의 기물이나 집 밖 나무 그늘에 아이를 묶어두고 일했다. 아이를 돌보기 뿐 아니라 온갖 집안일과 식물을 심고 잡초를 뽑고 경작하고 수확하고 가축 돌보는 일까지도 여성의 몫이었다. 농번기에 남성이 술집에 모여 놀고 있을 때 여성을 위한 공간은 없었다. 여자들은 뜨개질과 실잣기, 직물 짜기를 반복하며 집안일과 육아까지 도맡아 해야만 했다.

시대를 막론하고 일과 가사 배분의 딜레마는 육아의 이해와 맞물려 여성의 삶을 더욱 피폐하게 만들었다.

야곱을 처음 만난 라헬도 아버지의 양 떼를 몰고 나타났다. 야곱의 아내들이 일하는 모습이 성서에 소개되지 않으나 먹을 것과의 사투를 벌이던 시대에 그녀들의 노동은 당연했다.

일하는 야곱

이삭은 야곱을 두 번 축복한다. 기름진 땅과 풍성한 곡식, 넘치는 포도주, 형제들의 주인이 되는 삶이, 에서인 척 야곱이 강탈해서 빼앗은 첫 번째 축복이다(창27:27-30). 그리고 이삭은 외삼촌 라반의 집으로 떠나는 야곱을 불러 다시 한 번 축복한다(창28:3,4).

이삭은 두 번째 축복에서 야곱을 아브라함의 계보를 잇는 언약의 계승자로 인정한다. 언약의 상속자가 된 야곱은 하나님이 택한 백성의 조상이 되는 지위를 계승했다. 이때 에서와 야곱의 순서가 바뀌어 나타난다(창28:5). 육체적인 출생 순서가 아니라 언약 자손을 중시하는 영적인 순서의 장자권에 따라 야곱이 정식으로 장자 축복의 계승자로 인정받은 것이다.

그러나 거창한 두 번의 축복을 받고도 축복의 기쁨을 누릴 새도 없이 야곱은 에서를 피해 밧단아람의 외삼촌 집으로 피신을 떠난다. 천신만고 끝에 도달한 밧단아람의 우물가에서 만난 외삼촌의 둘째 딸 라헬에게 첫눈에 반한다. 생사의 갈림길에서 삶의 의미조차 퇴색할 지경이었던 야곱에게 무엇인가를 욕망한다는 것은 살아 있음의 증거가 된다. 모든 것을 두고 떠나와야만 했던 야곱이 라헬을 욕망하며 사유하고자 하는 목표를 세운다.

야곱의 일은 무엇인가 얻기 위한 투쟁이었다. 목적을 위해 수단과 방법을 가리지 않았던 야곱이 자신보다 더 지독한 외삼촌 라반을 만나 20년의 세월을 무력한 고난 속에서 살아간다. 형 에서에게 모멸감을 안기고 도망치듯 집을 나왔는데, 이제는 라반에게 모멸당하며 살아가게 된다.

7년간 수고한 대가로 라헬을 달라는 야곱에게 라반은 대신 언니 레아를 보낸다. 임금 착취나 계약 위반과는 차원이 다른 한 사람의 인생을 뒤흔드는 거짓의 등장이다. 꼼짝없이 속아 넘어간 야곱, 속임수의 가해자였던 야곱이 피해자가 되었다.

라반은 야곱을 속이고도 눈 하나 깜빡하지 않는다. 라헬을 원하는 야곱의 마음을 이용해 손쉽게 조종하고 있다. 속임수라면 야곱도 만만하지 않은데 라헬을 얻기 위해 한없이 약자가 된다. 야곱은 분노와 치욕감을 억누르고 조롱을 이겨내며 라헬을 얻기 위해 다시 7년간 무보수의 노동을 약속한다.

형과 아버지를 속이는 일에 죄의식조차 없던 야곱이 14년간 속임수나 거짓 없는 삶을 살 수밖에 없었다. 만약 야곱이 조금만 게으름을 피우거나 거짓이 발각되면 라반은 그것을 핑계 삼아 쫓아냈을 것이다. 야곱의 아내들과 그동안 낳은 자식까지도 모두 빼앗길 것이 자명한 일이었기에 야곱의 특기인 꼼수나 거짓은 라반 앞에서 불가능했다.

약속한 14년의 무임금 노동이 끝났을 때, 야곱은 가족을 데리고 고향으로 돌아가겠다고 말한다. 그러자 라반은 이제부터 품삯을 줄 테니 자기 일을 더 해달라고 한다. 야곱은 라반 밑에서 일반적인 계약으로는 품삯 챙기기가 어렵다는 것을 잘 알고 있었다. 그렇기에 누가 보아도 확실한 증거가 될 만한 제안을 한다.

야곱은 라반의 양과 염소를 돌봐주는 대가로 흠 있는 양과 염소를 요구한다. 라반은 야곱의 제안을 수용하고 흠 있고 아롱진 것 그리고 검은 것을 선별하여 모조리 끌고 나온다. 야곱은 버드나무와 살구나무와 신풍 나무의 껍질을 벗긴 얼룩얼룩한 가지를 양과 염소가 교미하는 곳에 두어서 얼룩진 새끼들이 태어나도록 유도한다. 야곱의 재산은 엄청난 속도로 불어난다(창31:1). 라반은 열 번이나 품삯의 조건을 변경하며 야곱의 재산 축적을 막아보려 해보았지만 번번이 실패한다.

야곱의 짝짓기 나뭇가지 이야기는 마치 하나님의 창조 영역에 속하는 일을 수행하는 모습처럼 보인다(창30:37~39). 야곱의 창조적 행위는 하나님의 능력을 빌려온 것으로 하나님의 전능한 지위와 권위가 야곱에게 일임되는 순간이다. 이는 야곱이 하나님과 맺은 관계의 성격을 밝혀준다. 하나님의 권능이 야곱의 손을 통하여 지상에 실현된 일이다.

현대의 과학적 견해로도 황당한 야곱의 재산 만들기는 "하나님이 함께하심"이란 말로 모든 의문을 거두게 한다. 야곱은 끊임없이 계약을 위반하는 라반의 양 떼를 이와 같은 방법으로 차지한다. 야곱이 아무리 머리를 굴려도 확률적으로 얼룩진 것들이 그리 많이 태어날 순 없다. 하나님의 간섭하심이 있었음은 야곱이 레아와 라헬에게 고백하는 사실을 통해서 확인된다(창31:7-13).

무일푼의 야곱이 하나님의 도우심과 그의 비상한 머리로 6년 동안 엄청난 부를 축적한다. 악행을 일삼는 라반에게 착취당한 야곱의 반격이 시작된다. 지렁이도 밟으면 꿈틀하는 법이다.

야곱은 라반의 집에서의 20년의 세월을 견디며 살았다. 악의를 갖고 끌어내리고 삿대질해 대는 사람을 계속 대면하다 보면, 심신이 황폐해지고 자존감도 떨어진다. 봉사와 섬김이 아니라 노예의 굴종으로 전락한 삶이다. 온갖 몰상식한 요구들을 고스란히 떠안고 울분과 치욕을 꾹꾹 삼키면서 마음은 병들어 간다. 그럼에도 불구하고 야곱은 아내를 구하여 집으로 돌아간다는 약속을 지키고 싶었기에 의지와 집념으로 버텨내었다.

성서는 야곱의 20여 년에 걸친 노역을 담담하게 묘사한다. 야곱은 나서야 할 때가 있으면 물러설 때가 있음을 분명히 아는 자다. 때가 아니면 때가 오길 기다리고 힘이 적으면 힘을 키우고 뜻이 약하면 뜻을 모아 단단해지기를 기다린다. 분별을 모르고 억지로 나서면 화를 부른다는 사실을 야곱은 장자권의 갈취 사건을 통해 충분히 경험했기에 가능한 일이었다.

야곱은 결코 어리숙하고 착한 사람은 아니다. 엄청나게 신실하고 지혜롭고 비범한 사람도 아니다. 조금 감정적이고, 조금 야비하고, 조금 계산적이고, 조금 우유부단하고 소심하며, 조금 겁쟁이기도 하다. 위기에 직면할 때마다 야곱은 편법과 술수를 썼고, 그 결과는 최악으로 치닫기도 했지만, 결국 하나님의 은혜로 인생의 고비고비를 아슬아슬하게 넘어왔다.

플라톤은 각각의 존재자가 자기가 맡은 일을 탁월하게 수행하는 상태를 가리켜 '아레테'(arete)라고 불렀다. 이 말은 그리스 말에서 '좋다'의 최상급인 '가장 좋다'(the best)를 뜻하는 '아리스토스'(aristos)에서 온 말로 탁월함(excellence)을 뜻하는 말이다. 자기가 맡은 일을 잘하는 것은 탁월한 것이다. 그리고 탁월한 것은 '좋은 것'이다. 그런데 그리스적 사유 속에서 '좋은 것'과 '선한 것'은 같은 것이므로 탁월한 것은 동시에 선한 것이기도 하다. 그러므로 자기가 맡은 일을 잘하는 것이 바로 '선'이라고 할 수 있다.

자기 일을 잘 수행함이라는 의미에서 야곱의 능력은 탁월하다. 그래서 야곱이 라반의 집에서 맡은 일을 잘해냄으로 일에 관련한 야곱의 탁월함과 선함은 악한 라반이라도 인정할 수밖에 없도록 만들었다.

일하는 라반

본인이 모든 일을 주관하고 있다는 교만은 라반과 같이 자신의 유능감에 취해있는 자들이 빠지는 함정이다. 본인이 모든 것을 다 알고 있다는 착각 속에서 자신의 판단을 믿고 그 판단의 오류는 염두에 두지 않는다. 세상 모든 것이 본인의 머릿속에 있고, 완벽히 본인의 통제에 있다는 자만으로 누군가 감히 자신을 거스르거나 뛰어넘는 지혜를 가지고 있다고 생각조차 하지 않는다.

탐욕과 집착은 온갖 악과 불행의 근원이다. 생물학적 필요 이상의 소유를 갖기 위해 욕심을 부리면 누군가의 몫을 빼앗는 일이 발생하기 마련이다. 탐욕은 남의 것을 부당하게 욕심내게 하여 남과 자신을 불행하게 만든다. 소유가 족쇄가 되면 시야가 좁아져 내 것만 보게 되고 남의 것도 자기 것인 양한다.

라반과 같은 자에게 깨끗하고 선한 삶 따위는 약하고 어리석은 자들의 핑계이고 미련한 행위일 뿐이다. 인간 사회에서 발생하는 비윤리적이고 비정상적인 일들은 바로 라반과 같은 머리 구조를 가진 자들의 생각에서 비롯된다. 불법, 노동 착취, 약탈, 불평등 거래, 고용불안, 무임금 등 매일 마주하는 일상에서 정당함이 사라지고 불합리와 불평등이 당연한 세상이 되어 버린다.

라반은 자신의 방법은 무엇이든 옳고 자신의 끊임없는 탐욕은 우월한 능력의 다른 이름이며 자신의 모든 행위에 정당성을 부여하고 본인은 무조건 정상이라고 믿는 인간이다. 자신의 계획에서 조금이라도 벗어나거나 뜻대로 되지 않는 일이 발생하면 견디지 못한다. 이런 부류의 인간은 자신이 똑똑하기에 자신의 좋은 머리로 타인 위에 군림하는 것을 당연히 여긴다. 무례한 인간 라반은 타인에게 선택권을 주는 척하면서 책임을 전가하는 일을 가장 자신 있어 한다. 사람을 물건처럼 부리고 이용하고 나면 끝난 줄 아는 인간이기에 같이 고민하고 같이 책임지는 선택이란 어리석고 미련한 일로 여긴다.

라반이 야곱을 붙잡아 두는 건 야곱의 존재 이유가 명확하기 때문이다. 물질적, 세속적 가치에 삶의 우선순위를 둔 라반에겐 이용가치보다 더 중요한 것은 없다. 야곱은 라반에게 큰 이익을 가져다주어야만 존재가치가 증명된다. 상대의 상황은 이용가치의 기회일 뿐이다. 상대의 상황과 처지를 공감하는 일 따윈 고려조차 않는다.

야곱의 노사분규

고대사회에서 중요한 것은 노동력이었다. 그로 인해 다산이 장려되었고 출산은 신성하게 여겨졌다. 많은 자녀를 소유한 남성은 가장으로서의 권위를 인정받았다. 능력 있는 남자는 많은 여자를 거느리고 살았으며 많은 자녀를 두었다. 씨족 집단 형태의 삶에서 가족 구성원들은 외부의 세력으로부터 가족을 지킬 힘이 필요했기에 남자 구성원들이 많은 씨족은 전투력까지 확보되었다.

야곱은 4명의 아내와 12명의 아들과 수많은 일꾼과 종들, 그리고 많은 가축들을 데리고 라반에게서 벗어나기로 결심한다. 노동이 도덕 원칙을 사보타주(sabotage)하는 상황의 차별을 이겨내고 노동자 야곱은 라반이란 시스템에 저항하며 노동의 불평등을 자기만의 방식으로 풀어내 답을 찾아낸다. 문제의 핵심에 단숨에 접근한 야곱에게 망설임 따윈 없다. 치밀한 계획과 실행, 그리고 거절할 수 없는 조건이 존재한다. 라반이 그 사실을 알면 무슨 핑계로든 붙잡아둘 것을 아는 야곱은 라반이 양털 깎으러 집을 떠난 틈을 타 몰래 가족과 자신의 소유를 이끌고 도망간다.

거짓말은 라반만 할 줄 아는 게 아니다. 그동안 야곱은 자신의 참모습을 라반에게 들키지 않고 감추어 왔다. 라헬을 얻기 위해 자신을 희생하며 철저히 약자로 살아온 20여 년의 세월이었다. 빈털터리의 삶이란 자신이 원하는 여자 한 사람을 얻기도 이처럼 힘겨운 것이었다,

노동자 야곱은 라반이란 시스템에 저항하며 노동의 불평등을 자기만의 방식으로 풀어내 답을 찾아낸다. 때를 기다리고 기다리다 치밀한 계획으로 실행에 옮긴다. 자신의 권리를 주장할 기회조차 허락되지 않는 노동조건 속에서 벗어나야 한다는 생각을 한 것은, 본래 그의 신분이 노예가 아니라 자유인이었기에 가능했던 일이다,

야곱을 잡기 위해 라반은 자기 형제들을 이끌고 도망간 노비를 추적하듯 맹렬한 기세로 7일 길을 쫓아온다. 드디어 길르앗 산에서 야곱의 무리와 라반의 무리는 맞닥뜨렸다. 라반은 야곱이 자신에게 알리지도 않고 식솔을 이끌고 도망한 일은 도둑과 같은 짓이라고

길길이 날뛴다. 그러자 야곱은 그간의 억울함과 부당한 대우와 라반의 악행을 하나님의 이름으로 낱낱이 고발한다. 라반 역시 지난밤 꿈에 나타난 하나님의 엄포 때문에 야곱에겐 손도 못 대고 말로만 위협하고 있다.

라반이 당당하게 주장하는 소유권, 즉 딸들도 자기 것이요 손주도 자기 것이요 야곱이 가진 모든 것도 다 자기 것이라는 주장은 자기기만에서 비롯된 것이다. 이러한 기만과 단호함은 확신에서 비롯된다. 시간이 갈수록 자기기만은 강화되어 자신이 원하는 것은 옳은 것이라는 자기 설득이 자신을 삼키게 된다.

라반과 같이 긍정적 착각, 자기기만의 틀을 확고히 정립한 자들은 자신의 착각을 방해하는 것은 무엇이든 공격할 수 있는 사악한 사람으로 변질될 수 있다, 비정상적인 사람에겐 이유가 없다. 그저 피하는 게 상책이다. 삼십육계 줄행랑이 답이다. 그런 의미에서 야곱의 도망은 현명한 행위였다. 이제 집으로 돌아갈 시간이다.

일하는 아들들

레아의 아들 르우벤이 들에서 합환채를 구했던 나이를 계산해 보면 5~6살 남짓하다. 여덟 번째 아들이었던 다윗도 사무엘이 찾아왔을 때 양을 치고 있었다. 그 나이의 아이들도 하나의 노동력으로 계산되던 시대였기에 무노동이란 사실상 없다고 봐야 한다. 먹고 사는 일이 궁극의 과제였던 시대였기 때문이다. 먹고 살기 위해 땀 흘려 일하지만 늘 식량이 부족했던 시대였다.

야곱의 아들들은 목축업에 종사하는 목자였다. 창세기 37장에서 보듯 정직하지 못한 아들들의 일 처리는 야곱이 요셉을 감시자로 썼을 만큼 아버지와 아들들 사이에 불신과 불화가 팽배했다. 세겜에서 양을 치고 있는 아들들에게 굳이 요셉을 보내 형들을 살피고 와서 자신에게 보고하라 했던 것도 같은 맥락이다. 야곱은 요셉을 제외한 아들들을 도무지 믿을 수가 없었다.

아들들은 아버지의 재산인 양 떼와 염소 떼를 치면서 허락 없이 함부로 자신들의 필요에 따라 처분하고 사용하였다. 아무런 죄의식 없이 아버지의 재산을 처분하면서 들키지 않으면 그만이라고 여긴 것이다. 욕심 많은 야곱은 요셉을 시켜 그들을 감시하게 하면서 아들들이 자기 재산을 함부로 사용하는 것을 용납하지 않았다. 이는 야곱이 요셉을 제외한 자신의 아들들에게 얼마나 인색하게 굴었는지를 역으로 알게 하는 대목이기도 하다.

신앙

אמונה emunah

야곱의 인생은 야곱의 이스라엘 됨이다. 자기 능력으로 살아가려는 인생의 모든 짐을 내려놓고 이스라엘, 즉 하나님이 나를 대신하여 싸워주심을 믿고 살아가는 인생으로 변화, 신앙의 변화를 우리에게도 역시 요구하고 계심을 야곱의 일생을 통해 깨닫는다.

אמונה 에무나

야곱이 본 사닥다리(창28:10-22)

형에서가 세상과 먼저 만나는 것을 질투해 발꿈치를 잡았고 사냥에서 돌아와 지치고 허기진 형에게 팥죽을 팔아넘기며 장자권을 갈취했다. 아버지 이삭을 속여 축복까지 받아낸 야곱은 자타공인 교활한 인간이다. 이런 인간 야곱이 하나님을 만나고 변화되는 여정은 참으로 지루하고 답답함마저 느끼게 한다. 하나님을 직접 만나고 그 말씀을 직접 듣는 엄청난 은혜를 누리면서도 자신의 의지와 지혜와 능력으로 살아가는 야곱의 끈질김에 "아직도? 아직도...?"를 외치게 된다. 깨닫고, 잊고, 감격하고, 잊고... 지루한 반복이다.

형 에서의 장자 축복권을 탈취하고 난 후 도망자가 되어 떠난 길은 100여 년 전 아브라함이 떠나온 길을 거꾸로 걷는 여정이었다.

두려움과 낙담 속에서 지친 몸을 이끌고 삼일 정도 걸었을 때 루스에 머물게 된다.

야곱은 자기 옷을 이불 삼고 돌을 베게 삼아 잠을 청한다. 어두운 밤은 야곱의 신세를 대변하는 듯 처량하다. 비참한 심정으로 머리를 기대고 누웠지만 밀려오는 회한과 미래에 대한 불안감에 쉽게 잠이 오지 않는다.

이때 야곱은 인생에서 특별한 첫 체험을 하게 된다. 꿈을 통해 처음으로 하나님을 만난다. '꿈'은 특별히 구약시대에 하나님께서 당신의 뜻을 계시하는 수단이었다.

꿈의 내용은 하늘과 땅을 잇는 계단(사다리), 오르락내리락하는 하나님의 사자들, 주권자로 위에 계시는 여호와, 이렇게 세 가지를 보여 준다. 사다리는 땅에서 출발해서 하늘에 닿아 있었다.

'사다리'(מֻלָּם, 술람)는 성서에 단 한 번밖에 나오지 않아 어원이 확실하지 않은데 '계단'으로 번역되기도 한다. 그가 베고 잤던 베개가 계단이 되었다(창28:12). 하나님의 사자들이 야곱의 두려움과 간절한 소망을 땅에서부터 하늘로 실어 나르고, 하나님의 위로와 약속이 하늘로부터 내려온다. 하나님의 사자들은 신적 영역과 인간적 영역 사이를 오가며 하늘과 땅을 연결한다. 이는 하나님께서 기도하는 야곱에게 응답하시며 돌보신다는 의미를 내포한다.

그리고 사다리 꼭대기에 서있는 여호와를 목격하는데 그분은 자신을 이삭과 아브라함의 하나님으로 소개하고 그들에게 주어진 약속들이 야곱에게도 실현될 것이라고 축복하신다. 약속의 말씀은 많은 후손과 땅을 주시고 야곱의 후손을 통해 다른 종족도 혜택을 입게 되고 언제나 함께하고 고향으로 돌아오게 하실 것이라는 말씀이었다(창28:13-15). 야곱은 조상과 부모의 신앙과 그들의 종교적인 경험을 알고 있었지만 이제야 처음으로 하나님과 직접 대면하게 된다.

'사다리'([개역 개정]/ 사닥다리, [공동 번역]/ 층계)는 사회적 신분의 상승과 하락을 의미하기도 하고 계층을 의미하기도 한다. 또한 믿음의 오르내림의 비유로 사용되기도 하고 하나님께 가까이 다가감을 의미한다. 때론 이스라엘이 겪는 역사적 고통의 상징이 되어 한 계단 한 계단 고통을 이겨내고 천상의 삶을 향해 나아감을 상징하기도 한다. 인간의 영혼이 하늘로 실려 올라가고 그와 함께 인간 삶의 고통과 기쁨이 오르내림을 통해 희석되어 성화되어 가는 인간 삶의 반복을 상징하기도 한다. 또한 현실과 환상(꿈)의 경계이기도 하다.

사다리 혹은 층계(계단)는 땅에서 시작해 하늘로 이르는 구조물로 다양한 상징 의미를 지닌다. 고대 바빌론의 신전인 지구라트에서 계단은 지상 세계와 신의 세계를 연결하려는 갈망이 담겨있다. 일반적으로 사다리는 정신적 상승이나 영적인 성숙을 상징한다. 유대 랍비들은 야곱의 사다리를 그를 보호하는 천사들의 임무 교대로 보았다. 이는 하나님이 항상 야곱과 함께하셨음을 의미한다.

야곱은 하나님의 사다리를 통해 하나님이 자신과 어떻게 소통하고 계신지를 자기 눈을 통해 보고 알고 깨닫는다. 그의 꿈을 통해 사다리를 오르내리는 천사들을 보여 주심은 야곱의 세상과 하나님

나라가 사다리로 연결되어 야곱의 소망을 하늘로 실어 나르고 하나님의 응답을 전하는 통로를 야곱이 이해하기 쉬운 방법으로 설명해 주신 것이다.

루드비히 비트겐슈타인(Ludwig Wittgenstein)이 말한 '철학적 사다리'는 숙달된 후엔 버려진다. "나의 명제들은 사다리와 같다. 당신은 이 사다리를 딛고 올라가야 한다. 하지만 목적지에 도달한 후에는 사다리를 버려야 한다"라고 말한다. '철학적 사다리'라는 비유는 우리가 문제를 이해할 때 사용하는 철학적인 개념들이 목표에 도달한 후에는 더는 필요하지 않다는 것을 보여 준다.

우리 삶의 사다리들은 무수히 많다. 이는 처음 자전거를 배울 때 달았던 보조 바퀴, 처음 가는 길에 켜고 간 네비게이션처럼 익숙해지면 떼어 버리거나 보지 않고도 길을 찾아갈 수 있는 것과 같은 사다리 개념이다. 우리는 매일 여러 상황과 의미를 지닌 많은 '사다리'를 타고 올라갔다가 내려오기를 반복하고 결국 익숙해지면 대부분 사다리는 필요 없어진다.

그러나 우리의 눈에 보이지 않는 야곱의 사다리는 하나님과의 소통이 끊이지 않아야 함을 상징한다. 익숙해지면 필요 없어지는 사다리가 아니라 익숙해지면 더 자주 사용하게 되는 사다리다. 끊임없이 오르내리는 천사들에게 끊임없는 기도로 오르내릴 일감을 주는 것이다.

작가 이승우는 [사랑이 한 일] '야곱의 사다리'에서 다음과 같이 말한다.

"그가 지금 보고 있는 것은 하늘에 견고하게 붙어 있는 건축물이었다. 땅이 아니라 하늘에서 시작한 건축물이었다. 하늘에서 땅으로, 땅에 기초를 놓고 아래에서 위로 차근차근 지어 올라간 것이 아니라 하늘에 기초를 두고 위에서 아래로 차근차근 지어 내려온 건축물이었다. 이야기 속의 탑은 꼭대기가 위에 있었지만, 그가 보고 있는 탑은 꼭대기가 아래에 있었다"

사다리를 타고 올라가야 도달하는 천상의 낙원이 아니라 내려와야 있는 낙원, 이 땅을 낙원으로 만들어야 할 몫이 인간에게 있음을 말하고 있다.

하나님과의 소통의 상징으로서 사다리라는 개념은 처음에는 야곱의 이해를 돕기 위해 사용되었지만 결국에는 그것을 넘어 더 높은 수준의 이해로 나아가야 한다는 의미를 내포하고 있기도 하다.
하나님이 하늘과 땅을 연결하고 있는 사다리를 야곱에게 보여 주심은 이스라엘이라는 땅의 이름이 야곱으로부터 시작됨을 알리신 것이다.

메시아적 개입에 천착하던 발터 벤야민(Walter Benjamin)은 파리를 돌아다니면서 아케이드를 관찰했다. 온갖 세속의 욕망이 꿈틀대는 곳, 그 속된 공간도 얼마든지 메시아적 개입이 일어날 수 있는 곳임을 말한다. 역사를 통해 면면히 흘러온, 위로부터의 개입으로 이루어진 야곱의 사다리와 같은 통로를 갖는다면 지상의 낙원을 이룰 수 있는 것으로 생각했다.

꿈에서 깬 야곱은 탄성을 지른다. 야곱은 하나님의 임재에 대해 감탄을 내지르며 하나님을 만난 감격에 휩싸인다. 자신이 누웠던 장소인 '루스'에 새로운 이름 '벧엘'(בית־אל)을 부여한다. 하나님을 인격적으로 깊이 만난 그 자리에 의미를 부여함으로 '벧엘' 곧 하나님의 집이 되었다.

야곱은 베고 잤던 돌을 기둥으로 세우고 거기에 기름을 부었다. 자신이 세운 돌 제단 앞에서 서원 기도를 드리는데 이 서원에는 조건이 붙어 있어서 하나님과 거래하고 있다는 부정적 느낌을 준다. 이는 야곱이 타인과 거래하고 이익을 따지는 습관이 여전히 남아 있음을 보인다. 또한 하나님의 은혜에 감사가 없는 것도 아직은 그의 변화가 미미함을 보여 준다(창28:20-22).

하나님은 이미 야곱의 하나님으로 그의 허물과 관계없이 무조건 보호해 주시고 살펴주실 것을 약속하셨다. 야곱은 하나님이 그 약속대로 성취해 줄 때 하나님을 자신의 하나님으로 삼고 십일조를 바치겠다고 말한다. 이 서원에는 야곱 자신이 체험한 후에 하나님을 모실지 아닐지를 결정하겠다는 의도가 전제되어 있다. 야곱은 주님께서 '이곳'에 계실 뿐 아니라 언제나 어느 곳에서나 '자신'과 함께 계신다는 사실을 깨닫지 못하고 있다.

야곱은 세속적 인간답게 하나님께 자기 육신의 필요를 채워주실 것을 요구한다. 몸의 안전과 의식주의 해결과 귀향까지도 하나님이 책임져 주셔야만 하나님으로 섬기겠다고 말한다.

실상 야곱이 하나님의 축복을 얻기 위해 해야 할 일은 아무것도 없다. 그저 놀라운 선물이요 신비스러운 은총 앞에서 감사드리면 그만이다. 하나님은 야곱이 인식하든 그렇지 않든 야곱과 함께하실 것이기 때문이다. 그런데 야곱은 하나님의 마음보다는 세상적 관점에서 은총을 해석하고 있다. 여전히 인간적인 욕심과 한계에서 벗어나지 못한 모습이다.

야곱은 자신이 여호와께 드릴 예배를 그분의 약속을 성취하는 조건으로 만든다. 그러나 하나님은 야곱의 서원을 받아들이셨다. 더구나 야곱의 십일조에 대한 서원은 하나님께서 주신 모든 것에서라는 전제조건이 붙지만 그럼에도 조금씩 변하는 야곱의 모습을 볼 수 있다. 야곱은 이제 움켜쥐기만 하는 자가 아니다. 드리고, 바치고, 줄줄 아는 자로 조금은 변화되었다.

야곱이 신비로운 꿈을 꾸고 난 후 외적으로 변화된 것은 없다. 여전히 황량한 벌판에 홀로 남아 있고 도망자 신세이며, 앞날은 불투명한 상태다. 그러나 내면에는 큰 변화가 일어났다. 꿈을 꾸고 난 후 그 모든 두려움과 염려가 다 사라졌다. 함께하신다는 하나님의 약속을 들은 후 그의 내면은 밝은 희망과 깊은 평화, 그리고 활기로 가득하게 되었다. 야곱은 꿈을 현실화시키며 귀하게 여김으로써 보다 나은 삶을 향해 용기 있는 발걸음을 내디딘다.

20년의 세월이 흐른 후 라반의 손에서 벗어난 야곱은 또 다른 근심에 자신을 내맡긴다. 에서를 만날 두려움에 떨고 있다. 이러한 상황 가운데 고향을 떠나올 때 벧엘에서 나타났던 하나님이 다시 나타나신다. 이는 지금까지 하나님이 야곱과 함께하셨음을 상기시켜주며 라반의 온갖 모략에서 보호하셨듯이 장차 에서의 손에서도 지켜주실 것이라는 확신을 주시려는 의도다.

이번에도 하나님이 먼저 야곱을 찾아오셨다. 야곱은 '하나님의 사자들'을 보고 '하나님의 군대'라고 칭한다. 에서에 대한 두려움으로 가득 차 있었던 야곱을 보호하기 위해 하나님이 자신의 군대를 보내셨다. 더구나 그 군대는 야곱의 눈에만 보이지 않았을 뿐이지 늘 야곱과 함께하고 있었다. 이는 하란으로 향할 때 벧엘에서 만났던 하나님이 "내가 너를 그 땅으로 돌아가게 하리라"(창28:15)고 하신 말씀을 이루시는 연장선이다. 야곱이 하나님의 사자들을 다시 만남으로 벧엘과 마하나임의 경험이 연결된다.

야곱은 하나님께서 무사히 이 땅으로 돌아오게 하시면 자신의 하나님으로 섬기겠다고 벧엘에 제단을 쌓고 약속했었다. 그러나 많은 재물과 식솔을 거느리고 돌아가는 길에서 야곱은 그때의 약속은 까맣게 잊고 있다. 벧엘로 가는 것이 아니라 에서의 분노를 가라앉힐 걱정만 하고 있다.

"보라 마하나임이라"(창32:2). 야곱의 입에서 터져 나오는 감탄사로 보아 하나님의 군대가 야곱을 따라 장엄한 진을 치고 움직이고 있음에 놀라는 경탄이다. 그러나 하나님의 사자들이 자신을 두 진영으로 나눠 에워싸고 지키고 있음을 보았음에도 야곱은 하나님의 군대가 지난 세월 동안 함께 하셨음을 인식하지 못한다. 그래서 야곱은 가나안 땅이 가까워질수록 에서를 만날 두려움에 떤다. 이는 자신이 죗값을 치르지 않음을 스스로 자각 하는 까닭이다.

야곱이 가나안 땅으로 돌아간다는 것은 야곱이 이스라엘 됨이고 야곱이라는 개인이 이스라엘이라는 국가로 변화될 것을 의미하는 중요하고 위대한 출발이다. 야곱만 모르고 있을 뿐이다. 야곱의 마음속에 있는 두려움의 폭풍우를 잠재워 줄 마하나임의 천군 천사가 야곱의 인생 마지막까지 함께하실 것을 약속하는 하나님이 있다.

마하나임에서 보여 주신 '나를 지키는 하나님의 군대'를 두 눈으로 보면서 감탄사를 내지르던 야곱은 감격과 감동은 느꼈으나 그뿐이었다. 믿음이 굳건해짐으로 이어지지 못했다. 눈앞에 닥친 두려움에 마음을 빼앗기고 하나님의 약속을 잊어버린 야곱이다. 야곱은 마하나임을 경험하고도 여전히 세상의 두려움을 떨쳐내지 못한다.

밤새워 씨름하는 야곱(창32장)

야곱은 형 에서를 회유할 방편을 마련한 후에, 얍복강 부근에서 가족을 먼저 건너보내고 홀로 남아 있다(창32:24). 그 불안감은 저절로 터져 나오는 생존의 오열로, 뱃속 깊은 곳에서부터 터져 나오는 통제 불능의 원시적 울음이다. 이성은 감성에 압도되어 스스로 통제함을 상실한 상태로 야곱을 몰고 갔다. 무엇을 해야 할지 어디로

가야 할지 무엇을 느끼는지 삶의 나침반도 생명의 감각도 마비되어 버렸다. 이정표도 없는 막막함에 절체절명의 위기라 느낀 자신의 판단과 걱정에 압도된 것이다.

에서를 만날 불안과 두려움의 근원에는 야곱 자신의 해결되지 않은 죄가 있다. 불안감은 증폭되어 당혹감에 빠지게 만든다. 당황이 클수록 불안도 커지고, 어쩔 줄 몰라 하는 감정의 상태로 야곱을 내몰았다. "죽기 아니면 까무러치기"라는 배짱을 가질 법도 하건만 야곱은 소심하게도 자신의 감정에 매몰된다. 야곱은 자신의 인생이 너무나 소중하여 감히 자기 죽음을 염두에 둘 수 없었다.

그러나 야곱의 고뇌는 사실에 근거한 것은 아니었다. 에서에 대한 오해로 비롯된 자기 기만적 착각에 불과한 일이었다. 그러나 야곱은 사실보다 더 극적인 상상으로 지나치게 많은 생각 속에 자신을 빠뜨리고, 자신이 가정한 모든 일이 사실로 드러나게 될 것이라고 확신하며 불안에 떨었다. 야곱의 불안은 자신의 욕심이 만들어 낸 지옥이었다. 과거에 갇혀 자신이 만들어 놓은 지옥에서 벗어나지 못하는 것이다.

당황과 불안 사이에는 드러나지 않지만 주로 수치심이 자리한다. 수치심은 들키고 싶지 않은 것을 들킬 두려움에서 발생하는데, 질투, 선망, 시기에 둘러싸여 저질렀던 장자권 갈취에 대한 죗값을 치르지 못했다는 불안과 수치가 야곱을 옭아매고 있다.

수치심은 모욕감을 동반한다. 아직 받지도 않은 모욕감을 자동으로 연상시키며, 기정사실화하는 것이다. 사실상 당황에서 수치심을

거쳐 불안으로 가는 사이에 발생하는 가장 큰 문제는 상상적 해석
이다. 근거 없이 형성된 모욕감의 근거를 찾기 위하여 외부 사실을
왜곡하며 해석하는 현상이 일어난다.

본질적으로 수치심의 근원은 들키고 싶지 않은 '자기 마음'이었
으나 그 원인을 다른 곳에서 찾고자 하는 심리적 역동으로 외부 정
보들을 제멋대로 부풀리고 상상적으로 왜곡하여 그 수치심과 모욕
감에 맞춰 자신이 만들어 낸 근거를 해석한다. 죄로 가득한 야곱 자
신의 마음을 들키고 싶지 않은 상황에 직면하여 당황한 감정은 정
확하게 판단할 시간적 여유도 없이 불안과 위험 속으로 자기 자신
을 내모는 것이다.

불안과 걱정은 거대하게 몸집을 부풀려 야곱을 삼키려 한다. 이
제 야곱의 걱정은 공포의 수준이다. 도저히 넘어설 수 없다고 스스
로 결정하며 좌절하고 패배감과 우울감에 빠진다. 그러나 야곱의
에서에 대한 불안은 진실한 해석이 아니었다. 그의 해석과 상상은
에서라는 사실과 진실에 직면하며 붕괴하고 무너지게 된다. 이는
하나님의 함께하심으로 해방의 기쁨을 맛보게 될 밝아오는 아침이
되어서야 이루어질 일이다.

에서에 대한 두려움으로 간절히 기도한 야곱에게(창32:9-11) 하나
님은 즉각적 응답을 주시지만(창32:12), 그것은 야곱이 원하는 답이
아니었다. 자신과 식솔과 재산의 안전이라는 답을 이미 정해두고
기도했으나 하나님께 자신이 원하는 답을 얻지 못했다. 야곱은 에
서와 점점 더 가까워지는 상황에 대한 초조함으로 그날 밤 잠이 오

지 않았고 일어나 다시 기도한다.

이때 야곱은 밤새 어떤 사람과 씨름했다고 성서는 말한다. 씨름은 기도의 또 다른 은유다. 밤새 낯선 사람과 씨름하듯 몸부림치며 자기연민에 빠진 기도 끝에 징그럽게 매달리는 야곱의 허벅지 관절을 하나님의 사자가 내리친다. 허벅지 관절이 으스러지고 힘줄이 끊겨 고통스러운 상황에도 야곱은 하나님이 이미 주신 약속과 축복을 잊고, 하나님의 사자에게 거듭 축복을 요구한다. 야곱은 고통스러운 와중에도 축복에 대한 미련을 버리지 못한다. 자신이 원하는 답을 미리 정해놓고 그것을 달라고 떼를 쓰며 매달리고 씨름하는 모습은 하나님이 원하는 기도의 모습이 아니다. 그는 이미 넘치도록 복을 받았으며 미래까지 약속받았다. 믿음의 확신이 없는 야곱의 기도는 그의 허벅지 뼈를 부서지게 했다. 하나님께선 믿음 없는 기도를 싫어하시기에 막무가내로 매달리는 야곱의 허벅지 뼈를 내리치시며 각성을 요구하신다.

야곱의 허벅지 관절은 부러진다. 인간 몸에서 가장 크고 굵고 강한 힘으로 상징되는 관절이 바로 허벅지 관절이다. 허벅지 안쪽은 남성의 중요 부위를 감싸는 곳이고 그곳은 씨를 간직한 은밀하고 소중한 곳이다. 그래서 중요한 약속과 계약, 맹세의 보증을 하는 곳이기도 하다. 하나님의 사자는 약속과 계약으로 상징되는 허벅지를 내리쳐 야곱에게 정신 차리라는 경각심을 일깨우고 있다.

허벅지 관절이 부러짐은 실제 야곱이 다리를 절게 된 원인이 되었지만, 야곱은 자신이 얻은 장애와 고통으로 인해 하나님과의 약

속을 잊지 말아야 한다는 강력한 증표를 몸에 새기고 갖게 된 것이
다.

날이 밝아오고 하나님의 사자가 떠나야 하는 상황 속에서 야곱은
복을 주지 않으면 놓지 않겠다고 고집을 부린다. 이때 하나님의 사
자는 "축복하겠다, 아니다."라고 답하는 것이 아니라 "네 이름이 무
엇이냐?"라고 묻는다. "야곱이니이다"라고 대답한다(창32:27).

야곱의 이름을 물은 이유는 밤새 어떤 사람을 가지 못하게 잡고
씨름하는 야곱의 행위가 바로 그의 이름과 같은 행동이었기 때문이
다. 야곱이 자기 입으로 자기 이름을 말하는 것은 "네, 저는 남의 발
뒤꿈치라도 잡고 물고 늘어져 내가 원하는 것은 기어코 얻어내는
자입니다"라는 고백이다.

새로운 이름인 '이스라엘'을 주신다(창32:28). 이스라엘(ישראל)의 어
원은 '씨름한다', '싸운다'(שרה, 사라)와 결부시키면 '하나님이 싸우신
다'를 의미한다. 또한 '다스린다'(שרר, 사라르), '심판한다'(משרה, 미스라)
와 관련시키면 '하나님이 다스리신다, 하나님이 심판하신다'로 해
석될 수 있다. 문제는 '하나님과 싸운다'인지 '하나님이 싸운다'인
지를 구별해야 한다.

'이스라엘'을 '하나님과 겨루어 이김'으로 보는 것은 무리한 해석
이다. 우리는 하나님과 싸워서 결코 이길 수 없다. 죽을 때까지 매
달리고 애원하고 조른다고 하나님이 다 응답해 주시지 않는다. 응
답받았다고 해도 하나님과 싸워서 이긴 것이 아니다.

이는 ‘하나님이 대신 싸워주신다(Let God content me).’ ‘하나님이 통치하신다.’의 뜻으로 해석해야 한다. 하나님을 나의 삶의 주인으로 모시고 모든 것을 맡기고 의지할 때 하나님은 나의 원수들을 향해 나를 대신해서 싸워주시는 분이시다. 그러므로 ‘하나님과 및 사람들과 겨루어 이겼음’(창32:28)은 하나님과 싸워 이겼다는 것이 아니라 야곱이 하나님의 통치 안에 들어오도록 허락하셨다는 의미로 보아야 한다.

이 말씀은 “네가 이제 네 이름의 뜻과 같은 야곱 같은 짓을 하지 말고 ‘이스라엘’이라는 이름에 걸맞은 삶을 살아야 한다. 이제까지 넌 하나님과 사람들과 겨루어 이기려 하거나 떼를 쓰거나 속임수를 써서라도 네가 원하는 것을 얻어내는 삶을 살았다면, 이제부터는 이스라엘이란 이름을 줄 테니, 하나님이 네 앞에서 대신 싸워주심을 잊지 말고, 믿고 살아가는 자가 되어라! 내가 네 허벅지 관절을 쳐서 너의 기억을 되새김을 잊지 말라”고 말씀하신 것이다.

하나님의 사자는 야곱을 이기지 못하여 힘에 겨워 항복하는 심정으로 야곱을 축복한 것이 아니다. 이는 “벧엘로 올라가라”고 거듭 말씀하신 축복의 반복에서도 나타난다. 야곱이 기어코 새로운 축복을 얻어낸 것이 아니라 이미 받은 축복과 같은 것이다.

야곱은 이곳의 이름을 ‘하나님의 얼굴(פניאל, 브니엘)’로 부른다. ‘내가 하나님과 대면하여 보았으나 내 생명이 보전되었다’(창32:30)와 ‘에서의 손에서 건져내옵소서’(창32:11)에서 ‘보전된다’와 ‘건져내다’는 모두 ‘구원한다’와 동일한 단어이다. 하나님과의 만남에서 살

아났듯이, 에서와의 만남에서도 살아날 것을 같은 언어의 유희로
기대하게 만든다.

　단 한 순간도 득실을 계산하지 않으며 살아본 적이 없었던 나, 야
곱이었다. 그런데 계산을 멈추니 명료하게 보인다. 생각할 게 없어
져 마치 바보가 된 기분이다.
　멀리서 해가 떠오른다. 해를 마주 보고 선 나의 등 뒤로 긴 그림
자가 드리웠다. 밤새 나를 옭아매고 둘러싸고 꼼짝 못하게 묶어두
고 앞도 안 보이는 깜깜한 어둠으로 드리워져 있던 검은빛 근심이
새벽의 빛에 밀려 나의 등 뒤로 밀려났다.

　'이스라엘'이란 새 이름을 받으며 '하나님이 대신 싸워주심'을 믿
고 모든 것을 나의 힘과 능력으로 이룰 수 없음을 인정하고 나니,
허탈한 마음마저 들었다. "이렇게 쉬운 것인데… 나는 왜 어려운 길
을 돌고 돌아, 이제야 깨달음의 앞에 서게 되었나?" 쓴웃음이 났다.
"밤새 무엇을 고민하며 두려워했던 것인가? 다 내려놓고 하나님의
뜻을 구하며 의지했더라면 이런 고통은 겪지 않았을 텐데…"
　나를 위해 싸워주시는 하나님을 온전히 믿지 못하고 끊임없이 계
산했던 자신을 돌아보니 무슨 자신감으로 내 능력을 그토록 신뢰했
던 것인지 근거 없는 믿음에 씁쓸한 헛웃음만 감돌았다.

　야곱의 이야기는 두려움 가운데 벌벌 떨며 내가 싸울 것인가? 아
니면 하나님이 대신 싸워주심을 믿고 담대히 나아 갈 것인가의 이
야기다.

야곱이 밤새워 씨름하듯 매달렸던 걱정과는 달리, 에서는 야곱에게 친절을 베푼다. 야곱을 환영하고 자기 재물도 충분하다 과시하며 선물을 정중히 사양한다. 그러나 야곱은 준비한 선물을 에서에게 기어코 강권한다. 에서의 친절에도 여전히 야곱은 형을 두려워하며 경계하는 까닭에 짐을 지워두려는 생각이다. 에돔에 있는 자신을 찾아오라는 에서의 초청을 받아들이지 않고 야곱은 요단강을 건너 세겜에 정착한다.

다시 벧엘로(창35:1~15)

세겜에서 하몰의 아들 세겜이 딸 디나를 강간한다. 그러자 시므온과 레위는 할례를 받아야 한다는 음모를 꾸미고 숙곳의 남자들이 할례의 고통으로 움직이지 못할 때 쳐들어가서 모두 죽여 버린다(창34:25-29). 이 사건으로 다른 가나안의 족속들이 보복할지 모른다는 두려움에 야곱은 그제야 세겜을 벗어나 벧엘로 올라간다(창35:1).

벧엘로 가기 전에 야곱은 그동안 지니고 있던 드라빔과 이방 신의 모든 상징물들을 상수리나무 아래 묻는다. 하나님의 임재를 경험하면서도 이스라엘이란 이름에 걸맞게 살지 못한 야곱이지만 이제 물러날 곳이 없다는 결단이었다. 벧엘로 가는 도중 라헬이 두 번째 아들 베냐민을 낳다가 죽어 에브랏에 장사 된다. 그녀는 약속의 땅 가나안을 밟지도 못하고 죽음을 맞이한다.

야곱은 20년 전에 형을 피해 도망갔던 그 벧엘로 가나안 족속을 피해 지금 다시 올라왔다. 그곳에서 자신이 서원했던 대로 제단을 쌓고 '엘벧엘'(אל בית אל, 벧엘의 전능하신 하나님)이라 부른다. 이로써 야곱의 신앙은 벧엘에서 시작하고 벧엘로 마무리된다.

간교하고 비겁했던 도망자 야곱이 하나님의 언약 대상자로 부름을 받은 곳이 벧엘이다. 그러나 벧엘에서의 서원을 잊고 있던 야곱을 디나 사건을 통해 각성시키며 다시 벧엘로 순례길을 떠나게 하셨다. 야곱에게 있어서 이 벧엘은 장자권 갈취로 집을 떠나야만 했던 인생의 가장 외롭고 고통스러운 시기 하나님의 위로와 도움을 체험했던 곳이다

하나님이 야곱에게 다시 나타나셔서 '이스라엘'이라 다시 칭하시며 야곱과의 관계가 회복되었음을 선포하신다. 이미 얍복강에서 이스라엘이란 새로운 이름을 받았지만 이후로도 계속 야곱이라 불린 것은 그가 야곱이라는 이름에 맞은 삶을 산 까닭이다. 35장에 이르러서야 하나님이 직접 이스라엘로 부르신다. 그렇다고 이후 야곱의 이름이 사라지고 이스라엘로만 불린 것은 아니다. 33장에서 50장까지 야곱이 45번, 이스라엘이 23번 사용된다. 이는 새로운 이름 이스라엘을 받았지만 어떤 때는 하나님의 뜻에 순종하며 살아가는 이스라엘의 모습을 보이기도 하고, 어떤 때는 인간의 의지와 집념이 하나님의 뜻을 거스르는 삶을 살기도 했기 때문이다.

'네 이름이 야곱이지만은'(창35:10)은 '너에게 아직도 야곱의 근성, 야곱의 속성이 남아 있지만'의 의미이다. 하나님께서는 야곱에게 완벽한 이스라엘을 기대하고 계신 것은 아니다. 하나님께서는 늘 야곱의 이스라엘 됨을 위하여 먼저 불러주시며 은혜를 베푸시고 기다려 주셨다.

야곱의 신앙

망각, 하나님과의 약속을 자꾸 잊어버리는 야곱의 신앙을 대변하는 말이다. 일상의 수많은 시간을 기억하고 수많은 지식의 피로에서 살아남는 인간의 특권이자 비극의 원천이기도 하다. 기억하지 못한다는 것의 합리화, 정당화. 그리하여 또다시 반복되는 약속과 기억의 악순환이다.

과거에 대한 이해도가 깊어지면 인격의 밀도도 높아지기 마련이다. 자기 경험 중 기억해야 할 것을 기억해야 함은 야곱의 이스라엘 되는 과정에 거듭 반복된다.

아무리 놀라운 기억도 일상의 삶이란 무게 속에 눌려 퇴색하며 빛을 잃는다. 하늘로 뻗은 계단 위 보좌에 앉으신 하나님을 보았던 야곱이 그 놀라운 경험조차도 생존이란 과제 앞에서 망각한다. 야곱의 신앙은 희생을 요구받지 않는다. 그의 삶의 욕망이 자신을 스스로 희생하게 했다. 하나님을 만남으로 삶이 빛 가운데 거하고 모든 악과 거짓에서 끊어지는 놀라운 역사가 순식간에 이뤄진다면 얼마나 좋을까? 그러나 인간의 속성은 야곱과 같아서 자신의 본질을 놓지 못하고 깨달음이 실천으로 연결되지 못하고 삶의 변화로 이어지지 않는다.

성서의 인물들 중에서 야곱만큼 자의식이 강한 인물도 없다. 자신이 무엇을 원하는지 분명하게 알고 목표를 향해 뒤돌아보지 않고 돌진하는 추진력을 갖춘 인물이다. 야곱은 자신의 평생 동안 자기 삶이 향하는 방향성과 삶을 지속하는 목표와 의미를 확실하게 알았다. 그의 삶은 이후 이스라엘 삶의 모습과 닮아있다.

이방인으로 나그네와 같이 떠도는 삶, 외삼촌 라반의 집에서와 같이 정착한 곳에서 자신의 위치에 맞는 대우를 받지 못하는 삶, 소망하는 것을 얻기 위해 자신의 인생을 갈아 넣어서라도 기어코 얻어내는 삶, 어떤 고난을 겪더라도 자신이 지키려 결심한 것을, 지켜내는 삶, 그리고 하나님을 향한 삶, 하나님이 허락한 땅으로 향한 삶. 이스라엘이라는 정체성을 이루어가는 삶이다.

야곱과 함께하시는 하나님은 타인의 입을 통해 증명된다. 야곱을 보고 그의 형통함이 하나님이 함께하심이라고 믿고 증언한다. 그런데 이상한 것은 야곱의 형통함을 본 사람도 야곱 자신도 변화가 없다. 그러나 하나님은 야곱의 믿음이 의에 이르지도 않았고 그가 믿음의 증거를 보이지 않음에도 그저 값없이 하나님의 형통이란 은혜와 복을 내려주신다. 하나님은 야곱을 자주 만나 주셨다. 야곱이 하나님을 찾지 않을 때도 그와 함께하셨다.

야곱의 이야기는 초인적인 힘이나 불굴의 의지와 용기를 가지고 태어나 남들은 꿈도 꿀 수 없는 불가능한 과제를 성취하는 특별한 사람이 아니다. 남보다 많은 시련을 겪으며 더 깊이 상처받고 더 많이 갈등하면서 상처로 얼룩진 가슴을 감싸안고도, 포기하지 않고 나아가는 인간적인 면모를 보여 준다. 그래서 야곱의 이야기는 우리 모두 자기 능력으로 살겠다는 의지를 버리고 완전한 하나님의 소유자가 되도록 하는 초대장이다.

　야곱은 야망의 사람으로 ‘축복’에 대한 열망을 가진 사람이었다. 창세기에 84회 사용된 ‘축복’이란 단어는 야곱과 관계된 창세기 26-28장에서 집중적으로 31회 사용되었다. 축복을 받기 위한 처절한 투쟁이 야곱 삶의 전반을 지배하고 있다. 장자권(בכרה, 베코라)이 창세기의 중심 주제인 축복(ברכה, 베레카)의 철자 순서만 바꾼 것이라는 점 또한 의미심장하다.

　하나님은 야곱을 향한 자신의 사랑을 알리시고, 그의 조상들에게 주어진 언약의 약속이 그의 것이 될 것이라고 확신시켜 주셨다(창28:10-15). 안위와 약속은 하나님이 야곱에게 주시는 축복으로 하나님은 당신을 필요로 하는 사람이 있는 곳으로 내려오시는 분임을 말하고 있다.

　만약 하나님의 축복을 받을 사람은 하나님 앞에 흠 없이 산다는 것이 전제되어야 한다면, 야곱이 축복받을 만한 삶을 살았다고 말할 수 없다. 지금까지 그의 삶이 진실하지 않았기 때문이다. 앞으로도 과연 야곱이 ‘의와 공도를 행하는’(창18:19) 삶을 살아가며 하나님이 예비하신 길을 걸어갈 수 있을는지 알 수 없을 만큼, 그는 너무나도 ‘야곱’(거짓, 속임수) 다운 사람이다.

　아버지의 집에서 형을 피해 도망 나와야 했고, 외삼촌 라반의 집에서 무보수로 착취당해야 했다. 라헬을 얻기 위해 수고한 시간도 헛되게 첫날밤 신부가 바뀜으로 고통을 겪었고, 귀향길에서 만난 어떤 남자와의 씨름으로 절름발이가 됐다. 사랑하는 아내 라헬은 길거리에 묻어야 했다. 또한 난폭하고 무분별한 자식들로 인해 끊임없는 걱정과 근심 속에 살아야 했다. 자신의 하나뿐인 딸은 강간 당했고 그 일로 인해 자식들이 세겜 남자들을 대량 학살하는 바람에 주변 가나안 족속의 복수가 두려워 도망쳐야 했다. 장남 르우벤이 그의 첩 빌하와 간통하는 패륜을 겪어야 했고, 열 명의 아들들이 작당해서 사랑하던 아들 요셉을 노예로 팔아버려 죽음보다 못한 세월을 보냈다. 노년기에는 혹독한 흉년으로 인해 낯선 땅으로 이주해야만 했다.

이렇게 숱한 시련 속에 살아온 야곱의 삶이 과연 축복받은 삶인가 생각해 본다. 슬픔과 고통, 시련과 인내로 가득한 삶을 보내면서 야곱은 하나님의 선택된 자로 단련되어 갔다. 그의 인생을 보면 축복은 고난을 겸하여 받는 것이라 보인다.

우리의 현실에도 야곱과 같은 사람이 있다. 자신이 갖고 싶은 것은 기어이 갖고야 마는 집요하고 용의주도하며 포기를 모르는 근성과 자기 머리나 꾀, 술수를 믿는 교만함, 자신의 이익을 위해서라면 거짓이나 속임수를 죄의식 없이 행하는 철면피한 모습을 가진 자다. 타인의 감정에 공감하는 능력이 부족하고 오로지 자신의 감정에만 충실하다. 또한 자신이 원하는 것을 분명히 알고 목표를 향하여 뒤돌아보지 않고 앞만 향해 돌진하는 무서운 집중력과 추진력 인내심을 갖춘 사람이다. 일에 관해 완벽주의자로 성실함은 기본이고, 맡은 바 일에 있어 최선을 다한다. 머리도 좋고 창의력까지 갖춘 사람이 있다. 이렇듯 능력자로서의 여러 덕목을 갖춘 야곱은 현대에 태어났어도 자기 능력만으로도 성공 가도를 달릴만한 사람이다.

야곱의 인생은 야곱의 이스라엘 됨이다. 자기 능력으로 살아가려는 인생의 모든 짐을 내려놓고 이스라엘, 즉 하나님이 나를 대신하여 싸워주심을 믿고 살아가는 인생으로의 변화, 신앙의 변화를 우리에게도 역시 요구하고 계심을 야곱의 일생을 통해 깨닫는다.

야곱의 생애 동안 욕망은 끊임없었다. 그래서 야곱의 삶은 지상의 낙원을 이룸과는 거리가 먼 삶이었다. 주어진 삶 속에서 최선을 다해 살아가며 세상에서 이룰 것에 관심을 최우선에 두었기에 세속의 삶은 야비한 야곱의 속성으로 인해 더럽혀지며 그의 삶을 더욱 고통과 두려움에 떨게 했다.

그러한 삶을 살아온 야곱의 업적이 무엇이기에 하나님의 백성 이스라엘이 그로부터 비롯된 것일까? 아브라함은 믿음과 신앙의 결단으로 이삭은 상징적 자기희생의 신앙으로, 야곱은 그 깨달음으로 이스라엘 신앙의 아버지가 되었다.

자기가 선 바로 여기가 하나님이 계신 곳이라는 사실을 처음 인식한 자가 야곱이다. 그것이 야곱의 위대한 점이다. 그 깨달음이 있었기에 어느 장소, 어느 상황에서든 하늘로부터 연결된 사다리를 세우며 하나님과 연결했다. 마침내 하나님이 언제나 나를 대신하여 싸워주심을 깨닫게 되어 하나님의 집 벧엘로 올라가는 믿음을 성취할 수 있게 된 것이다.

야곱의 하나님

'기억하다 (זכר 자칼)'로 번역된 동사 '기억'은 구원하기 위해 인간의 세상에 개입하신 하나님의 첫 행위다. 이러한 '기억하심'은 하나님이 소중히 여기심이라는 사전 관계를 전제로 한다.

아브라함을 기억하시어 롯을 구원하시고(창19:29), 자식 없는 라헬을 기억하시어 그의 탄식을 들으시고 그녀의 태를 여신다(창 30:22). 애굽에서 이스라엘 백성의 신음을 들으시고 아브라함과 이삭과 야곱과 맺은 언약을 기억하신다(출2:24).

기억의 전제가 소중히 여김이라는 점에서 하나님이 야곱이 라헬을 더 사랑함으로 그녀의 태를 열지 않으심과 대비된다. 하나님은 야곱을 기억하고 소중히 여기시어 축복을 약속하셨다. 그러므로 야곱은 그 무엇보다 하나님을 소중히 여기고 사랑해야만 했다. 그러나 그는 라헬을 하나님보다 더 사랑하고 집착함으로 결국 라헬의 삶을 곤고하게 만든 셈이다. 라헬은 하나님의 계획안에서 이미 하나님께 사랑받고 소중히 여김을 받는 존재였다. 다만 야곱과 라헬이 몰랐을 뿐이다.

인간의 무지는 하나님의 깊은 뜻을 오해할 수 있음을 본다. 라헬은 야곱에게 주어진 언약을 이루는 도구로서 하나님의 사랑과 구원의 역사 속에 그 계획하심 속에 있었던 것이다.

인간이 하나님을 기억한 것이 아니라, 하나님이 인간을 기억하셨고 먼저 찾아오셨다. 그러나 야곱에 이르러 하나님의 기억하심은 '관계'로 발전한다. 하나님은 인간 야곱에게 기억되길 원하셨다. 그의 조상 아브라함과 이삭에게 이미 베푸셨으며 야곱에게도 약속했던 축복의 약속을 기억하라고 끊임없이 암시를 주신다. '기억하라'는 직접적인 명령은 없었지만 기억의 환기를 위한 장치가 곳곳에 있음을 본다.

  ‘기억하라’는 성서의 주제를 향해 나아가는 출발점이 야곱이다. 야곱은 이스라엘의 시작일 뿐 아니라 하나님과 인간의 관계 설정의 새로운 국면을 맞는 전환점으로서의 의미도 있다.

  하나님이 자기 백성 삼기로 작정한 ‘이스라엘’의 시작점이며 그 자체인 야곱으로부터 ‘기억’은 이스라엘이 짊어질 숙명이며 하나님과 이스라엘을 연결하는 끈이며 그들의 정체성이 될 터이다.

  인간이 다른 동물과 구별되게 방대한 기억을 저장할 뇌를 갖고 태어난 것은 하나님을 기억하고 하나님이 인간의 삶에 개입하여 이루시길 원하는 세상을 위한 장치이다.

  야곱의 일생은 많은 결함을 가진 인물로 묘사된다. 잘못을 저지르고 깨우치고, 용서를 빌고 화해하며 걸어가는 고달픈 인생의 여정이었다. 그가 당한 고난과 역경을 통하여 하나님께서 그의 교만을 어떻게 잠재우셨는지를 알 수 있다. 라반과의 담판(창31장)이나 에서와 야곱의 재회(창33장)는 하나님께서 야곱의 모든 대적들을 주관하고 계심을 볼 수 있다.

  하나님은 사람에게 구원의 길을 알려 주시려고, 역사 안에서 부족한 야곱을 선택하셔서 함께 하시며, 버러지 같은 야곱일지라도 포기하지 않으시고 하나님이 예비하신 길로 인도하셨다.

  “아브라함의 하나님, 이삭의 하나님, 야곱의 하나님...”이라는 성서의 구절은 같은 하나님을 다른 이름으로 부른다. 이는 아브라함이 하나님에 대해 가졌던 인식과, 이삭이나 야곱이 가졌던 인식의 내용이 같지 않음을 표현하고 있다. 똑같은 하나님, 똑같은 가치를 지향하고 있다 할지라도 각자가 가지고 있는 삶의 의미와 내용은 전혀 같지 않기 때문이다.

이처럼 하나님을 복수 형태로 받아들임은 살아 있는 하나님의 모습을 더욱 입체적으로 보이도록 만든다. 각자가 하나님과 관계를 인식하는 자유의 문제가 드러나 보이는 까닭이다.

'쉐마 이스라엘'(שמע ישראל, 들으라 이스라엘이여)이란 말로 시작되는 유대교의 기도에서 이스라엘은 야곱을 지칭한다. 야곱의 다른 이름인 이스라엘은 수동적으로 처신하기를 거부하고 이 세계를 능동적으로 헤쳐 나가는 이름이다.

이스라엘 민족의 유랑, 추방은 숙명적 불행을 의미하지 않는다. 이는 그들의 삶에 가장 좋은 것으로 주실 하나님의 약속이며 미래이다. 그러므로 정착이 안정이며 복을 받는 기준이 되지도 않는다. 단지 약속의 땅이란, 하나님으로 하나 된 이스라엘의 집단적 정체성이며 하나님이 이스라엘을 선택한 언약의 표상이다.

죽음

מות mavet

מות 마웨트

행동하지도 욕망하지도 못하는 몸이 되었을 때 우리는 죽음을 말한다. 불투명하고 무거운 사물로 남겨진 몸이다. 한 사람이 죽을 때 그 사람이 이 지상의 모든 것과 맺었던 관계들은 단절된다. 죽음에 이르는 과정은 대개 고통을 동반하며 죽은 다음 그의 시신은 썩어서 흙이 된다.

모든 인간이 언젠가는 반드시 죽는다는 것과 인간의 힘으로 막아낼 수 없음을 모두 알고 있다. 그런데도 프로이트(S. Freud)에 따르면 인간은 무의식적으로 자기 자신만은 절대 죽지 않을 것으로 여긴다. 그러나 우리는 태어난 그 순간부터 죽어가고 있다. 산다는 것은 죽음의 길을 걸어가는 과정이기도 하다. 늙어 죽기도 하고 병으로 죽기도 하며 뜻밖의 사고로 죽기도 한다.

화장(化粧) 과 화장(火葬) 사이

김훈의 소설, [화장]이 임권택 감독에 의해 영화로 만들어졌다
(2014). 영화 포스터에 '아내의 암이 재발했다. 나는 그사이 다른
사랑을 꿈꿨다'라는 함축적인 문장이 있는데 이는 스토리를 요약한
다. 아픈 아내와 성실하게 간병하는 남편, 이들은 죽음과 삶을 대변
하는 인물이다. 삶과 죽음, 그리고 욕망과 갈등으로 요동치는 인간
내면의 감정을 담담하게 서술한다.

육체의 종말을 앞둔 아내를 두고 젊은 여인을 갈망하는 남편의
욕망은 '아름답게 보이게끔 얼굴을 꾸미는 행위'인 화장(化粧)과 '불
로 태워 시신을 처리하는 방식'인 화장(火葬)의 중의적 의미를 담고
있다.

화장품 회사 중역인 오정석은 아름다움을 파는 자다. 그런 그도
전립선비대증을 앓음으로 남성성의 위기에 처해있는 상황이다. 이
또한 살아있는 자도 삶과 죽음의 경계에 있음을 말하고 있다.

이미 죽음의 문턱에 있는 아내 진경은 당당하고 진취적인 이전의
도도한 삶이 뇌종양으로 인해 한번 꺾인 경험이 있었는데, 다시 재
발한 병마로 인해 자신의 생에 대한 의지와 자존심이 으스러지는
육신으로 인해 무너지고 있었다.

임권택 감독이 가장 손꼽는 장면이었던 정석과 진경의 욕실 장
면은 그들이 애써 피해 왔던 '죽음과 가까운 삶의 초라함'이 드러난
장면이다. 끈질기게 생을 갈망하는 인간의 의지는 염치와 본능 사
이에서 혼란과 갈등을 겪는 인간의 치부를 드러내며 삶이란 화장(化

粧)과 화장(火葬) 사이임을 동음이의어인 '화장'으로 의미심장한 역설을 표현한다.

이 작품은 죽음이 삶의 반대가 아니라 삶의 일부임을 말하고 있다. 죽음은 삶의 한순간에 뒤엉켜 있다. 그리고 타인의 죽음은 나의 죽음과 분리된다. 그러나 누구도 죽음에서 자유롭지 않다. 그러므로 죽음을 생각하는 일은 결국 좋은 삶에 대해 고민하는 일이다. 죽음을 이해해야 삶이 보인다. 죽음이 있기에 시간은 유한하고 삶이 소중해지기 때문이다.

소크라테스(Socrates)도 '철학이 무엇인가?' 물었을 때, '죽음을 위한 준비'라고 답했다. 인생은 공평하지 않으며 행운은 그 누구에게만 돌아간다. 그래도 우리는 최선을 다해 살아가는 수밖에 다른 방법이 없다.

알고 보면 아름다움은 바라보는 사람의 마음속에 있는 것일지도 모른다. 마음의 시각이 어지러운 세상에 삶의 질서를 주려면 삶에 대한 성찰이 필요하다. 삶의 성찰은 죽음의 성찰과 다름없다.

죽음의 고통과 남은 자의 몫

불완전한 인간이 불완전한 세상살이를 하며 인생이 갈등과 고통, 상실로 가득하다는 것을 깨닫는 과정이 삶이다. 상실은 삶을 마주할 때마다 고통스럽고 힘겨운 일이다. 상실을 현실로 받아들이고 슬픔을 헤치고 나아가는 길에 지름길이란 없다.

슬픔과 고통은 상실된 그 무엇에 집중되어 있는데 이는 죽은 자와 분리되기 위한 고통이다. 산자의 애도는 죽은 자를 떠나보내고 다시 살기 위한 몸부림이다. 사랑하는 이의 죽음이 나와 함께 나누지 못한 미래까지 가져가 버린 것이기에 잘려진 과거와 미래의 단절로 인한 고통이 된다.

사랑하는 이의 죽음으로 인한 상실은 살아 있는 사람이 견뎌내야 할 힘겨운 일이다. 돌이킬 수 없는 현실이며 삶이 구조조정 당하는 일이고 영원히 사라져 버려 다시는 그 사람의 따뜻한 숨결을 느낄 수 없는 아픔을 가져다주는 사건이다. 아무리 고통스럽다 해도 피할 수 없는 일이기에 직면해야 하는 현실이기도 하다. 죽음과 죽어가는 과정은 길들어지지 않는 슬픔이다. 유대교엔 사랑하는 사람이 죽은 후에 남겨진 자들을 위한 안식일이 있다.

장례를 치르며 만난 수많은 고인과 그들의 가족으로부터 얻은 깨달음을 이야기 한 갈렙 와일드(Caleb Wilde)는 [길들여지지 않는 슬픔에 대하여]에서 다음과 같이 말한다.

> "애도하는 기간에 고인을 애도하는 사람들은 죽음을 피부로 느낀다. 사랑하는 사람의 죽음으로 살아있는 사람의 삶에서 생명이 빠져나가는 것 같다. 자신의 일부를 잃어버린 것처럼 느끼는 것이다"

성서에서 가장 장수한 므두셀라가 라멕을 얻었을 때가 187세, 라멕이 노아를 얻었을 때가 182세, 그리고 노아가 600세에 홍수가 내렸으니 187+182+600=969(세)로 므두셀라가 죽던 해에 노아 홍수가 임했을 것으로 보인다(창5:25-32).

반면에 에녹은 비록 그의 선조들 가운데 가장 짧은 생을 살았지만 "하나님이 그를 데려가시므로 세상에 있지 아니하였더라"고 전한다(창5:24). '데려가다'(חקל, laqach)는 신학적인 특별한 의미를 가진 용어로, 이 세상에서 하나님 앞으로 이끌려 들어간다는 뜻이다. 엘리야의 승천 기사(왕하2:10), 시편(49:15; 73:24) 등에도 사용된 '라카'는 "인간의 이 세상에서의 삶 후에 하나님께서 받아 주신다" 말로, 미화된 단순한 죽음이라기보다 어떤 다른 세계로 산 채로 옮겨졌다"는 의미를 내포하고 있다.

이렇게 고대의 히브리인들은 인간의 불멸성을 찾으려 하기보다 삶과 죽음을 관장하신 하나님의 절대적인 자유와 죽음의 세력이 제지할 수 없는 하나님의 전능하신 능력을 이해하려고 노력했다. 후손을 통해서 혈통이 계속되거나 창조주의 신과 관련지어 무덤 저편에까지 건너가서 살 수 있다는 신앙을 가졌다.

모세는 "영원부터 영원까지 야훼만이 하나님"이시며 "그 분만이 우리 후손들이 돌아갈 영원한 처소가 되신다"고 고백한다(시90:1-2). 죽음의 신비는 영원한 세계로의 생명의 전이이다. 사후에 우리의 생명이 영원한 하나님의 품으로 그 거처를 옮긴다는 것이 구약성서가 말하는 죽음이다.

그러므로 내 생명이, 내 영혼이 영원불멸할 수 있느냐 없느냐 하는 헬레니즘적 사색보다는, 나의 삶이 하나님과 더불어 있느냐? 혹은 분리되어 있느냐? 하는 문제가 구체적인 히브리인의 영생, 즉 하나님과의 동행이다. "에녹은 하나님과 300년을 동행하더니 하나님께서 데려가셨다"(창5:24).

리브가의 죽음

사랑하는 아들 야곱을 친정으로 떠나보내고 나는 세상에 홀로 남겨진 듯한 공허감에 떨었다. 아들이 없는 쓸쓸함과 슬픔을 나눌 사람 하나 없는 집안에서 홀로 상실과 이별의 무게를 떠안았다. 나의 심장엔 뚫려버린 구멍으로 찬바람이 일었고 우울한 비가 내리는 날들이 이어졌다. 내 아들 야곱이 없는 세상은 무엇으로도 채워지지 않았다.

언제 돌아올지 모르는 불투명한 미래였지만 내가 살아 있는 동안 만나지 못할 수도 있다는 사실은 상상조차 해본 적이 없었다. 반드시 돌아올거야... 내가 그렇게 만들거야... 날마다 날마다 다짐했다.

조심스럽게 에서의 눈치를 살피며 잠잠해질 날을 기다린다. 살갑지 않은 그 아이와의 관계가 어디서부터 일그러진 것인지... 에서가 나는 늘 못마땅했다. 사랑하는 나의 아들 야곱이 겪는 고난이 에서 때문이기에 그가 원망스럽다. 입 안의 혀처럼 잔소리조차 필요 없던 야곱이 너무도 그립다. 마음의 병은 육신의 병이 되어 날 무너뜨리고 있다.

너의 저주는 내게로 돌리라는 맹세대로 저주와 같은 나날 속에서 나는 죽어간다. 애끓는 정을 가슴에 품고 야곱을 다시 보지 못하게 된 절망 속에서 죽어간다. 기나긴 기다림과 그리움이 나를 이토록 허무하게 죽음으로 몰고 간다.

성서엔 리브가가 야곱에게 소식을 전했다는 기록이 없다. 리브가의 죽음도 언급되지 않지만, 그녀가 죽었을 때 그 소식을 알렸다는 기록도 없다. 리브가의 유모 드보라가 야곱에게로 온 것이 리브가의 죽음 전인지 후인지도 알 수 없다. 아마도 라반의 집에 오게 된 드보라가 자기편 하나 없는 라반의 집에서 고생하고 있는 야곱을 홀로 둘 수 없어서 야곱 곁에 계속 머무른 것으로 보인다.

이후 야곱의 귀향길에서 드보라가 죽음을 맞이한다. 야곱은 그녀를 벧엘의 상수리나무 아래 묻고 '알론바굿(통곡의 상수리)'이라 부르는데, 이것은 어머니와 같이 의지하던 드보라의 죽음에 어머니 리브가의 죽음을 애도하지 못한 슬픔이 겹쳐 애끓는 마음으로 통곡한 것이다(창35:8).

리브가의 희생에 대한 야곱의 애끓는 심정

어머니 제발 이기적으로 살아주세요. 자기 자신을 먼저 생각해 주세요. 나 같은 놈이 뭐라고 자신의 삶은 안 중에도 없이 헌신하며 살아오셨는지 가슴이 미어집니다. 다른 가족 앞에서 언제나 제 편을 들며 억울한 대접을 받을 때도, 힘든 티를 절대 내지 않았던 어머니셨습니다.

하나님이 예언을 주신 그 날의 그 말씀을 어머니는 늘 내게 이야기하며 결국 이루어지리라 말씀하셨지요. 오직 어머니 혼자 그 옛날 하나님이 심어주신 꿈을 되새기며 다짐하는 모습을 보는 것은 제게 경이로운 일이었습니다.

언제나 굳건히 나의 등을 지켜주신 어머니의 돌보심은 늘 사랑이 가득하고 충만한 평화로 나를 지탱해 주었습니다. 그러나 어느 때에도 어느 상황에도 울지 않는 어머니를 보며 저는 마음이 아팠습니다. 항상 저를 위해 희생을 자처하고 미래를 포기하며 지나가면 돌아오지 않는 청춘을 오로지 저를 위해 소비하셨습니다.

어리석은 줄 알면서도 굳이 그 길을 선택하여 힘겨운 삶을 자처한 까닭에 서둘러 가신 어머니의 삶이 너무나 안타깝지만, 이제는 하나님의 순리였다고 믿고 싶습니다.

나는 어머니 없이도 잘만 살고 있지만, 어머닌 내가 이렇게 고된 삶을 살고 있다는 것을 알게 된다면 얼마나 슬퍼하셨을까? 어머닌 나 없으면 하루도 삶의 낙이 없다고 말씀하셨었는데 내가 없는 세상에서 얼마나 외로우셨을까?

사무치게 그립고 보고 싶습니다. 하늘 아래 이 세상에서 누가 나를 어머니만큼 사랑해 줄 수 있을까요? 사랑받은 기억을 붙잡고 남은 생을 살아가려니 어머니의 빈 자리가 더없이 크게 느껴집니다.

리브가의 주검 앞에서 에서의 항변

감정이란 건 무시한다고 사라지는 게 아니다. 오히려 켜켜이 감정을 덧입고 부피를 키워간다. 어머니를 향한 나의 감정이 그랬다. 메아리 없는 산처럼 어떤 울림도 되돌아오지 않았다.

나는 그 어떤 지독한 일을 당해도 단 한 번도 어머니를 원망한 적이 없었다. 동생 야곱에게 배신당하고 죽을 만큼 괴로울 때도 어머니를 원망하지는 않았다. 어머니는 자신이 내게 준 적도 없는 걸 바라신 건 아닌지 묻고 싶다. 당신이 어떤 부당한 요구를 하더라도 아들로서 애정 어린 순종이 당연하다 여기신 걸까? 나는 어머니에게 도대체 어떤 아들이었던걸까?

어떤 어머니가 큰아들의 입에 들어있는 떡을 빼앗아 작은아들의 입에 넣어주는지 묻고 싶다. 어머니는 나의 진심을 보려고 하지 않으셨다. 어머니의 사랑을 갈구하던 아들도 어느덧 많은 자식을 둔 아버지가 되었다. 그렇기에 더욱 어머니를 이해할 수 없었다.

어머니가 돌아가셨다는 소식을 들었을 때, 내겐 더 이상 어머니를 위한 감정이 남아 있지 않음을 느꼈지만, 나는 아들의 소임을 다 하기 위해 달려갔다. 이제 어머니의 주검 앞에서 화해도 원망도 후회도 모두 부질없다. 그러나 어머니께선 아주 조금은 후회하시길 바라본다. 내 모든 걱정과 불안과 연민을 어머니의 주검과 함께 묻으며 어머니를 보내드리는 것이 나의 가장 아프고 따뜻한 위로다.

라헬, 아이와 바꾼 생명

라헬은 베냐민을 낳으면서 난산으로 고통 속에 죽어간다. 자신의 생명을 바쳐서라도 아이를 낳고 싶었던 것인지, 야곱의 아이를 낳음으로 그의 사랑을 지키겠다는 열망이었는지 수많은 질문들이 그녀의 허무한 죽음 앞에 난무한다.

언니에게 첫 아내의 자리를 빼앗긴 그날부터 라헬에겐 그 어떤 감옥보다 끔찍한 결혼 생활이었다. 언니와 하녀들이 열 명의 아이를 낳는 동안 단 한 명의 아이도 출산하지 못한 자신의 태를 저주하며 남편의 사랑을 독점하고 싶은 애증을 가슴에 품고 살았다.

라헬이 둘째 아이를 출산하게 되었을 때, 야곱과 함께 행복한 삶을 살아가는 일만 남았다고 기대했을 것이다. 그러나 죽음이 눈앞에 찾아와 새 생명을 주고 라헬의 생명을 걷어가려 한다. 가장 원하는 것을 얻는 순간에 성취를 누릴 자신의 생명이 끝난 모양이다.

그녀의 바람은 야곱의 품에 자신의 아이를 안겨주려는 것이 아니라 야곱의 아들을 낳았다는 것을 다른 아내들 앞에서 증명하고 싶은 마음이었다. 아들들을 품에 안고 보란 듯이 다른 아내들 앞에서 야곱의 사랑을 독점하고, 자신이 낳은 아이만을 남편이 편애하는 고통을 그녀들의 뼛속 깊이 새겨주려 했다. 그래야 그동안 아이를 낳지 못해 비참했던 삶의 한이 풀어질 것인데, 억울하고 원통해서 눈을 감을 수도 없을 지경이다.
자신이 악착같이 이룬 이 모든 것을 누리지도 못하고 눈을 감아야 한다. 날개를 달은 듯 비상하다가 이내 바닥으로 곤두박질쳐 버린 라헬의 삶은 이렇게 허무하게 끝나 버렸다.

라헬은 자신이 낳았으나 품에 안아보지도 못한 아들을 '베노니'(בנאוני, 슬픔의 아들)라 부르며 죽음을 맞이한다(창35:18-19). 이는 라헬의 삶을 함축하는 말이기도 하다. 아이 낳는 일에 목숨을 걸었던, 아이를 낳기 위한 슬픔의 세월이었음을 고백하는 말이다. 라헬은 아이의 이름을 고통스레 부르며 자신이 이젠 더는 아이를 낳을 수 없게 되었음을 한탄하는 듯하다. 그녀 일생의 가장 큰 의미이며 목표가 되어 버린 아이 낳기 전쟁이 그녀의 죽음으로 막을 내린다.

마침내 인간으로서 여자로서 아내로서 어머니로서 가졌던 모든 이기심과 질투, 미움, 원망, 사랑, 후회, 미련까지도 라헬의 시신과 함께 땅속에 묻혀 버렸다. 죽은 자는 말이 없지만, 그녀의 아이를 갖고자 하는 강렬한 욕망은 요셉과 베냐민으로 세상에 남겨졌다.

요셉을 낳고서 "하나 더 !!"라고 외침은 그녀의 삶을 향한 집요하고 끊임없는 미련을 드러낸다. 아이를 더 낳기 위해서라도 그녀는 악착같이 살아남을 사람이었다. 그러나 방금까지 비명을 지르며 출산의 고통에 시달리던 사람이 삶에 끈적한 미련을 남겨두고 순식간에 죽어버렸다. 얼마나 기가 막힌 일이며 믿어지지 않는 현실인지 피바다를 이룬 난산의 현장에 감도는 정적이 아니면, 라헬이 죽었다는 사실을 아무도 인정하지 않았을 것이다. 뜨거운 날씨 탓에 서둘러 땅속에 묻은 것은 라헬의 생명이 떠나간 몸뿐만 아니라 그녀의 생에 대한 미련도 함께 묻혔다.

갑작스러운 라헬의 죽음은 여행 중이던 야곱의 가족에게 커다란 부담이 되었다. 당황스럽고 황망한 라헬의 죽음 후에 모든 식솔 들은 야곱의 눈치만 살피고 있다. 라헬의 출산을 위해 잠시 장막을 치고 멈췄던 길가는 야곱의 가족이 정착하기엔 적합하지 않은 곳이었다. 사람과 가축들이 먹을 풀과 물이 풍부한 땅을 찾아 떠나야만 했다. 여러 가지 불안감이 생존을 위협하며 엄습한다. 그러나 죽음과 슬픔의 무게 앞에서 누구도 선뜻 나서 말하기를 주저한다.

야곱은 죽어버린 라헬보다 살아있는 가족을 위해 서둘러 길을 떠난다. 슬퍼할 겨를도 없다. 더는 지체할 수도, 머무를 수도 없다. 사랑하는 아내가 죽었는데도 남은 아내가 3명이다. 딸린 자식은 이제 열셋이다. 삶의 무게는 여전하다.

라헬의 슬픔을 먹고 태어난 베노니

아이를 내 배 안에 오랜 시간 품었던 것도, 그 수많은 힘겨운 일상들도, 죽을 것 같은 고통의 난산 끝에 아들을 낳은 일도 환상처럼 사라질 일이 아닌 현실이다. 그런데 왜 꿈결처럼 느껴지는 걸까? 꿈이 아니란 건 알고 있다. 내 고통과 슬픔을 머금고 태어난 나의 아들 베노니가 증거로서 남아 있기에... 이제 나는 아들을 둘 낳은 어미가 되었다.

그러나 죽음 앞에 모든 삶의 의미조차 퇴색한다. 떠올리면 모두 아득히 옛일 같다. 이해받지도 인정받지도 못하면서도 그 삶에서 벗어날 생각조차 하지 못하고 살아왔다. 태연한 채 꾸민 낮의 모습은 늘 밤의 통곡으로 이어진 삶이었다. 어두운 창밖을 끝도 없이 내다보며 새벽이 이르도록 잠 못 드는 나날들... 과거의 통곡을 이겨 낸 것처럼 죽음조차 당당히 이겨내고 싶었다.

나는 결코 순한 양 같은 순종적인 여자는 아니었다. 그러나 그가 손톱을 세우고 달려드는 나를 품에 안았기에 오늘까지 올 수 있었다. 20여 년을 함께 살아온 여자가 자신의 아이를 낳다가 죽어가는

데 아무것도 할 수 없다는 무력감을 그는 죄의식으로 느껴야만 한다. 그리고 영원히 나의 그림자를 벗어날 수 없어야 한다. 나를 기억하며 날마다 고통 속에 흐느끼는 삶이 되길 바란다.

결혼 이래 그가 내게 잘못한 일들이 많았으니 내게 미안한 만큼 내 아들들에게는 잘할 것이라 믿고 싶다. 그는 스스로 나에 대한 변명을 하고 싶을 테니까…. 남겨둔 아들들에게 미련을 거두어 떠나려면 그렇게 믿을 수밖에 없다. 이제 내가 할 수 있는 일이라 곤 아무것도 없다.

그가 나를 땅에 묻고 길을 떠난 후 그의 생에 남은 날들을 냉정한 자신을 저주하며 슬픔으로 보내기를 염원한다. 나를 버리고 떠난 모두는 절대 행복하지 않기를… 나를 기억할 때마다 나의 슬픔 베노니를 함께 떠올리기를…

베노니. 내 슬픔의 아이에게

베노니야… 낳은 것밖에 해준 것이 없는 엄마라도 뱃속에 담긴 네게 무한한 애정을 품고 태어날 미래를 축복하며 꿈꿨음을 알아다오. 이제 더는 사랑하는 마음을 보여 줄 수 없지만 나는 항상 네 곁에 있을 거야.

지난 세월 돌이켜 보니 겹겹이 입었던 마음의 상처에 굳은 딱지가 내려앉고 그 위에 다시 내려앉기를 반복한 삶이었구나. 미워하기를 거듭하고 무엇이 그리 마음에 차지 않았는지 늘 불안하고 신경질적이 되어 날이 선 채로 살았다.

상처 난 마음에 남은 딱지들은 흉이진 추악한 찌꺼기들의 흔적이

다. 내 굳은 딱지들이 너에게 유전될까? 네가 엄마의 상처를 보며
기억해 줄까? 그러나 무슨 소용이랴. 죽고 나면 더는 미워하지도
사랑하지도 못하는 몸이 될 텐데, 참으로 허망하구나. 남은 자들이
나를 기억한다고 내가 살아날 것도 아니고 의미 없는 일들이다.

　가엾은 내 인생아. 나의 아들 베노니를 기억해다오. 내가 세상에
너를 남기려 내 생명을 불살랐다 전해다오.

라헬, 자기 죽음 앞에서

　내 인생은 원하는 건 무엇 하나 내 뜻대로 이루어지지 않은 아수
라장과 같은 인생이었어요. 그토록 아이를 원한 것이 무엇 때문인
지조차 잊었는데, 그것은 어느 순간부터인가 아이를 낳는 일조차
나를 위한 일이면서도 나를 위한 일이 아니었기 때문이에요. 더구
나 아이에게 생명을 주기 위해 나의 생명을 주려 한 것도 아니었지
요. 이 잔인하고 혹독한 대가는 인생의 허무함을 느끼게 하네요. 생
명은 생명을 먹고 태어나고 자라는 것인가 봐요.

　하지만 억울해서 미칠 지경 이예요. 아이가 없을 때도 고통스러
웠고 아이가 생겨도 고통스러운 내 인생은 도대체 무슨 의미가 있
는 걸까요? 내 아이들의 미소도, 커가는 발자취도 함께 할 수 없는
삶은 허무해요. 야곱, 당신 앞에서 자랑스레 아들을 안고 당신의 애
정 어린 눈길을 맘껏 즐기고 싶었어요. 그러나 이젠 그런 바람조차
도 의미를 잃고 사라지려 해요. 이 기막힌 현실이 왜 나의 운명이
된 것일까요?

내가 아이에 대한 욕심을 버렸다면 좀 더 평안한 삶을 살 수 있었을까요? 언니의 아이를 나의 아이처럼 사랑하며 살았어야 했을까요? 그게 가능한 일이었을까요? 나의 모든 것을 빼앗아 간 언니를 용서할 수 없어요. 아마 죽어서도 용서할 수 없을 거예요. 하지만 나의 죽음 앞에서 이런 미움도 무의미해져요.

나의 베노니... 나의 요셉... 다시는 볼 수 없게 되다니... 완벽한 미모와 지혜롭고 선한 성품을 갖고 태어나 나의 삶의 의미와 기쁨이 되어 준 나의 소중한 아들 요셉을 더는 볼 수 없게 되는 죽음, 영원한 결별의 시간이 다가오고 있어요.

나에게 있어 삶의 진정한 기쁨과 행복은 야곱, 당신이었을까요? 나의 아들이었을까요? 나의 이기심이었을까요? 이렇게 저울질하는 내가 이기적이라 비난하겠지만 나는 원래 그런 여자예요.

요셉 하나로 만족하지 못하고 멈추어야 할 때 멈추지 못한 나의 욕심으로 인해 나는 목숨으로 값을 치르고 있어요... 억울하지만 되돌릴 수 없는 시간과 죽음의 무게가 나를 짓누르고 있어요. 죽음이 나의 눈앞에 드리운 지금, 이 순간 공허함과 검은 어둠이 나의 전신을 두르고 나의 영혼을 삼키려 해요.

"아... 하나님, 야곱의 하나님... 나를 버리십니까... "

길 위의 삶은 죽음과 주검 앞에서도 신속하다. 죽음을 온전히 경험하고 느끼기도 전에 시신은 부패하고 그 악취는 삶의 단절이라는 새로운 공포심을 불러일으킨다. 죽음을 땅속에 묻고 죽음을 흙으로 덮고 속히 떠나야 한다. 깨어지기 쉬운 삶의 언저리에 죽음이 자리하고 있기에, 매 순간 어디에나 더 많은 죽음이 도사리고 있음을 깨닫는 것이다. 위험과 위협이 가득한 삶에서 죽음으로 자리를 옮기는 것은 알아채지 못할 정도의 짧은 시간 속에서 조용히 마지막 숨을 거두는 그 얕은 숨결 위로 드리워진다.

야곱이 라헬의 무덤을 길 위에 두고 옮겨오지 않은 이유나 요셉의 남은 흔적과 시신의 수습을 위해 떠나지 않은 이유는 일반적으로 '객사'라 이름하는 여행 중에 죽은 사람에 대한 당시의 인식 문제도 있다. 많은 민족이 저주받은 죽음이라는 인식, 즉 정상적이지 못한 죽음에 대한 경계심이 있었기에 객사한 주검에 대한 인식은 다분히 부정적이었다.

라헬의 삶과 죽음은 불임을 간신히 벗어났으나 난산과 객사라는 불명예 속에서 길 위에 버려졌다. 라헬은 자기 삶의 무게와 외롭고 고독한 죽음의 무게까지 덮고 길 위에 누웠다.

라헬의 죽음 앞에 선 야곱

죽음을 목전에 둔 라헬은 슬픔에 겨워 자신의 목숨을 빼앗아 태어난 아이의 이름을 "베노니"(בֶּן־אוֹנִי, 슬픔의 아들)라 부르며 숨을 거둔다. 그러나 야곱이 그를 '베냐민'(בִּנְיָמִין, 오른손의 아들)이라 불렀다고 성서는 담담하게 말한다.

엄마로선 핏덩이 아들을 남겨 놓고 죽게 되었으니 '베노니'가 당연하다. 그토록 원하던 또 하나의 아들이었건만 품에 안아보지도 못하고 젖 한번 물리지 못하고 죽게 되었으니 베노니인 것이다.

그러나 야곱은 그 이름을 인정하지 않는다. '오른손의 아들' 베냐민이라 바꿔 부른다. 만약 야곱이 라헬의 슬픈 심정을 헤아렸더라면 과연 라헬이 지은 이름을 책망하듯 바꿨을까? 아니면 베노니라 부를 때마다 죽어버린 라헬과 연결 지어지는 것이 두려워서였을까? 성서에 라헬의 죽음 앞에서 야곱이 슬퍼하는 모습이나 고통스러운 심리 상태에 대한 묘사는 언급되어 있지 않다.

그런데 겨우 찾아 정착한 땅에 거주할 때 느닷없이 르우벤의 간통 사건이 일어난다.

"그 땅에 거주할 때에 르우벤이 가서 그 아버지의 첩 빌하와 동침하매 이스라엘이 이를 들었더라"(창35:22).

이는 르우벤이 아버지의 여자를 범한 일로 심각한 패륜 범죄다. 이 사건은 야곱의 이야기에서 극적 반전을 주는 집안이 뒤집힐 만한 큰일이다. 그런데 이 일을 들은 야곱의 이름이 이스라엘이라 언급된다. 이는 하나님이 이 일을 보고 계심을 의미하며 이 일에 대한 야곱의 대응을 기대하게 한다.

어떤 해석에서는 르우벤이 의도적으로 라헬의 여종이었던 빌하와 동침함으로 라헬의 시대(야곱의 지독한 편애)가 끝났음을 말하고자 한 것이라 한다. 또는 아버지의 약해져 버린 가장의 권위에 반기를 들은 것이라고도 한다. 그러나 르우벤이 그렇게 치밀하고 영악한 사람은 아니다. 이는 라헬의 죽음 이후 야곱이 아내들을 멀리했음을 짐작케 하는 단면으로 보인다.

　라헬의 죽음 이후 정착한 땅에서 야곱은 라헬을 잃은 슬픔을 새록새록 자각하며 상실의 고통에 빠져 있었을 것이다. 야곱은 이기적인 사람이라 자신의 슬픔 외엔 다른 무엇도 돌아보지 않았을 것이고 야곱의 관심으로부터 멀어진 아내들의 외로움은 더욱 커졌음을 짐작해 볼 수 있다. 늘 의심 많고 필요 이상으로 용의주도한 야곱의 눈을 피해 르우벤이 이와 같은 일을 벌일 수 있었던 것은 야곱이 라헬을 잃은 슬픔에 매몰되어 집안의 기강이 해이해진 탓이었을 것이다. 자신의 아들들도 믿지 못해 요셉을 아들들의 감시자로 삼았던 야곱이었음을 상기한다면 어렵지 않은 추측이다.
　라헬이 산고로 숨이 끊일 듯 고통에 몸부림치며 죽어가는 순간에 야곱의 슬픔은 묘사되어 있지 않다. 아마도 그 땅에 거주하게 되었을 때 라헬의 죽음을 애도하는 시간을 가졌을 것이다. 르우벤의 간음 사건이 야곱의 슬픔을 역설적으로 암시하고 있다.

　야곱은 이 사건을 전해 들었음에도 바로 그들을 징계하지 않고 모른 척 어물쩍 넘긴다. 라헬의 죽음을 애도하느라 에너지가 고갈되어 집안 일을 처리할 에너지조차 남아 있지 않았을 수도 있고, 그 일을 들쑤셔 간신히 유지되고 있는 집안이 풍비박산 나는 것이 싫었을 수도 있다. 용납할 수 없는 패륜적 행위를 저지른 두 사람을 용서할 마음은 없지만 야곱이 온 신경을 곤두세워 관심 가질 소중한 존재들이 아니었기에 직접적인 징계보단 소극적 징계로 대신했을 수 있다.

르우벤과 빌하의 강간 사건은 야곱이 이스라엘이라 불림과 같이 변화가 요구되는 일이다. 야곱은 야곱처럼 이 일을 처리할 것이 아니라 이스라엘이라는 이름에 걸맞은 해결을 해야 했음을 말하고 있는 것이기도 하다. 이 일로 인해 르우벤은 장자의 직분을 잃게 된다.

야곱은 라헬의 죽음 후 감정이 메말라 버린 사람처럼 무슨 일에도 반응하지 않는 소극적이고 겁이 많은 사람으로 변해버렸다. 라헬을 땅에 묻고 난 이 세상에 더는 의미 있는 것은 없다는 듯이 무기력해 보인다.

마침내 야곱은 자기 죽음을 앞두고 라헬을 떠올린다. 라헬의 죽음을 맘껏 애도하지 못한 것은 야곱의 삶에서 늘 무거운 짐처럼 자신을 짓눌러 왔다. 그래서 죽음 앞에 섰을 때 라헬을 떠올리며 그녀를 위해 충분히 애도하지 못한 자신의 한을 이야기하고 있다.

반드시 함께하지 않아도 괜찮은 사랑이었다고 스스로를 위로하며, 길 위에 버려둔 라헬에게 사죄하기 위해 통탄의 눈물을 곱씹는다.

야곱은 라헬의 아들 요셉에게 장자의 분깃을 갑절의 유산으로 남기며 자신을 위로한다. 그러나 그토록 집착하던 라헬의 무덤을 길가에 버려둔 야곱을 이해할 수 없다. 가장 사랑하는 것에 삶의 우선순위를 두는 것이 인간이기에, 야곱이 진정 라헬을 사랑했다면 후일 반드시 그녀의 뼈라도 찾아와 자신 가까이에 두거나 그녀를 추모하는 빈 무덤이라도 만들었어야 했다. 자신을 애굽에서 장사 지내지 말고 시신을 막벨라 굴에 묻어달라는 유언을 남길 만큼 무덤에 집착하는 야곱이기 때문이다.

이후 레아가 막벨라 굴에 장사됨은 레아를 자신의 합법한 아내로 인정한 것이며 라헬을 길에 버려둠은 그녀를 둘째 부인으로 여겼다는 의미다. 라헬은 가족무덤인 막벨라 굴에 장사 되지 못했다. 가혹한 라헬의 삶에 야곱이 준 것은 여러 아내로 인한 고통 뿐이다.

라헬의 죽음을 마음껏 슬퍼할 수 있다면

사랑하는 이의 죽음, 예기치 못한 이별을 받아들이는 것은 매우 힘겨운 일이다. 조금 전까지만 해도 살아 숨 쉬며 미래를 이야기하던 그녀의 죽음은 상실의 고통을 넘어 혼란스럽다, 사지를 절단당하는 두려움과 같은 느낌이다. 믿어지지 않는 그 상황을 회피하고 싶은 충동에 시달리고 머리를 부여잡고 뒹굴며 가슴을 쥐어뜯으며 몸부림친다.

아이를 더 낳기 위해서라도 악착같이 살아남았을 사람이었는데, 죽을 고생을 하며 낳은 아들과 짧은 인사도 나누지 못하고 이생을 떠나갔다. 아들과 함께 누리지 못한 하늘과 푸른 들판을 응시하며 삶에 끈적끈적한 미련을 남겨두고 죽어버렸다.

세상과 나 사이에 보이지 않는 장막이 드리운 듯 시간의 흐름조차 모호하게 느껴진다. 모든 것이 무의미하고 허무하다. 그러다 갑자기 눈물과 비애가 가슴속에 폭포처럼 쏟아진다.

찰랑이던 머리카락, 뾰로통한 입술, 나의 팔을 감싸던 손길, 깔깔대던 웃음소리, 도도한 고양이와 같이 바라보던 눈길... 그 생생한 기억 속에 삼켜져 헤어 나오지 못하며, 내 곁을 떠나버린 그녀를 원망하다 이내 보고 싶어 몸부림친다. 그러다 무기력한 우울감에 점령당한다.

아무 일도 하지 않으면서도 아무것도 하기 싫은 기분에 사로잡힌다. 일은 고사하고 먹기도 숨쉬기도 귀찮아진다.

왜 라헬을 그리 서둘러 데려가셨는지 하나님을 원망해 보지만 돌아오는 것은 침묵뿐이다. 원망, 미움, 후회의 눈물과 미련의 끈적한 시선까지도 라헬의 몸과 그녀에 대한 감정까지도 라헬의 시신과 함께 땅속에 묻혀버렸다. 돌이킬 수 있는 것은 아무것도 없다. 지난 세월 그녀를 위해 해준 것이 아무것도 없는데, 다신 볼 수 없다고 생각하니 너무나 무섭다.

완전히 나을 수 있는 상처란 게 있을까? 아픔이 무뎌지고 나면 그냥 그렇게 자신의 일부처럼 흡수되어 지내게 되는 것은 아닐까? 부질없는 죄책감에 시달려도 그 감정을 보상받을 이는 세상에 존재하지 않는다.

어느덧 시간의 흐름을 따라 기억도 퇴색한다. 그녀의 얼굴도 어렴풋하고 무엇 하나 또렷한 기억이 남아 있지 않음에도 느낌은 남아 강렬한 여운으로 가슴 언저리를 맴돈다.

지킬 것이 있는 자는 강해져야 한다. 라헬을 잃은 슬픔에 매몰되어 무너져 버릴 수 있을 만큼 감정의 격동이 휘몰아쳤지만 자리를 털고 일어나야 한다.

레아의 애가(愛歌)

세상엔 네 개의 계절이 있다지만 나는 당신으로 인해 세상과 다른 계절을 살았어요. 오래전 당신을 보고 사랑에 빠졌을 때 나는 모든 계절의 꽃이 한 번에 피는 황홀한 다섯 번째 계절에 사는 듯했어요. 당신을 기만하고 속이고, 분수도 모르고 당신을 탐했지만, 나의 계절에 당신이 함께하는 것만으로도 행복했어요.

그러나 라헬이 죽고 당신이 죽음과 같이 침잠했을 때, 사랑하는 사람을 영영 잃게 된다는 것이 무엇인지 실감했었죠.

모든 생명이 시들어 죽어버린, 별조차 빛을 잃은 여섯 번째 계절을 나는 당신과 함께 어둠 속에서 살아갔어요. 하루하루가 불안한 시간 속에서 상실의 두려움이라는 동질감을 가진 당신과 나는 너무나 닮아있었어요.

아직도 삶과 죽음의 경계에 서 있는 듯 위태로운 당신에게 제발 라헬과의 인연은 이만 끊어내라고 말하고 싶어요. 어차피 그리움만으로는 당신이 사랑했던 그 시절로 돌아갈 수는 없으니까요. 아직도 라헬을 사랑한다고 해도 그녀는 이제 세상에 없어요. 당신의 나쁜 기억이 된 내가 당신께 온전히 속하여 남아 있을 뿐이지요.

기적처럼 당신이 기운을 차리고 새로운 삶의 희망으로 눈이 반짝일 때 비록 그것이 나를 향한 것이 아니었을지라도 나는 태양과 별과 달이 한꺼번에 뜨고 지는 찰나와 같은 반짝임으로 충만한 일곱 번째 계절을 맞았어요.

나조차도 스스로를 잘 알지 못하지만 어쩐지 당신에 대해선 모든 걸 알고 있다는 착각을 하게 되는 것은, 나의 모든 시간 속에서 당신을 바라보는 시간이 가장 많기 때문이죠..

그러다 당신이 요셉을 잃고 다시 스올의 깊은 어둠에 웅크리고 있을 때, 나는 부디 당신이 슬픔에 삼켜지지 아니하고 다시 생의 기쁨으로 돌아오길 간절히 기도하며 기다렸어요. 내가 행복하다고 당신이 행복해지는 건 아니지만 당신이 불행하면 내가 행복해지긴 어려워요. 그렇기에 당신의 행복을 간절히 바랐죠.

당신이 다시 웃음을 되찾는다면, 나는 모든 생명이 죽음을 이기고 부활의 날을 꿈꾸는 기적 같은 여덟 번째 계절을 맞으리라 꿈꾸고 있어요. 아름답고 안온한 나날이 지속되는 계절, 세상에 없으나 영원히 지속될 미래. 오직 당신과 내가 함께하는, 죽음을 이기는 영원의 영원까지 닿은 여덟 번째 계절이요...

아버지의 첩과 간통한 큰아들

믿거니 하고 방관한 것이 패착이었다. 늘 하던 대로 해야 했다. 감시하고 의심하고 잘잘못을 가리고 징계를 두려워하도록 기강을 강화해야 했다. 살피고 깨닫지 못한 사이에 가족을 신뢰한 자신에게 울분을 터뜨린다. 생각지도 못한 곳에서 문제가 터져서 그 일로 가족이 와해되고 붕괴될 위기를 맞이하리라곤 짐작조차 하지 못했다.

아무리 타락한 시대라도 아버지의 아내를 아들이 넘보는 것은 최악의 도덕률이다. 장자의 대접을 받지 못한 울분의 표출이라기엔 황당한 행동이다. 이익 때문에 저지른 일이라기엔 무슨 유익이 있었을까?

어떤 도덕의 잣대로 죄의 경중을 헤아려야 할까? 이 일이 공론화되다면 나는 얼마나 비웃음에 시달려야 할까? 우리 가족은 이웃에게 얼마나 조롱거리가 될 것인가?

아무리 화가 나도, 머리는 차갑고 냉정하고 이성적이어야 한다. 그래야 일을 그르치지 않는다.

정보를 캐내고 올바른 판단을 하는 것도, 하다못해 그 안에 머물러 있는 것조차 이렇게 위태로운 일이다. 꿍꿍이를 가지고 나를 떠보려는 사람들 속에서 우리는 서로를 속이는 자가 되었다.

요셉의 죽음을 전해 들으며

야곱에게 요셉의 죽음은 믿을 수 없는 충격과 슬픔을 가져다주었다. 요셉의 죽음을 말해주는 증거와 여러 아들의 같은 증언 탓에 요셉의 죽음을 믿을 수밖에 없었다.

그러나 아들들의 도덕성을 의심해서 요셉을 감시자로 붙였던 야곱이 아들들의 말을 그리 쉽게 믿었다는 사실은 어쩐지 황당하기까지 하다. 요셉이 죽었다는 것은 아무리 심장에 욱여넣어도 받아들여지지 않는 상실감이다. 현실감이 없는 황망한 일을 사실로 받아들이기엔 수많은 의문이 뇌리에 빗발쳤지만, 자식 여럿이 아버지 한 사람 바보로 만드는 일은 생각보다 쉬운 일인 모양이다.

야곱이 요셉의 죽음을 받아들였지만 끊임없는 눈물로 녹아내리는 고통의 세월을 안겼다. 울음을 삼키고 가슴을 부여잡아도 옅어지지 않는 고통과 그 시간 속에서 오직 야곱 홀로 몸부림친다. 홀로 편애하며 홀로 독점하며 사랑하던 존재였기에 요셉을 잃은 슬픔을 나눌 가족조차 없다. 요셉의 불행과 죽음이 야곱의 불행과 죽음이 되었다. 시간과 공간과 육신이 함께 묶여 있는 듯 야곱은 슬픔에서 벗어나지 못한다.

눈앞에 놓인 찢겨 피 묻은 요셉의 채색옷은 고통스레 죽어간 요셉의 죽음을 떠올리게 하여 야곱의 마음을 어둡고 축축한 슬픔 안에 묶어 두었다. 자신의 모든 것이었던 요셉을 잃은 삶은 자신의 모든 것을 잃은 삶이 되었다. 야곱은 끝없는 나락에서 떨어지고 올라오길 반복하며 아픔을 반추해 내고 있다. 폭포같이 눈물을 흘리고, 하늘을 향해 밤낮으로 피를 토하는 울부짖음으로 옷을 찢으며 날마다 통곡하여도 요셉은 돌아오지 않는다.

그날 그곳으로 종조차 딸려 보내지 않고 요셉 홀로 심부름 보냈던 자신을 원망하며 후회하고 또 가슴을 치며 머리를 쥐어 뜯으며 후회하면서 기나긴 시간을 흘려보낸다.

요셉을 잃은 야곱은 누구의 위로도 필요 없었다. 스스로 '스올'로 내려가기를 자처한다. 내면의 고통과 슬픔, 지독한 고독 속에 침잠하여 의식의 가장 바닥에 있는 죽음의 세계, 밑으로 밑으로 내려간 세계에서 사랑하는 아들 요셉을 잃은 슬픔과 마주하려 한다. 이는 스스로를 더 고통스럽게 내몰아 무의식의 세계에서조차 고통에서 벗어나지 못하도록 하려는 심리적 압박이다. 마치 자신에게 벌을 주려는 의지의 표현이다.

자식을 잃은 부모는 상실의 아픔을 결코 잊지 못한다. 조금이라도 회복되려면 평생을 두고 시간이 필요하다. 언제나 가슴 한구석이 텅 비어 있는 듯이 평생토록 아픈 기억을 간직한 채 살아간다. 아픔이 무뎌지고 나면 그냥 그렇게 자신의 일부처럼 흡수되어 지내게 된다. 한숨에 고통을 흘려보내도 들숨에 고통이 다시 밀려들어 가슴 가득 채워진다. 그래서 가슴에 무덤을 안고 살아가는 삶이 된다. 죽어버린 자식을 향한 지옥 같은 갈증, 채워지지 않은 갈급함은 자신이 죽어서야 끝이 나는 것이다.

소중한 것이 유일할수록 세상 살기가 어려워진다. 그 소중한 것은 자신의 약점이 되며 자신의 삶을 한계 짓도록 만들기 때문이다. 어쩌면 야곱은 요셉의 대타로 삼을 베냐민이 있었기에 살아갈 수 있었을 것이다. 어머니 리브가 대신 라헬, 라헬 대신 요셉, 요셉 대신, 베냐민이다.

자신의 마음을 둘 누군가만 있다면 또 그 사람이 자신이 원하는 사람이라면 그에게 집착하며 살아갈 힘을 얻는 야곱이다. 자신이 사랑할 대상만 있으면 그것이 누구이든 상관없이 자기중심적인 삶을 살아왔다. 어쩌면 야곱은 요셉을 사랑한 것보다 요셉을 사랑하는 자기 자신을 사랑한 것이리라.

야곱은 자기 자신이 가장 중요한 사람이다. 에서를 만날 때 보여준 가족의 순서처럼 하나가 없어지면 그다음 것, 또 그 하나가 없어지면 그다음 것을 찾는 식이다.

야곱은 자신이 사랑하는 요셉의 죽음에 매몰되어 다른 자식들의 심리적 갈등은 돌아보지 않는 무심한 아버지다. 베냐민을 애굽에 데려가야 한다는 아들들의 말에 야곱이 발끈하는 이유다. 요셉을 잃었는데, 베냐민까지 잃게 할거냐고 흥분한다. 그런데 그 말본새가 잔인하다.

"너희가 나에게 내 자식들을 잃게 하도다"(창42:36). 야곱이 지칭한 '너희'도 야곱의 아들들이고 '내 자식들'도 야곱의 자식들이다. 그런데도 야곱의 분류법은 늘 라헬과 라헬의 아들들, 그리고 그 밖의 아내들과 아들들이다. 야곱은 자기연민에 빠져 베냐민까지 잃을 수는 없다고 단정 짓는다.

야곱은 애굽에 억류된 시므온을 위해 자식들 중 누구도 애굽에 다시 보낼 생각을 하지 않는다. 야곱의 의식 속에서 시므온은 이미 죽은 것과 같다. 야곱과 아들들은 주인과 종의 관계처럼 냉랭하다. 자기 아들들을 자신과 관계없는 타인과 같이 생각하고 오직 야곱의 아들은 라헬이 낳은 요셉과 베냐민이라고 한정 짓는다. 귀에서 심장으로 내려와 핏빛으로 맺히는 말들…. 아버지 야곱의 잔인한 가족 서열 분류법이다.

야곱은 베냐민을 아들들에게 내어주며 애굽에 데려가기를 허락하고 나서야 "내가 자식을 잃으면 잃으리로다"(창43:14)고 스스로 결론짓는다. 오직 자기 자신을 위해 사랑하던 라헬과 요셉과 베냐민을 모두 떠나보내며 최후까지 집착했던 자신의 이기적인 사랑의 진실을 이제야 마주하는 것이다.

야곱은 모든 가족의 목숨이 담보 잡힌 극단적인 현실을 자각하고 나서야 그를 둘러쌌던 갑각류의 껍질과 같이 단단했던 편애의 갑옷이 벗겨진다. 일생을 집착하던 욕망을 벗어던지고 가족을 위해 자신의 욕심을 버리는 어려운 결단을 한 것이다.

야곱은 요셉이 살아있다는 소식을 듣자 어리둥절한다. 이 구절의 원어는 그의 심장이 멈추어버렸다고 표현되어 있다(창45:26). 야곱의 심장이 멈춘 것은 20여 년 전의 사건이 기억났기 때문이다. 죽었던 아들이 살아있다는 사실도 믿기 어려운데, 자신들의 생명을 살릴 양식을 지배하는 자란 사실은 더더욱 믿을 수 없는 일이었다. 애굽의 바로가 보낸 찬란한 위용을 뽐내는 수레를 보고서야 야곱은 겨우 마음을 추스르고 현실을 인지하고 요셉의 생존을 믿게 된다.

살던 터전을 버리고 새롭고 낯선 땅으로의 이주는 늘 두려움을 안고 있다. 이는 죽음을 각오한 결단이다. 눈앞에 놓인 선택의 자유는 잘못된 선택으로 남겨질 결과에 대한 두려움을 불러일으킨다. 익숙한 삶의 터전을 떠나 새로운 곳을 향하는 일은 언제나 목숨을 건 도박과도 같다. 떠도는 삶에 익숙해질 법도 한데, 도무지 익숙하면서도 익숙해지지 않는 미완의 숙제를 하는 기분이었다.

그러나 지금 그들에겐 선택의 여지조차 없다. 온 가족이 함께 와야만 한다는 명령 실행에 볼모 잡힌 생명이 있고, 가뭄으로 인해 동나버린 식량 수급에 담보 잡힌 생명들이기 때문이다. 요셉이란 커다란 뒷배는 그들의 생명을 지켜주겠으나 아무런 영광을 가져다주진 않을 것이다. 가족이 요셉에게 해준 것이 없는 것뿐만 아니라, 그의 삶을 송두리째 박살 내 버린 과거가 있기 때문이다. 죄의 무게

만큼이나 마음의 무게는 무겁다. 그러므로 생명 유지 외에 무언가를 더 바란다면 염치없는 일이다. 그들은 모두 죄인 된 심정으로 감지덕지한 은혜에 감사하는 마음으로 요셉의 권유를 받아들여 애굽으로의 이주를 결정한다.

야곱의 죽음

'향수(nostalgia)'라는 말에서 뒷부분의 'algia'는 고통이란 뜻이다. 즉 향수는 즐겁다기보다는 아픈 경험이다. 그 기원은 호메로스(Homeros)의 [오디세이아]까지 거슬러 간다. 주인공은 사랑하는 페넬로페의 품으로 돌아가기를 꿈꾸며 기다림이 길수록 고통스러워한다.

성서의 인물 중 살던 땅으로 주검의 회귀는 야곱부터다. 고향 땅 아버지의 집 향수라는 말은 야곱을 떠올리게 한다. 야곱은 이스라엘 민족 중 가장 먼저 출애굽 한 인물이 되었다. 야곱은 죽어서 조상의 땅으로 귀환한다.

죽음을 앞둔 야곱은 아들들을 불러 유언한다. 다음 세대를 위한 축복의 형식을 가진 유언은 아들들의 도덕적인 특성에 따라 전개된다. 장래에 있을 일들에 대한 예언, 복, 저주, 심판, 약속은 야곱이 하나님의 언약 도구로 사용되고 있음을 보여 준다.

마지막 축복은 라헬의 아들 요셉과 베냐민에게 주어진다. 요셉이 받은 축복은 현실적이며 다른 형제들보다 더 많은 축복을 받는다. 요셉이 받은 풍성한 복은 하나님의 약속들이 그에게로 옮겨갔음을 의미한다. 이때 야곱은 예언자와 같은 모습을 보인다.

야곱이 요셉의 두 아들에게 축복한 것은 물질적인 풍요가 아니라 자신이 한평생 체험했던 하나님, 조상들이 체험한 하나님에 대한 소개였다. 언약의 하나님, 목자가 되어 주신 하나님, 모든 환난에서 건지신 분이라는 표현을 사용해 자신의 하나님을 향한 믿음을 드러내 보이며 하나님이 요셉과 그의 아들들에게 은혜와 복을 주시기를 기도한다.

그리고 요셉의 두 아들 에브라임과 므낫세를 자기 아들로 삼는다(창41:51-52). 사랑하는 라헬의 장남 요셉은 레아의 장남을 능가하고 요셉의 두 아들은 이스라엘 열두 지파 가운데 야곱의 아들들과 동등한 지위를 누린다. 이제 에브라임과 므낫세는 야곱의 아들이 된다(민26:28-37; 대상7:14-29).

야곱은 요셉의 장자인 므낫세를 오른손으로 축복했어야 하지만 그의 양손을 교차하여 오른손을 동생 에브라임의 머리에 얹고 왼손을 형 므낫세의 머리에 얹은 채로 축복한다. 이것은 요셉의 의도와는 다른 야곱의 결정이다. 요셉이 잘못 얹은 손의 위치 수정을 요구하자 야곱은 "나도 안다. 내 아들아, 나도 안다"(창48:19)라고 말하는데 하나님의 계획에 따라 요셉의 아들들을 축복하고 있음을 분명히 하는 확고한 표현이다. 이는 야곱부터 이어진 차남 선호 사상의 실현이다.

야곱은 요셉에게 자기를 애굽에 장사하지 말고 선조와 함께 가나안에 장사 지내 줄 것을 당부한다. 자신을 약속의 땅에 조상들과 함께 묻어달라는 요청은 창세기 23장의 연장선으로 앞으로 주어질 땅에 대한 보증과 확신으로 이해할 수 있다. 아브라함이 합법적으로 매입한 헤브론 근처의 막벨라 굴에 아브라함, 사라, 이삭, 리브가, 레아와 함께 야곱도 묻힌다. 야곱은 요셉이라는 커다란 배경이 애굽에 있었지만, 애굽 사람으로 죽는 것을 원치 않았다.

야곱의 험난한 삶은 147세로 마감함으로써 그의 모든 고통과 슬픔도 끝났다. 그는 하나님의 복에 대한 강렬한 소망과 욕심을 가짐으로, 거듭되는 실패에도 불구하고 마침내 하나님을 깊이 신뢰하는 경건한 자로 생을 마감한다. 야곱은 자신의 생애를 통하여 참된 복이 어디서 임하는지를 배웠고 그러한 복을 아들들에게 물려주는 특권을 누린다.

창세기의 축복은 한 개인에게서 그들의 가족으로 그리고 온 세상을 향해 가는 축복의 과정이다. 한 가족의 이야기가 한 민족의 역사를 이루어가는 과정은 하나님의 축복과 은혜로 만들어져 간다.

인생은 낳고 낳고 낳으면서 끊임없이 순환한다. 삶은 죽음이며 죽음은 곧 삶이기 때문이다. 우리 인생의 시작이 죽음인지 삶인지 알 수 없다. 서로 꼬리에 꼬리를 물며 반복될 뿐이다.

한세대의 죽음이 있어야 다음 세대의 탄생이 가능하다. 이전 세대는 완전히 사라지는 것이 아니라 다음 세대에 자신의 흔적을 남긴 채 다시 태어난다는 인생의 순환 속에 함께 한다.

성서는 '선택'이라는 개념과 '결정'의 의미를 사람의 생명과 죽음

사이의 선택과 결정의 의미로 대비시킨다. 자신의 마음을 따라 선택된 결정들은 그 사람의 본질을 드러내는 거울과 같은 역할을 한다. 수많은 고민을 통해 선택된 결정은 자신의 역사적 실존을 이루는 개념이 되며 자신의 참된 본성을 드러내는 자신이라는 존재가 된다. 어떠한 선택과 결정은 결국 책임을 요구하는 것이며 이를 통해 자신의 의지를 드러내고 자신의 역사를 이루어 가는 것이기에 자신의 가치가 되는 것이다.

신앙은 하나님을 향한 선택이며 결정이다, 야곱의 이스라엘 됨은 인간 야곱의 선택이며 결정이고 하나님의 선택하심이고 결정이다.

마치며...

황금빛 노을이 하루의 찬란한 영광을 마무리하며 스러져 가고 세상엔 어둠이 고즈넉이 내려앉는다. 무심히 던진 시선 속엔 창밖 작은 잎새들이 바람결을 따라 잔잔히 흔들리며 물결처럼 퍼진다.

빈집에 홀로 앉아 긴 시간 정성을 들여 성서의 인물들과 교감을 나누며 그들이 살아온 미세한 흔적을 찾아 삶의 의미를 새로이 되새김질했다. 고독한 내 삶을 위로하는 작은 기쁨이 반짝인다.

고대 그리스의 철학자 에픽테토스(Epictetus)는 "자신이 쓰지 않은 작품 속 주인공처럼 사는 법을 배우라"고 말한다. 삶을 만드는 건 우리가 걸어온 길의 수많은 선택들이다. 그러나 우리의 발은 하나의 길로만 갈 수 있었다. 그래서 우리의 마음은 가고 싶었지만 가보지 못했던 많은 길에 이끌린다. 성서이야기 속 주인공들은 우리의 삶을 또 다른 길로 안내할 것이다.

성서에 대한 바른 이해는 현재의 삶에서 중요한 것이 무엇인지를 이해하는 이들과 옛 것에 대한 미래의 승리를 믿는 모든 이들 가운데 살아있다. 그러나 간혹 어떤 이들은 성서의 구절들이 너무 오래 전에 기록되어 그 정신도 낡았고 그 말씀도 낡아서 오늘날 우리에게 적용하기 힘들다고 주장하기도 한다. 그러나 그따위 편견은 멀리 던져버려라. 성서는 우리에게 이념이 아닌 삶의 방식을 제시한다. 우리는 성서를 통하여 하나님과 세계, 인간 그리고 인간의 구원에 대한 그리스도교적 이념들을 알게 한다. 동시에 하나님과 함께

하는 삶에 대한 놀라운 일들이 여전히 유효하며 진행형이란 사실을 알게 된 기쁨에 경이를 느끼게 한다.

야곱의 이야기를 선택한 이유는 '우리가 야곱을 다 알고 있다고 말할 수 있을까?' 하는 의문 때문이었다. "지렁이 같은, 버러지 같은"이라는 말로 회자되는 야곱은 자신이 원하는 것을 얻기 위해 거짓말을 일삼으며 가족에게 편협한 사랑을 휘두르면서 하나님의 축복조차 이생의 삶을 풍요케 하는 도구로 전락시키는 사람이었다.

야곱의 가족은 이기적이고 자기중심적인 행동으로 잘못된 방향으로 나아감과 실패를 반복한다. 감각에 의존하여 잘못된 판단을 내리는 아버지 이삭, 남편과 자식들에게 지배권을 행사하고 목적을 달성하기 위해 속임수를 쓰는 어머니 리브가, 자신에게 이득이 된다면 거짓말도 서슴지 않는 야곱. 형제들은 요셉을 집단적으로 따돌리고 죽이려 하다가 급기야 노예로 팔아버린다. 맏아들 르우벤은 아버지의 첩과 간통하고, 시므온과 레위는 잔혹한 범죄 후에도 죄책감이 없다. 넷째 아들 유다는 습관처럼 창녀에게 드나들었고, 집안의 가장으로서의 역할을 제대로 하지 않음으로 며느리 다말을 창녀로 오인해 임신하게 했다.

야곱의 가족에겐 도덕적으로 생각하고 행동한다는 개념이 부재하다. 이러한 인격을 가진 사람들이 하나님의 계획을 이루어 가는 믿음의 자손이란 사실에 당황함을 느낀다. 그들의 유동적 도덕관은 옳고 그름을 판단하는 기준이 바로 세워지지 못했으며 올바르게 행동하는 힘을 갖지도 못했다. 폭력이 난무하고, 수많은 유혹과 위험이 곳곳에 도사린 세상살이에서 분별력을 갖고 돌발적 충동을 조절하는 자제력과 타인을 배려하는 존중심은 인간이 갖춰야 할 기본적인 덕목임에도 말이다.

도덕 지능의 일곱 가지 필수 항목인 공감 능력, 분별력, 자제력, 존중, 친절, 관용, 공정함은 인생을 살면서 직면한 윤리적 문제와 고난을 이기고 나아가는 올바른 힘이 된다. 성서가 윤리 교과서나 도덕책은 아니지만 성서의 위대한 정신은 다분히 이타적이고 관용적이며 공정함과 존중, 정직함, 겸손과 용기, 자제심과 중용, 자비, 성실을 품고 있다.

인류 보편의 도덕성을 넘는 성서적 도덕성이 필요함을 절감한다. 건전하고 진실하고 신실한 인간, 공동체와 사회에 공헌할 수 있는 이타적인 인간, 예수의 정신을 계승하고 발전시키는 신앙인을 꿈꾸어 본다.

맥스 루케이도(Max Lucado) 목사의 [너는 정말 특별하단다 - 작은 나무 사람 펀치넬로 이야기]는 한 사람 한 사람이 얼마나 특별하고 소중한지를 잘 보여준다. 좋은 이유로든 나쁜 이유로든 서로를 판단하는 스티커를 붙여주는 나무 사람들 틈에서 열등감에 사로잡힌 펀치넬로는 자기를 만든 목수를 만나 대화를 나눈다.

"제가 특별하다고요? 뭐가요? 저는 빨리 걷지도 못하고, 높이 뛰어

오르지도 못해요. 제 몸은 여기저기 칠이 벗겨져 있고요, 이런 제가 당신에게 왜 특별하지요?”

“왜냐하면 내가 널 만들었기 때문이지, 넌 내게 무척 소중하단다.”

“넌 단지 너라는 이유만으로 특별하단다.” 이 말씀이 야곱을 인간의 잣대로 평가하는 우리에게 하나님이 주시는 말씀이다.

야곱의 모든 것을 다 알면서도 그를 사랑하신 하나님은 우리 마음속의 불안, 걱정, 슬픔, 짜증, 원망, 분노, 교활하고 야비한 생각까지도 다 알고 계신다. 하나님께서 이렇게 추악한 인간을 귀하게 여기시며 사랑한다는 사실은 그야말로 기적과도 같은 놀라운 일이다.

야곱의 이야기는 하나님이 이 세상 인간의 삶에 자발적으로 개입하셔서 자기 백성을 세우기 위한 지난한 작업이다. 자신과 이스라엘을 같은 선상에 둔 하나님이 악하고 폭력적인 이 세상을 새롭게 회복하기 위한 출발에 열두 지파라는 구체적 협력 시스템을 두시는 과정이다.

야곱을 향한 하나님의 축복과 약속의 거듭된 환기와 증명은 유한한 삶 동안 길을 찾아 헤매는 인간에게 삶의 뿌리와 방향성을 잊지 않고 기억하고 성장케 하는 토양을 제공한다.

야곱의 삶에서 알 수 있듯이 믿음의 자녀들이 간절히 원하는 축복은 만사형통의 모습이 아니다. 축복은 모든 사람들이 나를 사랑하고 나를 힘들게 하는 요소들이 없어져 아무런 걱정과 위협이 없는 평안의 상태를 말하는 것이 아니다. 축복은 그럼에도 불구하고 하나님 편에 서는 것이며 하나님이 우리의 변화를 오래 참고 기다리시는 것이며 하나님께 더욱 맡기고 의지하는 삶이다.

야곱의 삶은 어머니 태에서 비롯된 그의 생의 시작에서부터 하나님의 계획하심 안에 있었다. 이는 야곱이 하나님을 알든 모르든, 하나님이 자기 삶에 간섭하심을 인정하든 하지 않든, 삶의 거대한 축의 중심에 하나님이 계셨고 그 축의 반경 안에서 야곱의 삶이 진행되었음을 의미한다.

야곱의 삶을 한마디로 정의한다면 '야곱의 이스라엘' 됨이다. 오직 자신의 유익만을 구하는 이기적인 욕심과 잘못된 선택을 반복하던 '야곱' 됨의 삶을 내려놓고, 하나님이 대신 싸워 주시는 이스라엘의 삶으로 나아가는 과정이다. 하나님의 말씀을 듣고 행하며 조금씩 변화되어 가는 미묘한 변화의 편린을 보여 준다.

벧엘 아래의 세상에 머물러 있으면 야곱 됨에서 벗어날 수 없다. 벧엘로 올라가야 한다. 하나님이 지시하신 땅에서 하나님이 지시하신 말씀을 지키며 거룩한 하나님의 백성으로 거듭나야 한다. 그리하여 삶의 모든 순간에 그리스도인의 모습이 드러나야 한다. 실패를 거듭하면서도 자괴감이나 자책에 빠져 파멸하지 않고 다시 일어서는 야곱의 삶을 통해 하나님이 진정 원하시는 믿음의 모습을 깨달아야 한다.

야곱의 삶에서 완전한 것은 하나도 없다. 자발적으로 하나님께 드린 충성과 기도도 드물다. 하나님을 향한 자기희생과 열정도 보이지 않고 자신을 향한 연민만 가득하지만 언제나 하나님이 그의 삶에 함께 하시고 그의 길을 인도하시고 축복하셨다. 야곱은 자신의 인생 길에서 만난 모든 인연과 사랑과 고난에까지 최선을 다하여 살아갔다. 그렇게 자신만의 이야기를 만들어 간 것이다.

결국 야곱의 삶은 처음과 끝이 같은 주제로 끝을 맺는다. 야곱 개인의 장자권 쟁취에 대한 의미는 하나님이 선택한 자녀 이스라엘의 출범으로 그 막을 내리며, 동시에 하나님의 장자로서 이스라엘의 출범으로 그 막을 올린다. 조상들의 하나님과 미래의 자손들이 함께하실 하나님의 이야기가 야곱과 그의 자손들을 통해 펼쳐질 것이다.

우리는 야곱을 통하여 미완의 완성을 본다. 그 무한한 가능성은 하나님의 사랑과 더하여져서 벅찬 희망의 삶으로 이어지는 것이다. 그리하여 모든 불완전함이 완전함을 입는다. 하나님 나라가 우리를 향해 인간의 물질세계 안으로, 지상으로 강림하는 놀라운 신비가 값없이 주어졌다는 사실에 자본주의적 타성을 파괴하는 전율을 경험케 한다. '말씀이 육신'이 되어 하나님이 기뻐하시는 제물로 드려져 하나님께로 귀속되는 은총으로 말미암아 하나님이 우리 삶 전체에 주권자가 되심을 인정하는 삶으로 나아간다.

포기할 수 없는 그 사랑의 십자가는 하나님이 대신하여 주심으로 한없이 가벼운 존재의 가벼움으로 귀결된다. 물론 이는 하나님을 믿는 모든 자에게 해당하는 것이 아니라 하나님이 우리 삶 전체를 통치하시는 주관자임을 믿고, 모든 것을 맡기는 자에게만 해당하는 존재의 가벼움이다.

우리가 성서의 말씀을 듣는 자에서 그치지 않고 행하는 자가 되려면 성서를 따라 영으로 살아갈 뿐 아니라 영 안에서 걸어 나가야 한다. 매일 매 순간 결단하며 한 걸음씩 내딛어야 하고 믿음의 발자취를 따라가야 한다. 일상의 작은 걸음이라는 본원적인 체험 속에서 우리가 이르러야 할 그 곳, 목적지를 향해 나아가는 나그네이자 두 세상 사이의 방랑자임을 매 순간 자신을 움직이어 깨달아 알아야 한다.

몽테뉴(Michel Montaigne)는 [수상록]에서

"목표 없는 삶은 길을 잃기 마련이다. 아무대로나 가려는 자는 그 어느 곳에도 가지 못하는 법이기 때문이다. 그 어떤 항구도 목적지로 삼지 않는 사람에게는 바람도 아무 쓸모가 없다"

자신 안에 있는 인간의 보편적인 실체, 지혜와 진실의 창, 자기 인식에 대한 물음, 인간은 가르쳐서 변화를 기대하기 어려운 동물이라지만, 인간 스스로 탐색하며 깨달아 알고 변화된다면 가장 바람직할 것이다. 그러므로 자기 눈으로 바라보고 깨달아 앞으로 나아가도록 안내할 수 있을 뿐이다. 성서의 창을 통해 그리고 성서의 안내자를 통해…

믿음의 조상들의 발자취를 따라가는 길은 인간을 존엄함으로 끌어올리는 진리, 고귀하고 참된 하나님의 비전을 점진적으로 계시함으로 예수그리스도 안에서 하나님의 계시가 온전히 드러날 때까지 계속될 것이다.

그리스도인의 믿음이 그 목적을 밝혀내 주고 거기에 도달할 것을 약속해 주는 인간 실존 전체의 걸음걸음이 성서의 이야기 속에 담겨있다.

그러므로 그리스도인은 성서의 길을 따라 걷는 "그 길의 사람들"이다(행9:2).

같이 읽을 책

Alice Miller. [폭력의 기억, 사랑을 잃어버린 사람들]. 신홍민 역. 양철북, 2006.

Annie Ernaux. [단순한 열정]. 최정수 역. 문학동네, 2015.

Barbara Kingsolver. [내 이름은 데몬 코퍼헤드]. 강동혁 역. 은행나무, 2004.

Bertrand Russell. [결혼과 도덕]. 이순희 역. 사회평론, 2016.

Caleb Wilde. [길들여지지 않는 슬픔에 대하여]. 박준형 역. 살림, 2018.

Charles Dickens. [데이비드 코퍼필드]. 신상웅 역. 동서 문화사, 2023.

Claude Lanzmann. [쇼아]. 이채영 역, 필로소픽, 2022.

Dan Jurafsky. [음식의 언어, 세상에서 가장 맛있는 인문학]. 김병화 역, 아크로스, 2015.

Elaine Scarry. [고통받는 몸]. 메이 역. 오월의 봄, 2018.

Fred Lowery. [결혼은 하나님과 맺은 언약입니다]. 임종원 역. 미션월드라이브러리, 2003

Gabriel Garcia Marquez. [콜레라 시대의 사랑 Ⅰ/Ⅱ]. 송병선 역. 민음사, 2004

Giorgio Agamben. [호모 사케르-주권 권력과 벌거벗은 생명]. 박진우 역. 새물결 출판사, 2008.

Hans Blumenberg, [난파선과 구경꾼]. 조형준 역. 새물결 출판사, 2021.

Hermann Hesse. [페터 카멘친트]. 원당희 역, 민음사, 2022.

Honore de Balzac. [현대 생활의 발견]. 고봉만. 박아르마 역. 민음사, 2021.

Homeros. [오딧세이아]. 천병희 역. 도서출판숲, 2011.

Jacques Lacan. [라캉 사랑 바디우]. 박영진 역. 에디투스, 2019.

Jane Austen. [엠마]. 최정선 역. 현대문화, 2007.

Jean Bottero, Marc-Alain, Joseph Moingt. [가장 아름다운 하나님 이야기] 주태환 역. 현대신서, 2003.

Jean Jacques Rousseau. [인간 불평등 기원론]. 최석기 역. 동서 문화사, 2016.

John Amstrong. [사랑의 발견]. 한기찬 역. 작가정신, 2003.

John Piper. [결혼신학]. 이은이 역. 부흥과개혁사, 2018.

Karl Rahner. [일상]. 장익 역. 분도출판사, 2023.

Karl Popper. [열린사회와 그 적들]. 이한구 역, 민음사, 2006.

Karen Amstrong. [성스러운 자연]. 정영목 역. 교양인, 2023.

Kent Smith. [성서 속에 숨겨진 세 가지 이야기]. 황우진 역. 사람과사람, 2002.

Konrad Lotenz. [현대 문명이 범한 여덟 가지 죄악]. 양승태 역. 이화여대 출판부, 2002.

Larry Crabb. [아담의 침묵]. 윤종석 역. 한국 기독학생회 출판부, 2003.

Lubomir Lamy. [우리는 왜 친구의 애인에게 끌리는가]. 박수현 역. 브리즈, 2008.

Lucius Arrianus. [신의 친구/ 에픽테토스와의 대화]. 강분석 역. 사람과 책, 2001.

Ludwig Wittgenstein. [논리−철학 논고]. 이영철 역. 책 세상, 2020.

Martha Nussbaum. [감정의 격동/ 인정과 욕망1]. 조형준 역. 새물결 플러스, 2015,

Marilyn Yalom. [아내의 역사]. 이호영 역. 책과 함께, 2012.

Michel Montaigne. [몽테뉴 수상록 1, 2]. 손우성 역. 동서 문화사, 2016.

Michele Borba, [도덕지능]. 현혜진 역. 한언, 2004.

Mira Kirshenbaum. [착한 사람도 바람난다]. 김정민 역. 라이프맵, 2011.

Miroslav Volf. [기억의 종말]. 홍종락 역. 한국 기독학생회 출판부, 2016.

Nakamura Yujro. [토포스: 장소의 철학]. 박철은 역. 그린비, 2012.

Nakano Nobuko. [바람난 유전자]. 이영미 역. 부키, 2019.

Okada Takasi. [나는 왜 형제가 불편할까?]. 박재현 역. 더난콘텐츠그룹, 2016.

──── . [나는 상처를 가진 채 어른이 되었다]. 김윤경 역. 한경BP, 2014.

Pierre Bourdieu. [구별짓기](문화와 취향의 사회학 上/ 下). 최종철 역. 새물결 플러스, 2006.

Pierre Louis Fort. [어머니와 딸, 애도의 글쓰기]. 유치정 역. 문학과지성사, 2024.

Priedrich Nietzsche. [선악을 넘어서]. 김훈 역. 청하, 1982.

Rene Girard. [폭력과 성스러움]. 김진식, 박무호 역, 민음사, 1993.

──── . [나는 사탄이 번개처럼 떨어지는 것을 본다]. 김진식 역. 문학과지성사, 2004.

Robert A. Johnson. [신화로 읽는 여성성 She]. 고혜경 역. 동연, 2006.

Roland Barthes. [사랑의 단상]. 김희영 역. 동문선, 2023.

Sigmunt Freud. [꿈의 해석]. 박경수 역. 두리미디어, 2012.

Susan. Sontag. [타인의 고통]. 이재원 역. 서울 2004.

Theodor W. Adorno & M. Horkheimer. [계몽의 변증법]. 김유동 역, 문학과 지성사, 2001.

Tiffany Watt Smith. [남의 불행에 느끼는 은밀한 기쁨 샤덴프로이데]. 이영아 역,

　　　2020.

Tor Norretranders. [왜 사랑에 빠지면 착해지는가]. 박종윤 역. 웅진씽크빅, 2007.

Virginia Woolf. [3기니]. 이미애 역. 민음사, 2008.

─────. [자기만의 방]. 오진숙 역. 솔출판사, 2007.

Wolfgang Rath. [사랑, 그 딜레마의 역사]. 장혜경 역, 끌리오, 1999.

Zigmunt Bauman. [고독을 잃어버린 시간]. 조은평, 강지은 역. 동녘, 2014.

강호숙. [성경적 페미니즘과 여성 리더쉽]. 새물결 플러스, 2020.

고혜경. [선녀는 왜 나무꾼을 떠났을까]. 한겨레 출판사, 2016.

김근주 외 6인. [노동하는 그리스도인]. 대장간, 2018.

김동인. [감자]. 문학과지성사, 2006.

김사과. [헨리 제임스]. 아르테, 2024.

김상봉. [호모에티쿠스]. 한길사, 2008.

김성숙. [혼인의 기원-원시사회의 약탈혼]. 나남출판, 1996.

김유정. [소낙비, 동백꽃]. 미니책방, 2021.

김종호. [삶의 자리에서 바라보는 창세기]. 그돌스튜디오, 2023.

김진식. [희생양]. 이데아총서 61. 민음사, 1998.

김훈. [화장]. 이상문학상 작품집 2004. 문학사상, 2004.

문성원 [타자와 욕망/ Emmauel Leinas의 전체성과 무한]. 현암사, 2019.

박영수. [신화로 보는 세상]. 학민사, 2008.

박충구. [기독교 신앙공동체 윤리학]. 대한기독교서회, 2005.

서은국. [행복의 기원]. 21세기북스, 2018.

안병만 외 8인. [세계의 혼인문화]. 한국외국어대학교 출판부, 2005.

양혜영. [형제라는 이름의 타인]. 올림, 2011.

우리교육출판부. [세상의 절반, 여성 이야기]. 우리교육, 2017.

유호종. [떠남 혹은 없어짐-죽음의 철학적 의미]. 책세상, 2007.

이정하. [너는 물처럼 내게 밀려오라]. 문이당, 2016.

이현우. [애도와 우울증/ 푸슈킨과 레르몬토프의 무의식]. 그린비, 2011.

장석주. [느림과 비움의 미학]. 도서출판 푸르메, 2013.

장영란. [위대한 어머니 여신]. 살림 출판사, 2014.

최광현. [가족의 두 얼굴]. 부키, 2013.

한기채. [성서 이야기 윤리]. 대한기독교서회, 2004.